EXPOSITION UNIVERSELLE DE 1900

SECTION PORTUGAISE

Instruction Publique en Portugal

L'ÉCOLE DE L'ARMÉE
DE
LISBONNE

HISTOIRE — ENSEIGNEMENT — ORGANISATION

COMPILATION

PAR

Francisco Felisberto Dias Costa

Du Conseil de Sa Majesté. Ancien Ministre de la Marine et des Colonies. Capitaine du génie
Professeur à l'École de l'Armée

LISBONNE — 1900

EXPOSITION UNIVERSELLE DE 1900

L'ÉCOLE DE L'ARMÉE

DE

LISBONNE

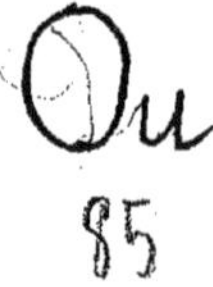

EXPOSITION UNIVERSELLE DE 1900

SECTION PORTUGAISE

Instruction Publique en Portugal

L'ÉCOLE DE L'ARMÉE
DE
LISBONNE

HISTOIRE — ENSEIGNEMENT — ORGANISATION

COMPILATION

PAR

Francisco Felisberto Dias Costa

Du Conseil de Sa Majesté. Ancien Ministre de la Marine et des Colonies, Capitaine du génie
Professeur à l'École de l'Armée

LISBONNE — 1900

BIBLIOGRAPHIE

SILVESTRE RIBEIRO — Historia dos estabelecimentos scientificos, litterarios e artisticos nos successivos reinados da monarchia — Lisboa — Typographia da Academia Real das Sciencias — 1871-1893 — 18 vol. in-8.º gr. (Histoire des établissements scientifiques, littéraires et artistisques, pendant les règnes successifs de la monarchie — Lisbonne — Typographie de l'Académie Royale des Sciences — 1871-1893 — 18 vol. in.-8.º gr.)

SILVA ANTUNES — Apontamentos para a historia da Escola do exercito — Lisboa — Imprensa Nacional — 1886 — 1 vol. in-4.º (Notes pour l'histoire de l'École de l'armée — Lisbonne — Imprimerie nationale — 1886 — 1 vol. in-4.º)

JULIO DE MAGALHÃES — Apontamentos para a historia da Escola do exercito, colligidos dos documentos officiaes, com referencia ao periodo decorrido desde 1 de janeiro de 1886 a 31 de dezembro de 1890 — 1 vol. in-4.º, manuscripto. (Notes pour l'histoire de l'École de l'armée, tirées des documents officiels, ayant rapport à la période écoulée depuis le 1.er janvier jusqu'au 31 décembre 1890. 1 vol. in-4.º manuscrit.)

OLIVEIRA SIMÕES — A Escola do exercito — Lisboa — Imprensa Nacional — 1892 1 vol. in-8.º) L'École de l'armée — Lisbonne — Imprimerie Nationale — 1892 1 vol. in-8.º)

Annuaires de l'École de l'armée (de 1895-1896 à 1898-1899) — Lisbonne — Imprimerie Nationale — 1895 à 1898 — 4 vol. in-8.º

Collection officielle de législation portugaise.

Bulletins de l'armée.

Documents existant dans les archives de l'École de l'armée.

TABLE DES MATIÈRES

TEXTE

GRAVURES

INTRODUCTION

Aperçu sur l'enseignement militaire supérieur en Portugal avant la fondation de l'École de l'armée (Escola do exercito) *(1641-1837)*

Premières écoles militaires en Portugal.

Les premières écoles officielles de l'enseignement militaire en Portugal ont été créées sous le règne de Dom João IV (1640-1656).

Académies d'artillerie et de fortification, de Lisbonne.

En vertu des ordonnances royales du 13 mai 1641 et du 13 juillet 1647, furent instituées, à Lisbonne, l'Académie d'artillerie *(Academia de artilheria)* et l'Académie de fortification *(Academia de fortificação)*. Le premier professeur des deux écoles fut le lieutenant général Luiz Serrão Pimentel, grand ingénieur et cosmographe du royaume, auteur du premier livre écrit en portugais sur la fortification («METHODO LUSITANICO»-Lisbonne-1680—1 vol. in-4.°)

Premier livre portugais sur la fortification.

Académie militaire.

L'*Académie de fortification* prit dans la suite le nom d'Académie militaire *(Academia militar)*, et fut supprimée en l'année 1779, où fut instituée l'Académie royale de la marine *(Academia real da marinha)*.

Académies de fortification de Vianna do Minho, d'Elvas et d'Almeida.

D'autres Académies de fortification furent établies: par Dom Pedro II dans la place forte de Vianna do Minho (1701), et par Dom João V (1732) dans les places d'Elvas et d'Almeida.

Officiers ingénieurs.

Le décret du 24 décembre 1732, qui créa ces deux dernières écoles, rendit obligatoires les études des Académies de fortification pour les individus voulant être ingénieurs, lesquels monteraient aux divers grades jusqu'à celui de lieutenant-colonel d'infanterie, moyennant un examen préalable à chaque grade, et obtiendraient après cela la promotion, sans dépendance de nouveaux examens. Les officiers ayant la pratique des services du génie étaient employés aux constructions militaires et aux travaux publics, sous les ordres du grand ingénieur du royaume. Ce ne fut que plus tard, par décret du 3 novembre 1792, qu'on créa un corps spécial d'ingénieurs, sous le titre de Corps royal d'ingénieurs *(Real corpo de engenheiros)*, et que l'on constitua ainsi le génie militaire, dont les services et la discipline ont été fixés par règlement du 12 février 1812.

Corps autonome d'ingénieurs militaires.

Au Corps royal d'ingénieurs continuèrent à appartenir, outre les services ayant rapport au génie militaire, ceux des travaux publics; il y avait aussi les *maîtres architectes des palais royaux*, pour lesquels existait un règlement décrété par Dom Pedro II le 16 janvier 1689.

Architectes des palais royaux.

Arme d'artillerie.

Par décret du 2 avril 1762, sous le règne de Dom José I, le comte de Schaumberg-Lippe étant alors maréchal-général de l'armée portugaise, on donna la première organisation régulière à l'arme d'artillerie, dont les troupes furent groupées en un régiment de deux bataillons, ayant l'effectif de 720 soldats, et peu après, le 10 mai 1763, en quatre régiments, ayant chacun douze compagnies.

Ecoles des régiments d'artillerie.

Dans chaque régiment il y avait une école dirigée par l'officier reconnu comme ayant le plus d'aptitude spéciale pour ce service. Les livres adoptés pour l'enseignement étaient exclusivement ceux de Belidor, Dulacq, Saint-Remy, La Valière, De Lorme et Vauban, traduits en portugais.

Collège royal des nobles.

Le Collège royal des nobles *(Real Collegio dos nobres)* fut fondé le 7 mars 1761 avec un vaste plan d'études, dans lequel figuraient l'architecture militaire, l'architecture civile, et l'enseignement de l'escrime et de l'équitation. C'est pour cette raison qu'il est mentionné ici, quoique ce collège n'eût pas un caractère exclusivement militaire, et ne contribuât qu'indirectement à l'instruction des officiers de l'armée, dont un grand nombre était choisi parmi les nobles. Il fut supprimé en 1847. Cependant, depuis 1792, on pouvait déjà le fréquenter sans la condition primitive et essentielle pour les élèves d'appartenir à la noblesse.

Université de Coïmbre.

Par la raison sus-mentionnée, on parle également ici de l'Université de Coïmbre *(Universidade de Coimbra)*, une des plus anciennes institutions d'enseignement supérieur de l'Europe. Elle fut fondée à Lisbonne, l'an 1288, par le roi Dom Diniz, monarque d'une érudition exceptionnelle, dont l'éducation avait été dirigée par le prêtre Aymeric d'Ebrard, de l'Université de Paris, que son royal élève nomma plus tard évêque de Coïmbre.

L'Université fut transférée en 1306 au palais royal de Coïmbre, et ramenée à Lisbonne en 1338. Transportée de nouveau à Coïmbre en 1354, et encore une autre fois à Lisbonne en 1377, elle fut enfin installée une dernière fois à Coïmbre, où elle existe depuis 1537. Elle était constituée par les facultés de théologie, de droit civil, de droit canon et de médecine, quand le 28 août 1772, elle reçut de nouveaux statuts, sous le règne de Dom José I dont le premier ministre était alors le grand homme d'État marquis de Pombal.

Faculté de mathématiques. Parité entre les études de cette faculté, et celles du génie militaire.

On créa alors la faculté de mathématiques, et celle de philosophie. Les études de la première de ces facultés, quoique constituées au commencement seulement par les sciences qui la caractérisaient, furent pendant quelque temps équivalentes à celles des écoles militaires pour l'admission au Corps royal d'ingénieurs.

Equivalence des études de la faculté de mathématiques, des études militaires, et celles du génie civil.

En 1856 les deux facultés de droit civil et de droit canon furent fondues en une seule sous la désignation générique de faculté de droit, celle de mathématiques étant aussi augmentée de plusieurs chaires de cette science, et encore d'une autre où l'on professait l'architecture civile, militaire et souterraine, et l'artillerie. On détermina alors que le cours ainsi développé serait considéré suffisant pour l'obtention des charges pour lesquelles serait exigé le diplôme d'ingénieur civil ou militaire, aux grades des différentes armes de l'armée, et à ceux de la marine de guerre.

Cette détermination fut invalidée bientôt, en 1837, par la création de l'École de l'armée *(Escola do Exercito)*, de l'Académie polytechnique de Porto *(Academia polytechnica do Porto)*, et plus tard, en 1845, par la création de l'École navale *(Escola Naval)*. La chaire militaire de la faculté de mathématiques avait été déjà remplacée, en 1840, par une autre dans laquelle on étudiait la géométrie descriptive, la géodésie et aussi l'architecture, dont l'enseignement fut supprimé dans la suite.

Correspondance des études de la faculté de philosophie et celles des ingénieurs de mines.

Dans la faculté de philosophie on créa, en 1801, une chaire de métallurgie, et par décret du 20 septembre 1844, cet enseignement fut remplacé par celui de l'art des mines annexé à la chaire de minéralogie et de géologie. On détermina alors que le cours complet de la même faculté serait nécessaire pour les inspecteurs de mines, et de cette façon on établit une sorte d'équivalence entre ce cours et les cours d'ingénieurs de mines. Plus tard, en 1851, l'enseignement de l'art des mines fut à son tour remplacé par celui de la docimasie. [1]

Indications sur l'enseignement des mines en Portugal.

[1] En 1791, il y avait déjà dans la faculté de philosophie l'enseignement de la métallurgie annexé à la chaire de chimie. L'an 1801 on créa à Lisbonne une *Intendance des mines et des métaux du royaume (Intendencia das minas e metaes do reino)*, destinée à diriger l'Hôtel de la monnaie, les mines et les forêts. Le premier intendant général fut le savant professeur de métallurgie de la faculté de philosophie José Bonifacio de Andrada e Silva, qui était également chargé de professer, dans le même établissement de la monnaie, un cours de docimasie, non seulement pour instruire convenablement les essayeurs de la monnaie, mais aussi pour former des individus, qui pourraient être utiles un jour dans la direction et le perfectionnement du monnayage, et de l'exploitation des mines et des forêts des vastes domaines portugais, selon les termes de l'édit royal du 12 novembre 1801.

En 1824, on choisit aussi pour l'exercice de la même place le colonel du Corps royal d'ingénieurs, Guillaume, baron d'Eschwege, qui eut la mission d'initier aux sciences minéralogiques et métallurgiques deux jeunes officiers, destinés à être attachés au corps ci-dessus mentionné.

En 1837, lorsque fut instituée l'Académie polytechnique de Porto, on créa dans cette école une chaire d'«histoire naturelle appliquée aux arts et métiers», ayant deux divisions, l'une lesquelles était pour les ingénieurs des mines, et une autre chaire de «chimie, arts chimiques et exploitation des mines», ayant également deux divisions, dont l'une avait aussi rapport aux mêmes ingénieurs.

Le décret du 31 décembre 1852 créa à l'École polytechnique de Lisbonne une chaire spéciale pour l'étude de l'extraction et de la fusion des métaux *(montanistica)* et de la docimasie, laquelle constituait, avec le cours supérieur préparatoire, professé à la même école pour le cours du génie militaire, un titre nécessaire pour l'exercice de l'art des mines. En 1856, l'enseignement des premières notions de la métallurgie, qu'on professait alors à une autre chaire de la même école, fut transféré à celle-ci, qui fut supprimée plus tard (en 1857).

Le même décret de 1852 donnait au conseil des travaux publics — aujourd'hui «conseil supérieur des travaux publics et des mines — la mission d'indiquer au gouvernement les élèves, choisis par voie de concours, qui devraient aller, aux frais de

L'enseignement spécial ayant rapport aux mines fut supprimé dans la faculté de philosophie par décret des chambres législatives du 2 juin 1885.

Actuellement, une partie des matières professées dans les facultés de mathématiques et de philosophie, constitue, à l'égal des matières similaires enseignées à l'*Académie polytechnique* de Porto et à l'*École polytechnique* de Lisbonne, les préparatoires exigés pour les cours de l'*Ecole de l'armée,* et de l'*École navale,* comme nous l'indiquerons plus loin, sans que pourtant l'étude de ces matières puisse être considérée équivalente aux mêmes cours de ces deux écoles.

Académie royale de la marine.

Sous le règne de Dona Maria I, on établit, par décret du 5 août 1779, l'Académie royale de la marine *(Academia real da marinha),* dont le but spécial était la formation des candidats à officiers de la marine de guerre et de la marine marchande, et où l'on devait aussi professer un cours pour les individus qui aspiraient aux grades d'officiers ingénieurs. Dans la composition de ces cours étaient comprises, outre les mathématiques pures, l'hydraulique et l'optique faisant partie des cours de la marine, la fortification et autres branches du génie, et aussi le dessin.

Cependant on n'arriva point à établir ces dernières matières d'enseignement à l'*Académie royale de la marine,* les autres matières servant, jusqu'en 1837, où l'Académie fut supprimée, de préparatoires pour les cours des différentes armes, constitués en 1790. Les études des trois premières années de la faculté de mathématiques à l'Université de Coïmbre étaient réputées équivalentes à ces préparatoires.

Académie royale des enseignes de vaisseau.

Il y avait aussi, pour les officiers de la marine de guerre, une autre école, l'*Académie royale des enseignes de vaisseau (Academia real dos guarda-marinhas),* à laquelle succéda, en 1845, l'*École navale* actuelle.

Interruption dans l'enseignement du génie.

L'enseignement du génie était resté interrompu depuis 1779, attendu que—comme on l'a dit plus haut—l'Académie de fortification avait été supprimée cette année-là, et que les classes spéciales qui devraient la remplacer n'arrivèrent pas à fonctionner à l'*Académie royale de la marine.*

Académie royale de fortification, artillerie et dessin.

Afin de combler cette lacune dans l'enseignement militaire, et en même temps dans le but de développer davantage l'instruction des diverses armes, on créa à Lisbonne, par décret du 2 janvier 1790, encore sous le règne de Dona Maria I, l'*Académie royale de fortification, artillerie et dessin (Academia real de forticação, artilheria e desenho),* qui

l'État, étudier l'art des mines dans les pays étrangers. En 1885, on choisit, conformément aux termes du même décret, quatre élèves, dont trois entrèrent à l'École nationale supérieure des mines de Paris, et le quatrième à l'Académie des mines de Freyberg, en Saxonie.

On donne ici ces rapides indications sur l'enseignement, en Portugal, des matières concernant l'étude des mines, parce que, un cours d'ingénieurs de cette spécialité ayant été créé, en 1892, à l'École de l'armée, on a jugé à propos de joindre à cet abrégé historique de l'enseignement supérieur militaire ces brèves informations, qui se rapportent à un des cours de la même École, cours dont l'introduction dans cet établissement d'instruction sera opportunément expliquée ainsi que celle qui concerne le cours du génie civil, qu'on y professait aussi depuis 1837.

fut remplacée, en 1837, par l'*École de l'armée (Escola do exercito)*, objet spécial de cette monographie.

L'enseignement à l'Académie de fortification, artillerie et dessin.

L'enseignement dans cette Académie était donné dans l'espace de quatre ans, et de la manière suivante:

1.ère année.—Fortification régulière, attaque et défense des forteresses, et principes fondamentaux de toute fortification;

2.e année.—Fortification irrégulière, fortification effective, et fortification de campagne;

3.e année.—Théorie de l'artillerie, des mines et contremines, et leur application à l'attaque et à la défense des forteresses;

4.e année.—Architecture civile, devis des bâtiments, leurs matériaux, et construction des routes; hydraulique, ponts, canaux, ports, digues et écluses.

Le cours pour les élèves voulant devenir officiers d'infanterie ou de cavalerie comprenait les matières des trois premières années. Des officiers du génie ou d'artillerie on exigeait le cours complet.

En dehors de l'instruction théorique, il y avait l'enseignement pratique comprenant le dessin d'application des diverses matières, les travaux topographiques, la castramétation, la construction des retranchements, des fortifications et des batteries, le maniement des bouches à feu, et tout le reste qui serait susceptible d'être soumis à la pratique.

Professeurs.

Il y avait 6 professeurs effectifs et 6 substituts, ces derniers ayant pour mission d'aider à l'enseignement pratique; ils étaient tous réputés avoir la même catégorie que ceux de la faculté de mathématiques.

Élèves.

Les élèves destinés à être officiers ingénieurs ou d'artillerie devaient satisfaire aux examens de la 1.ère et de la 2.e année du cours de mathématiques de l'Académie royale de la marine; pour les autres, il leur suffisait d'être reçus dans la première année de ce cours; mais tous devaient montrer une connaissance suffisante de la langue française.

Les élèves, candidats à officiers ingénieurs, ayant eu pendant leurs études une application distinguée, étaient promus au grade de lieutenant, et allaient servir pendant deux ans dans les régiments d'infanterie, où ils devaient s'instruire au service des troupes et à la tactique; ils passaient ensuite à servir encore pendant trois ans dans les brigades d'artillerie, et on leur confirmait alors leurs diplômes d'officiers effectifs d'une de ces brigades, s'il y avait des places vacantes.

Les élèves se destinant aux autres armes avaient la préférence pour la promotion au grade de sous-lieutenant ou de lieutenant en second.

Livres adoptés.

Les livres adoptés à l'Académie étaient, en 1811, ceux d'Antoni sur l'architecture militaire, de Müller sur l'artillerie, de Bossut sur l'hydraulique, et des généraux portugais Azedo, Rosa et Fortes sur la tactique, les mines, et le dessin. Tous ces livres étaient déjà à cette époque assez obsolètes, et, malgré toutes les instances de l'Académie pour qu'on en adoptât d'autres plus au niveau des progrès de la science, ce ne fut qu'en

1834, après l'institution du régime constitutionnel, qu'elle parvint à les faire remplacer. Il est vrai, cependant, que, comme l'atteste Adrien Balbi dans son *Essai statistique sur le royaume du Portugal* (vol. II), les professeurs suppléaient par leur profonde érudition aux défauts et à l'imperfection des ouvrages adoptés pour l'enseignement.

En 1834, on autorisa le remplacement des anciens livres par ceux de Müller et de Bezout (artillerie et balistique), Celestino Soares (fortification), et Franco (mines), l'ouvrage de Bossut sur l'hydraulique continuant à être adopté, après avoir été augmenté de deux mémoires écrits par le professeur Ferreira, de l'Académie.

Suppression de l'Académie.

Les professeurs de l'Académie sollicitèrent encore une fois du gouvernement la réorganisation de cette école; mais ce ne fut qu'en 1837 qu'elle fut remplacée par l'*École de l'armée* actuelle.

Statistique.

Depuis 1790 jusqu'en 1837 l'inscription des élèves à l'Académie fut comme il suit:

Années du cours	Nombre d'élèves
1.ère année	1.101
2.e »	756
3.e »	634
4.e »	224
Élèves volontaires	21
Total	2.736

Dans la même période, 281 élèves terminèrent le cours de trois ans (infanterie et cavalerie), et 181 celui de quatre ans (génie). Total, 462 élèves.

Par suite de guerres, l'Académie ne fonctionna pas depuis le 21 mars 1809 jusqu'au commencement de l'année scolaire de 1811-1812, ni en 1833-1834.

Académie d'instruction militaire, à l'île Terceira.

Par décret du 16 septembre 1799, on créa dans la forteresse de São João Baptista de l'île Terceira (Açôres) une école pour l'instruction des militaires, et spécialement de ceux qui faisaient partie du bataillon d'infanterie en exercice d'artillerie séjournant dans cette place. Cette école ne commença à fonctionner qu'en 1805, et fut réformée en 1810 sous la désignation d'*Académie d'instruction militaire (Academia d'instrucção militar)*, le bataillon ci-dessus mentionné passant aussi à cette époque à l'arme d'artillerie.

Royal collège militaire.

Les études de la nouvelle école, qui fut supprimée en 1832, comprenaient, en dehors du dessin, deux années d'artillerie et de fortification, et étaient exigées comme condition essentielle pour la promotion aux grades du bataillon d'artillerie.

En 1802, par initiative du colonel du régiment d'artillerie de la cour, logé à cette époque à la place forte de São Julião da Barra, (aujourd'hui 1.er régiment d'artillerie caserné à Lisbonne), un collège fut créé à Feitoria, près la même place forte, pour les fils des officiers du même régiment. En 1805 le prince régent au nom de Dona Maria I, qui fut plus tard le roi Dom João IV, ordonna d'allouer un subside aux élèves du collège, auquel il donna, en 1814, une organisation régulière et le titre de *Royal collège militaire (Real collegio militar)*, en l'installant à Luz, aux environs de Lisbonne, où, après plusieurs transfèrements à la capitale et à Mafra, il se trouve actuellement établi.

Dès lors on admit au collège des fils d'officiers de toutes armes et de la marine, ainsi que des fils d'individus de la classe civile. Ces derniers et un certain nombre des premiers payent une pension, qui, pour les fils des officiers, est proportionnée aux appointements de leurs pères; les autres élèves sont entretenus aux frais de l'État. Ils sont tous astreints au régime de l'internat.

Jusqu'en 1849 les études du collège étaient divisées en deux groupes, dont l'un d'instruction secondaire, et l'autre d'instruction militaire propre aux officiers d'infanterie et de cavalerie. Les élèves ayant le cours complet étaient réputés aptes pour le grade de sous-lieutenant de ces deux armes en concurrence avec ceux qui en avaient le diplôme, obtenu à l'ancienne Académie royale de fortification et à l'École de l'armée.

En 1849 on supprima au collège l'enseignement des sciences militaires, en y laissant celui de l'instruction secondaire, les exercices tactiques, l'escrime et l'équitation.

En 1851 on y rétablit une chaire pour l'étude de la topographie, du droit et de l'administration militaires, et on supprima cette même chaire en 1867.

Les élèves ayant le cours complet peuvent s'enrôler dans les corps de l'armée, obtenant aussitôt le grade de sergent-major, cadet *(primeiro sargento cadete)* et le traitement de 1 fr. 66 (300 réis) par jour, ils ont droit à l'inscription dans les cours des armes ci-dessus mentionnées, aujourd'hui professés exclusivement à l'École de l'armée, sans dépendance du nombre fixé annuellement par le gouvernement pour les autres candidats à l'inscription aux mêmes cours. Pour l'inscription dans tout autre cours d'instruction supérieure ils sont mis en parallèle avec les candidats possédant les cours des lycées centraux, sans autres droits spéciaux que ceux du grade et du traitement respectif, dans le cas où ils s'enrôlent dans l'armée.

Les élèves qui ont obtenu le brevet du cours du Royal collège militaire, et qui ne complètent aucun des cours de l'École de l'armée, ont accès au grade de sous-lieutenant dans les armes d'infanterie et de cavalerie, dans des conditions semblables à celles des sergents-majors des deux armes, ayant le cours de l'*École centrale de sous-officiers (Escola central de sargentos)* [1].

---

[1] Cette École est destinée à préparer les sous-officiers pour le grade d'adjudant sous-officier. Les adjudants sous-officiers d'infanterie et de cavalerie sont promus par droit d'ancienneté au grade de sous-lieutenant de leurs armes seulement pour le tiers des places vacantes, les deux tiers restants appartenant aux *aspirants à officier*, ayant terminé les cours respectifs de l'École de l'armée. L'École centrale est annexée à

École centrale des sous-officiers.

Écoles militaires dans les colonies.

Le Portugal institua aussi des écoles militaires dans les colonies dont la civilisation était assez avancée, comme le Brésil et l'Inde.

Académie royale de Rio-de-Janeiro.

Au Brésil, la principale école servant à former les officiers de l'armée fut l'*Académie royale militaire de Rio-de-Janeiro (Academia real militar do Rio de Janeiro)*, créée par décret du 4 décembre 1810, et destinée spécialement aux officiers du génie et de l'artillerie, et aussi aux officiers ingénieurs géographes et topographes, pouvant être utilisés dans les services des mines et des travaux publics.

Le cours complet de cette école durait sept ans et comprenait les mathématiques, la physique, la chimie, les sciences naturelles, les sciences militaires, le dessin, les langues française et anglaise, et l'escrime.

Académie de Gôa (Inde portugaise).

A Gôa, capitale de l'Inde portugaise, on créa en 1759 une *classe de navigation (aula de navegação)*, qui, après avoir été réformée en 1784, prit la dénomination de *classe de marine (aula de marinha)*, et une *classe d'artillerie (aula de artilheria)*, qui fut supprimée en 1812, et remplacée par un cours de fortification annexé à celui de la marine, qui lui servait de préparatoire. Ces écoles furent remplacées, le 16 juillet 1817, par l'*Académie de Gôa* (*Academia de Gôa*), où l'on étudiait les cours d'artillerie et de marine en 4 années, et celui du génie militaire en 5 années.

École mathématique et militaire de Gôa.

Par un arrêt du gouverneur général de l'Inde, portant la date du 17 avril 1841, cette Académie fut remplacée par l'*École mathématique et militaire de Gôa (Escola mathematica e militar de Gôa)*, laquelle, après plusieurs réformes, fut supprimée par décret du 11 janvier 1871, qui supprima aussi l'armée privative de l'Inde.

Les études de l'École qu'on vient de mentionner comprenaient, à l'époque de son extinction, les sciences mathématiques, militaires et de constructions, et le dessin, qui constituaient trois cours spéciaux : celui du génie militaire, dont la durée était de 7 ans, celui de l'artillerie, de 6 ans, et celui de l'infanterie, de 2 ans.

Les examens des langues portugaise, française et anglaise, de géographie et histoire, d'éléments de physique, chimie et sciences naturelles et de dessin élémentaire, étaient exigés comme degré préparatoire.

Les élèves possédant les cours des différentes armes étaient préférés pour la promotion au grade de lieutenant en second ou de sous-lieutenant des troupes de l'armée de l'Inde.

École pratique de l'infanterie

l'*École pratique de l'infanterie (Escola pratica d'infanteria)* à Mafra, où l'on pratique le tir, la gymnastique, l'escrime, etc. Les adjudants sous-officiers du génie et de l'artillerie ont aussi leur promotion par droit d'ancienneté à toutes les places vacantes de

Corps de gardes du génie et de l'artillerie.

sous-lieutenant du *Corps de gardes du génie et de l'artillerie (Corpo de almoxarifes)*, dont le personnel était destiné à être employé dans les services des fortifications, et des armes du génie et de l'artillerie, et à former, en temps de guerre, le cadre des officiers de la compagnie des équipages et des trains d'artillerie.

Écoles régimentaires.

Outre l'École centrale des sous-officiers, il y a aussi, à chaque régiment, une école où l'on professe deux cours : l'un pour les caporaux, l'autre pour les sous-officiers.

Il y avait 8 professeurs propriétaires et 4 substituts, et 1 professeur adjudant pour l'enseignement du dessin. Les professeurs substituts étaient nommés moyennant un concours d'épreuves publiques, et ils atteignaient à la place de professeur propriétaire par rang d'ancienneté. Les uns et les autres avaient tous les droits et avantages des professeurs des écoles supérieures de la métropole.

Voilà, en un abrégé extrêmement succinct, ce qu'a été l'évolution de l'enseignement militaire supérieur en Portugal dans la période de près de deux siècles (1641-1837), écoulée entre la fondation de l'*Académie d'artillerie* et celle de l'*École de l'armée,* qui est maintenant la seule école portugaise destinée à ce même enseignement.

Histoire de l'Ecole de l'Armée

(1837-1896)

Première partie

CHAPITRE I

Période de 1837-1863

Fondation de l'École de l'armée.

Depuis longtemps, l'Académie de fortification, artillerie et dessin était loin de satisfaire aux besoins d'une instruction solide. Il y avait de grandes lacunes dans les cours qu'on y professait, cours qui ne pourraient ni se développer, ni acquérir un caractère plus pratique, qu'autant que les élèves recevraient préalablement l'indispensable enseignement préparatoire supérieur, encore défectueux et incomplet à cette époque.

Il était donc indispensable de réformer *l'Académie de marine*, à laquelle appartenait cet enseignement; alors seulement, une réorganisation convenable de l'École supérieure militaire pourrait être exécutable. On y parvint par la création (11 janvier 1837) de l'*École polytechnique (Escola polytechnica)* de Lisbonne, où sont professés les cours de mathématiques supérieures, sciences naturelles, physique, chimie, économie politique et dessin, et par la réforme de *l'Académie de fortification*, décrétée le lendemain du jour ci-dessus indiqué. [1]

Académie polytechnique de Porto.

[1] Par décret du 13 janvier 1837, l'ancienne *Académie royale de marine et commerce (Academia real de marinha e commercio)* de la ville de Porto fut aussi supprimée, et remplacée par une *Académie polytechnique (Academia polytechnica)*, qu'on devait établir dans la même ville. Dans cette école on professe, en dehors des matières identiques à celles de l'École polytechnique de Lisbonne, des cours d'ingénieurs civils de travaux publics, d'ingénieurs de mines et d'ingénieurs industriels. Avec les matières susdites on a formé aussi des cours préparatoires pour ceux de l'École de l'armée et de l'École navale, pareils à des cours analogues de l'École polytechnique et de l'Université de Coïmbre (facultés de mathématiques et de philosophie). Les mêmes écoles préparent également des élèves pour les cours de médecine et de pharmacien de 1.ère classe professés à Lisbonne, Porto et Coïmbre, ceux des élèves ayant étudié les matières préparatoires supérieures dans les facultés de mathématiques et de philosophie de l'Université étant cependant seuls admis à la faculté de médecine du même établissement d'instruction. Aux Écoles de médecine et de chirurgie de Lisbonne et de Porto, on admet des élèves ayant ces études préparatoires suivies à l'École polytechnique, à l'Académie polytechnique, ou à l'Université de Coïmbre.

Cours supérieurs préparatoires.

Cette Académie prit alors le nom d' «*École de l'armée*» *(Escola do Exercito)*, qui comprend les chaires suivantes:

1.ère—Art militaire et fortification passagère, comprenant:

1.°—Idées générales sur l'objet et l'importance des différentes armes et leur tactique élémentaire;

2.°—Petite guerre;

3.°—Castramétation;

4.°—Fortification passagère;

5.°—Notions générales sur les voies de communication, considérées au point de vue militaire;

6.°—Principes généraux sur les ponts militaires;

7.°—Idées générales sur les places, et sur leur attaque et défense;

8.°—Notions du droit des gens en temps de guerre;

9.°—Principes généraux de stratégie et de grande tactique;

2.e—Fortification permanente, comprenant:

1.°—Fortification permanente;

2.°—Attaque et défense des places;

3.°—Application de la fortification à la défense des États;

4.°—Mines militaires;

5.°—Matériaux de construction;

3.e—Artillerie, comprenant:

1.°—Matériel d'artillerie;

2.°—Balistique appliquée;

3.°—Services d'artillerie en campagne;

4.e—Stabilité des constructions et mécanique appliquée aux machines et aux travaux hydrauliques;

5.e—Architecture civile et ses applications; routes, voies ferrées, rivières et canaux; travaux maritimes; ponts et autres œuvres d'art des différents systèmes de communication;

6.e—Topographie, dessin topographique, militaire et de paysage, et pratique des levés de terrain à vue et avec instruments.

7.e—Grammaire et langue anglaise. [1]

Suppression de l'enseignement de la langue anglaise.

Cette dernière chaire fut supprimée en 1842, attendu que la langue anglaise pouvait être étudiée dans les lycées du royaume ou dans tout autre établissement d'instruction. D'ailleurs, la connaissance de cette langue n'était exigée que des élèves des cours d'état-major, du génie et de l'artillerie.

Origine de l'enseignement de la langue anglaise à l'École de l'armée.

[1] Le vicomte (plus tard marquis) de Sá da Bandeira, le brave et savant général qu'on appelait le «Bayard portugais», qui contresigna, comme ministre de la guerre, le décret d'organisation de l'École de l'armée, fut aussi le directeur ou commandant de la même École depuis 1851 jusqu'en 1876, année de son décès. Il fut toujours grand apologiste de l'enseignement de la langue anglaise à l'Ecole, eu égard aux relations politiques existant entre le Portugal et l'Angleterre et leurs colonies respectives. De là la création de la 7.e chaire, dont l'enseignemet n'a jamais pu s'enraciner à l'Ecole de l'armée. L'étude de la langue française a toujours été exigée comme préparatoire pour l'inscription dans lès principalés écoles supérieures du royaume, et cette langue est fort connue des classes instruites portugaises.

La 4.e et la 5.e chaires furent modifiées, en 1849, après le retour en Portugal du capitaine du génie et professeur substitut de l'École, Coelho do Amaral, qui était allé en France (1844-1849) pour étudier à l'École des ponts et chaussées les matières ayant rapport à celles des chaires analogues de l'École de l'armée, ainsi que le cours de technologie du Conservatoire des arts et métiers, et pour visiter les établissements scientifiques militaires du même pays, spécialement l'École de Metz.[1] Les deux chaires devinrent alors biennales et eurent la composition suivante:

Modification de la 4.e et de la 5.e chaire, après les études faites en France par un des professeurs de l'École.

4.e chaire—1.ère année—Stabilité des constructions, résistance des matériaux; théorie des voûtes, des piles et des murs de soutènement. Mécanique appliquée aux machines.
2.e année—Mécanique appliquée aux travaux hydrauliques.

5.e chaire—1.ère année—Architecture—Cours de construction des ponts et des routes.
2.e année—Chemins de fer—Amélioration des rivières—Canaux—Travaux maritimes.

La construction des routes et des chemins de fer était enseignée dans un cours auxiliaire de la 5.e chaire, par un professeur substitut.

Les élèves étaient aussi astreints à l'enseignement de l'équitation et de l'escrime.

Équitation et escrime.

On professait à l'École les cours suivants:

Cours professés à l'École.

a)—*Cours d'état-major*[2]—2 ans—Chaires: 1.ère, 2.e, 5.e (1.ère partie) et 6.e.

b)—*Cours du génie militaire et de l'artillerie*—3 ans—Chaires: 1.ère, 2.e, 3.e, 4.e, 5.e et 6.e. Une partie des matières de la 3.e chaire n'était pas obligatoire pour les élèves se destinant au génie militaire. De même, une partie des matières de la 5.e chaire n'était pas exigée des élèves voulant suivre l'arme de l'artillerie, l'instruction se trouvant de cette façon aussi spécialisée que possible.

---

[1] En 1852, deux professeurs de l'École furent aussi envoyés en Hollande, afin d'étudier, pendant quatre mois, les travaux hydrauliques de ce pays. En 1867, on envoya aussi un professeur de l'École à l'Exposition de Paris. En cette même année, le conseil d'instruction exposait au gouvernement l'avantage qu'il y aurait pour l'enseignement à ce que tous les ans deux professeurs de l'École fussent envoyés à l'étranger.

Professeurs en mission d'étude aux pays étrangers.

[2] Par décret du 18 juillet 1834, on organisa pour la première fois en Portugal le corps d'état-major ayant un cadre spécial et fermé. Précédemment le corps d'état-major était formé d'un personnel d'officiers de toutes armes, choisis par ordre de mérite. Ces officiers obtenaient la promotion dans ce même corps, selon l'ordre et la proportion des autres officiers de l'armée, et ils pourraient être placés de nouveau à leur arme primitive, quand le général en chef le jugerait convenable, aux termes de l'organisation militaire du 21 février 1816. En 1890, on décréta une réorganisation de l'École de l'armée, en vertu de laquelle le personnel de l'état-major devrait être recruté parmi les officiers des diverses armes, ayant pour titres et capacités, en dehors du cours respectif, un autre cours spécial, qui fut alors substitué à celui de l'état-major, dont nous parlerons plus loin.

Organisations du corps d'état-major.

c)—*Cours de cavalerie et d'infanterie*—1 an—Chaires: 1.ère et 2.e.
d)—*Cours du génie civil*—2 ans—Chaires: 1.ère (ponts militaires), 2.e (matériaux de construction), 4.e, 5.e et 6.e [1]

Professeurs.

Il y avait à chaque chaire un professeur propriétaire, touchant la gratification annuelle de 2.778 francs (500#000 réis). Il y avait aussi six professeurs substituts, dont un pour les chaires 1.ère et 2.e, un pour la 4.e, un pour la 5.e, et deux pour la 6.e. Ces professeurs étaient nommés moyennant un concours d'épreuves publiques; ils remplaçaient les professeurs propriétaires en cas d'empêchement de ces derniers, et les secondaient dans l'enseignement. Ils étaient nommés professeurs propriétaires par droit d'ancienneté, et touchaient la gratification annuelle de 1.667 francs (300#000 réis). Toutes ces places étaient viagères, et les professeurs avaient, en dehors des gratifications qu'on vient d'indiquer, les appointements correspondant à leurs grades dans l'armée. [2]

Le professeur de la 7.e chaire devait toujours être un anglais, et touchait les appointements annuels de 2.000 francs (360#000 réis).

Directeur.

L'École avait un directeur, officier général ou officier supérieur des armes spéciales (génie ou artillerie), touchant les appointements ordinaires de commandement ou de commission, et ayant le devoir de faire exécuter les lois et règlements scolaires.

Conseil de l'École.

L'administration scientifique de l'École appartenait à un conseil, présidé par le directeur et composé de tous les professeurs.

Conseil de perfectionnement.

Un autre conseil, dit de perfectionnement, était présidé par le directeur, et composé de six autres membres, deux desquels professeurs de l'École de l'armée et un de l'École polytechnique, nommés par les conseils scolaires respectifs, et de trois officiers en service effectif de l'armée, dont un appartenait au corps d'état-major, un autre à l'arme du génie et le troisième à celle de l'artillerie, nommés par le gouvernement.

Origine du cours du génie civil à l'École de l'armée.

[1] L'existence du cours du génie civil dans une école militaire semblera peut-être, au premier abord, une anomalie d'organisation. Elle se trouve justifiée, cependant, par cette circonstance que l'emploi traditionnel des officiers du génie aux services des travaux publics, et les besoins de l'instruction de cette arme, rendaient indispensable, à l'École, un enseignement développé des sciences de construction, appliquées également dans le génie civil. On organisa donc ce cours, avec l'avantage économique d'éviter la fondation, à Lisbonne, d'une école spéciale pour cet enseignement.

Situation avantageuse des professeurs.

[2] Les gratifications annuelles les plus considérables, allouées aux officiers de l'armée en 1837, étaient celles de l'arme du génie, variant entre 1.200 francs (216$000 réis) pour les lieutenants en second, et 2.667 francs (480$000 réis) pour les colonels. Les professeurs avaient droit à la retraite avec la gratification en entier quand ils avaient 20 ans de professorat, et avec un tiers en sus de cette gratification, quand ils en comptaient 30, en commençant à toucher cette augmentation aussitôt après avoir complété la première période de 10 ans. Les professeurs cumulaient cette gratification avec la solde due à leur grade, même après avoir obtenu la retraite du service de l'armée. On voit par là combien les services des officiers dans le professorat étaient appréciés, et combien on cherchait à ce que ceux d'entre eux, qui étaient les plus instruits, préférassent ce genre de service.

Les gratifications des professeurs furent réduites, en 1844, à 2.500 francs (450$000 réis) pour les propriétaires et à 1.500 francs (270#000 réis) pour les substituts.

Le conseil de perfectionnement avait la mission d'accorder, autant que possible, l'instruction donnée à l'École avec les besoins du service général et particulier des diverses armes, et de rapporter annuellement au gouvernement l'état de l'École, en proposant les perfectionnements nécessaires, dans le but d'obtenir que la même École accompagnât toujours le progrès des sciences.

Élèves ordinaires et élèves volontaires.

Il y avait deux classes d'élèves: celle des *ordinaires* et celle des *volontaires*.

Conditions d'admissibilité des élèves ordinaires.

Les élèves ordinaires de la 1.ère année étaient tenus d'avoir le cours préparatoire du corps ou de l'armé qu'ils se proposaient de suivre, fait à l'École polytechnique; mais déjà en 1837, on accorda la permission de s'immatriculer aux élèves ayant fait les études de l'Université de Coïmbre, équivalentes à celles du cours préparatoire respectif.

Cours supérieurs préparatoires.

Ces cours préparatoires étaient composés de la manière suivante:

Pour l'état-major, le génie militaire et *le génie civil*—4 ans—Sciences mathématiques (élémentaires et supérieures), principes de sciences naturelles, botanique, minéralogie, géologie, principes de droit administratif et commercial, et dessin linéaire, de figure, d'histoire naturelle et de machines.

Pour l'artillerie—3 ans—Les mêmes matières du cours antérieur, excepté l'astronomie, la géodésie, la botanique, la minéralogie, la géologie et l'économie politique.

Pour l'infanterie et la cavalerie—1 an—Mathématiques élémentaires, principes de sciences naturelles et dessin. Les élèves de ces deux armes étudiaient, simultanément avec le cours d'application à l'École de l'armée, la physique expérimentale et la chimie générale, à l'École polytechnique. [1]

[1] On porta plus tard l'enseignement des mathématiques élémentaires et des principes de sciences naturelles aux lycées nationaux, où l'on établit aussi l'enseignement des principes de physique et de chimie. Par cette raison on exempta, en 1860, les candidats à l'inscription dans les cours de cavalerie et d'infanterie de l'étude de la physique expérimentale et de la chimie générale à l'École polytechnique, cette étude étant alors remplacée par la nouvelle chaire de principes de physique et chimie et introduction à l'histoire naturelle des trois règnes, créée aux lycées en 1854.

L'enseignement des mathématiques supérieures se développa alors à l'École polytechnique, où l'on créa aussi deux nouvelles chaires: l'une de chimie organique et analyse chimique, l'autre de géométrie descriptive. La chaire de physique fut aussi partagée en deux divisions, dont l'une de physique expérimentale et l'autre de physique mathématique.

À présent, il y a à l'École polytechnique cinq chaires de mathématiques supérieures, deux de physique, deux de chimie, trois de sciences naturelles, une d'économie politique et principes de droit administratif et commercial, et une de dessin en deux années. L'instruction pratique est donnée dans les cabinets appartenant aux chaires, dans l'observatoire astronomique, dans le Musée national (zoologie, minéralogie et géologie), dans le jardin botanique attenant à l'École, et dans les salles d'étude. Le personnel d'enseignement de l'École est composé de 12 professeurs propriétaires, 6 substituts, et 4 répétiteurs. L'École releva du ministère de la guerre jusqu'en 1859, où elle passa au ministère de l'intérieur (loi du 7 juin).

Pour pouvoir s'immatriculer comme élève ordinaire dans la 2.e ou la 3.e année des cours de l'École de l'armée, il fallait avoir satisfait aux épreuves de l'année précédente.

Droit des élèves au choix du cours.

Par décret du 10 décembre 1851, on régla le droit des élèves à l'inscription dans les cours de l'état-major, du génie militaire et de l'artillerie. Aussitôt qu'ils terminaient la 3.e année du cours supérieur préparatoire à l'École polytechnique ou à l'Université, les élèves étaient classés numériquement par leur conseil scolaire respectif d'après leur mérite scientifique, ayant droit, selon l'ordre du classement, et dans les limites fixées annuellement pour les besoins du service, au choix: 1.o du cours du génie; 2.o de celui de l'état-major; 3.o de celui de l'artillerie. Dans le cas où le nombre des élèves dépasserait ces limites, les candidats excédants s'inscriraient tout de même sur la matricule à l'École de l'armée, et concourraient l'année suivante avec les candidats de cette année à l'arme d'artillerie dans la proportion d'un pour trois. Si dans cette arme encore ils ne pouvaient pas suivre leur carrière, ils étaient nommés sous-lieutenants de cavalerie ou d'infanterie, après avoir satisfait aux épreuves de la 1.ère année de l'École de l'armée, ayant toutefois la faculté de suivre le cours d'une des armes spéciales, au service de laquelle ils pourraient être employés provisoirement, quand les besoins du service l'exigeraient.

Élèves volontaires.

Le succès aux examens de mathématiques élémentaires, principes de sciences naturelles et dessin de l'École polytechnique, constituait un titre suffisant pour l'admission à l'inscription dans la classe des élèves volontaires de l'Ecole de l'armée. [1]

Prix accordés aux élèves.

Les élèves ordinaires avaient seuls droit au diplôme du cours, et à concourir aux prix des chaires, lesquels étaient: un de 333fr·33 (60#000 réis), un de 166fr·66 (30#000 réis), et des diplômes honorifiques ou *accessits*. Les élèves volontaires pouvaient passer à la classe des ordinaires dans le cas où ils donneraient preuve d'avoir les connaissances exigées pour cette classe.

Méthode d'enseignement.

La matière professée en chaire était divisée en deux parties, dont la première était destinée aux notions générales, et la seconde à l'étude développée de la même matière.

Les leçons étaient données tous les jours ou en des jours alternés, et avaient la durée d'une heure et quart ou d'une heure et demie. Un ou plusieurs élèves exposaient la leçon précédente, dans les premières pendant un quart d'heure, dans les secondes pendant une demi-heure. Le reste du temps était employé par le professeur à expliquer la leçon du jour, en faisant les calculs, les expériences et les démonstrations sans intervention des élèves.

Académie polytechnique.

[1] Depuis 1852, les élèves ayant satisfait aux épreuves relatives aux études préparatoires à l'Académie polytechnique de Porto pouvaient aussi s'immatriculer comme volontaires, mais seulement dans les cours d'infanterie et de cavalerie. Depuis 1873, les cours préparatoires pour l'École de l'armée sont aussi professés à cette Académie dans des conditions de parité avec ceux de l'École polytechnique et de l'Université.

Un ou deux jours par semaine on exigeait des élèves, au moyen d'interrogations, une répétition des matières enseignées pendant ce temps; et il y avait chaque mois une autre répétition par écrit, où l'on adressait aux élèves 10 ou 15 questions. Chaque trimestre, ou tous les deux mois, il y avait un examen partiel, où les élèves étaient tenus de répondre aux interrogations devant une commission de trois professeurs, lesquels devaient se restreindre à ces interrogations et ne pas argumenter contre les élèves. Épreuves pendant l'année scolaire.

Dans chaque chaire il y avait, à la fin de l'année scolaire, un examen par écrit, passé par devant un jury composé de trois professeurs, le point à examiner étant tiré au sort au moment même de l'examen, et renfermant 30 à 50 questions, à chacune desquelles était attribuée une valeur exprimée par un numéro indiquant sa difficulté relative; ce numéro pouvait varier entre 10 et 50. Les questions portaient sur des sujets choisis de manière à ce que l'élève, pour pouvoir satisfaire tout au moins à la moitié de leur valeur totale, dût connaître toutes les matières en général enseignées pendant l'année, et pût répondre d'une manière concise et correcte à toutes ces questions dans l'espace de quatre heures, temps de durée de l'examen. Pendant ce temps, il était défendu à l'élève de s'entretenir avec qui que ce fût, ou de compulser des livres ou des notes. Examens annuels

Les sujets à traiter à l'examen, au nombre de dix, étaient organisés par le professeur de chaque chaire, lequel faisait toujours partie du jury, et ils étaient préalablement soumis à l'approbation du conseil scolaire. L'examen terminé, les réponses des élèves étaient tout de suite appréciées en conférence par le jury. L'élève, qui obtenait la moitié ou plus de la moitié de la somme totale des numéros représentant la valeur attribuée aux questions, était reçu. Dans le cas contraire, il pouvait répéter l'examen, si toutefois il avait une bonne classification dans les examens bimensuels ou trimestriels. Le nouvel examen dépendait d'un permis accordé par le directeur de l'École—permis qui était payé 27fr.77 *(5$000 réis)* par l'élève à l'administration de l'École—, et il ne donnait point le droit de concourir aux prix des chaires, la nouvelle classification obtenue fût-elle la plus favorable.

L'élève ayant un nombre de jours d'absence non justifiée par devant le conseil de l'École, égal à la dixième partie du nombre de leçons qu'il y aurait eu pendant toute l'année, ou à la cinquième partie, même étant justifiée, ne pouvait être admis à l'examen annuel. Les absences des élèves aux répétitions hebdomadaires sans cause justifiée étaient comptées au double. On n'admettait pas non plus à l'examen annuel les élèves ayant manqué, sans justification, aux examens partiels; si la cause de l'absence était justifiée, l'élève pouvait être admis à l'examen partiel moyennant un permis du directeur, qu'il payait 5fr.56 *(1$000 réis)* à l'administration de l'Ecole. On agissait d'une manière analogue envers les élèves qui auraient manqué à l'examen annuel, la taxe de permission étant en ce cas de 11fr.12 *(2$000 réis)*. Le montant des permis pour les examens extraordinaires faisait partie de la recette de l'École. Absences des élèves.

Examens d'escrime et d'équitation. Pour les élèves des cours militaires il y avait aussi des examens finals d'escrime au sabre et d'équitation.

Droit aux prix. Les prix étaient accordés aux élèves qui auraient obtenu, à l'examen annuel, une somme de points égale ou supérieure aux trois quarts du total des points d'appréciation attribués aux questions. La distribution des prix était faite en séance publique avec la plus grande solennité.

Prix de la classe de dessin. Dans la classe de dessin il y avait un prix pécuniaire de 166$^{fr.}$66 *(30$000 réis)*, et des diplômes d'honneur, à chacune des trois années, pour les élèves ordinaires, qui, par leur application distinguée et par les cotes de mérite obtenues à l'examen annuel, auraient droit à cette récompense. La salle de la séance était ornée des dessins qui avaient mérité les prix.

Exercices pratiques. Dans chaque chaire, le professeur distribuait à ses élèves des programmes pour l'élaboration de projets de travaux de fortification, de constructions civiles et militaires et d'autres sujets dérivés de l'instruction de l'École. Les exercices de la classe de dessin se rapportaient presque entièrement à ces sujets d'enseignement. Il y avait aussi, tous les ans, un *camp d'instruction*, où les élèves, dirigés par les professeurs, allaient pratiquer ce qu'ils avaient appris dans les classes, le gouvernement pourvoyant aux dépenses réclamées par ces travaux. Ce fut dans l'année scolaire 1852-1853 que quelques élèves des cours d'état-major, du génie militaire et d'artillerie furent employés pour la première fois, pendant les vacances d'août et septembre, en des reconnaissances militaires sous la direction d'un professeur.

Nouvelle méthode d'enseignement. La méthode d'enseignement de 1837 fut modifiée par décret du 2 décembre 1857. On supprima alors la justification des absences, l'élève qui aurait manqué à la cinquième partie du nombre de leçons ne pouvant continuer les études cette année. Les exercices scolaires se composaient de leçons, de répétitions hebdomadaires, d'exercices pratiques, d'excursions d'étude et d'examens partiels. Les examens annuels, qui avaient jusqu'alors été par écrit, devinrent oraux; ils se composaient d'une partie vague, sur laquelle les élèves pouvaient être interrogés librement, et qui portait sur les généralités et les éléments fondamentaux des matières de chaque chaire, et de questions préalablement établies par le conseil d'instruction. Ces questions étaient tirées au sort six heures avant l'examen, et renfermaient simplement l'indication sommaire des sujets qu'on aurait à traiter à l'examen. Pendant les six heures précédant l'examen, les élèves se tenaient dans une salle d'étude, où ils pouvaient consulter les livres dont ils auraient besoin, et où il n'était permis à personne d'entrer, les examinateurs et les gardiens de service exceptés. Les élèves étaient obligés de faire, pendant l'examen, les démonstrations pratiques se rapportant aux sujets en question. L'examen de chaque élève devait durer au moins une demi-heure. Les élèves, qui auraient été refusés dans un examen annuel, ne pouvaient répéter qu'une fois le même examen, et cela seulement dans le cas où ils auraient obtenu dans la classification respective la note de «bon» à chacun des examens partiels de la chaire. Les autres élèves refusés, et ceux qui le seraient dans un examen répété, étaient ajournés.

La classification des épreuves scolaires était faite par des cotes de mérite de 0 à 20, la note de 0 à 4 étant jugée mauvaise, celle de 5 à 9 médiocre, celle de 10 à 14 suffisante, celle de 15 à 19 bonne, et celle de 20 très bonne. Pour réussir à l'examen final il fallait avoir au moins la cote de mérite 10.

Les prix étaient accordés par voie de concours. On n'admettait à ce concours que les élèves ayant la classification de «bon» ou de «très bon». Le concours avait lieu par devant une commission de trois professeurs, et se composait d'une dissertation, écrite en quatre heures sur des questions tirées au sort au moment même du concours, et qui avaient été publiées dès le commencement de l'année scolaire. D'après le rapport de la commission sur le mérite des dissertations, et d'après les notes de classification des candidats, le conseil d'instruction exprimait son vote sur l'aptitude de ces derniers, ceux d'entre eux qui obtiendraient plus de 15 points au concours ayant seuls droit aux prix. Tout élève ayant obtenu 15 points était déclaré reçu avec distinction; celui qui avait la note la plus élevée avait droit au 1.er prix pécuniaire; celui qui avait la note immédiate recevait le 2.e, et à tous les autres étaient accordés des diplômes d'*accessit*. Dans le cas où les deux élèves ayant droit aux prix pécuniaires seraient dans des conditions parfaitement égales, la somme totale des deux prix serait divisée également entre eux. Les élèves ayant obtenu des prix étaient déclarés reçus avec éloge et distinction, la mention des prix, des *accessits* et des distinctions étant portée sur leurs diplômes de cours.

Année scolaire.

L'année scolaire commençait le 1.er octobre et finissait le dernier jour de juillet. Il y avait des vacances pendant les mois d'août et septembre; et les jours écoulés entre la Noël et le 3 janvier, le lundi et le mardi de carnaval, dix jours à Pâques en comptant du mercredi saint, et les jours saints ou de fête nationale étaient des jours de congé. Depuis 1857, les classes terminaient le 30 avril, les mois de mai et juin étant destinés aux travaux dans les salles d'étude, travaux qui auparavant étaient exécutés, comme on l'a dit plus haut, dans la classe de dessin.

Établissements de l'École.

Outre les classes et les salles d'étude, il y avait à l'École les établissements suivants:

1.° — Une bibliothèque, qui était publique, et dont le bibliothécaire était un des professeurs substituts, touchant pour ce service spécial la gratification annuelle de 556 francs *(100$000 réis)*;

2.° — Un cabinet de machines, modèles, instruments, et échantillons de matériaux de construction, à la charge du bibliothécaire;

3.° — Un laboratoire de chimie, de métallurgie et de pyrotechnie;

4.° — Un manège;

5.° — Un atelier lithographique, créé en 1849, pour le service du bureau de l'École, et pour la reproduction des leçons des professeurs.

Fonds de l'École.

Les fonds de l'École étaient constitués, en dehors du subside fourni par le gouvernement, par le produit des registres-matricules, des diplômes de cours et certificats d'examen, des permis, et de la moitié des émoluments. La moitié de ces recettes, à l'exclusion de celles venant du gouvernement et des émoluments, était destinée à l'achat de livres, instruments, machines, modèles, etc., pour l'enseignement, et à la construction et réparation des établissements de l'École. L'autre moitié était portée sur le compte des subsides accordés par le gouvernement. Un tiers de la recette provenant des émoluments appartenait au secrétaire de l'École, et les deux autres tiers étaient destinés aux frais du bureau.

Junte administrative.

L'administration économique de l'École était à la charge d'une junte composée du directeur et de deux professeurs choisis par le conseil d'instruction.

Personnel administratif.

Outre le personnel d'enseignement et le directeur, il y avait à l'École un secrétaire, un officier de la bibliothèque, un huissier, trois gardiens, et un portier.

Tout employé, excepté le secrétaire, pouvait remplir les fonctions de trésorier, et touchait pour ce service spécial une gratification modique.

Promotion des élèves militaires.

Les élèves inscrits sur la matricule, à la classe des ordinaires, dans la première année des cours d'état-major ou du génie militaire, étaient aussitôt promus au grade de *sous-lieutenants-élèves*, avec le traitement mensuel de 67 francs *(12#000 réis)*, ce grade ayant été créé par l'organisation même de l'École de l'armée. Les élèves immatriculés comme ordinaires dans la 2.e année du cours d'artillerie étaient aussi promus au même grade. [1]

La promotion des uns et des autres avait lieu aussitôt leurs cours militaires respectifs terminés, les premiers étant nommés sous-lieutenants effectifs des corps d'infanterie ou de cavalerie à leur choix, et les derniers, lieutenants en second des régiments de l'artillerie.

Après deux années de bon service et de conduite exemplaire, ils étaient tous promus au grade de lieutenant du génie ou du corps d'état-major, ou bien à celui de lieutenant de l'artillerie, selon les cours qu'ils avaient suivis, dans le cas où il y aurait des places vacantes. Dans le cas contraire, ils restaient, après leur promotion, attachés aux corps dans lesquels ils servaient, jusqu'à ce qu'il y eût des places vacantes dans les services auxquels ils se destinaient.

Les élèves ayant terminé le cours de cavalerie et infanterie, après deux années de bon service et de conduite régulière dans un des corps

---

Année de service, exigée pour la promotion au grade de sous-lieutenant-élève.

[1] Il fut établi, en 1851, qu'aucun élève ne pourrait avoir accès au grade de sous-lieutenant-élève, sans avoir été préalablement enrôlé dans un corps de première ligne, sans avoir le grade, effectif ou pas effectif, de sergent-major, et sans compter douze mois de service. Déjà en 1846, par suite d'une proposition du directeur de l'École, le gouvernement avait ordonné que les élèves de la classe civile, promus au grade de sous-lieutenant-élève, fussent incorporés, pendant les vacances d'août et septembre, dans les régiments de la capitale, afin d'y recevoir l'instruction d'exercices militaires, cette instruction n'étant pas donnée à l'École.

de leurs armes respectives, concouraient avec les autres candidats au grade de sous-lieutenant, dans la proportion prescrite par la loi.[1]

Quand ils interrompaient les études d'une année du cours, les sous-lieutenants-élèves étaient forcés de servir dans l'armée, ne touchant pendant ce temps que la moitié de leur solde, et l'année perdue ne leur étant point comptée comme année de service. Ils étaient licenciés, s'ils étaient deux fois refusés à l'examen de la même chaire (décret du 10 décembre 1851), ou s'ils abandonnaient définitivement leurs cours.

Promotion au grade de sous-lieutenant dans les armes de cavalerie et infanterie.

Le décret du 12 janvier 1837 prescrivait que les seuls titres pour l'admission dans les cadres des officiers du corps d'état-major et des armes du génie et de l'artillerie seraient les cours établis par le même décret.[2]

L'organisation de l'École de l'armée, décrétée en 1837, avec les légè-

Recrutement des officiers du corps d'état-major et des armes du génie et de l'artillerie.

[1] Jusqu'en 1841, les individus ayant fini leurs cours de cavalerie et infanterie d'après l'organisation scolaire de 1837, devaient être préférés aux autres candidats au grade de sous-lieutenant des deux armes, sans proportion définie. En 1840 il avait été déterminé, que la moitié des places vacantes du même grade appartiendrait à ces individus. Par décret du 11 décembre 1851, le grade de sous-lieutenant fut accordé aux mêmes individus, dans le cas où ils auraient aussi le cours du Royal collège militaire, un tiers des places vacantes leur appartenant, et un autre tiers appartenant à ceux qui, ayant les cours des deux armes, n'avaient pas fréquenté ce collège. Le tiers restant des places vacantes était rempli par les porte-drapeaux (grade qui n'existe plus aujourd'hui), par les adjudants sous-officiers et par les quartiers-maîtres sous-officiers des deux armes, par rang d'ancienneté et si l'on avait de bonnes informations sur leur aptitude et leur conduite. Ces règles de promotion furent en vigueur jusqu'en 1863, année où l'on décréta une nouvelle organisation de l'École de l'armée.

Promotions de sous-officiers d'artillerie.

[2] Nonobstant le précepte qu'on vient de citer, les sous-officiers d'artillerie continuèrent à avoir accès au grade de lieutenant en second de cette arme pour un tiers des places vacantes. Parmi les sous-officiers qui n'obtenaient pas cette promotion, il y en avait quelques-uns qui étaient promus au grade de sous-lieutenant pour un cadre spécial, et d'autres qui étaient transférés aux armes de cavalerie et d'infanterie, où ils concouraient pour l'accès avec les sous-officiers de ces deux armes. Les sous-officiers des places du génie ne pouvaient être sous-lieutenants ou lieutenants en second de leur arme, et ils étaient nommés soit adjudants des places, soit gardes du génie, classe qui n'existe plus aujourd'hui. L'organisation de l'armée, décrétée en 1884, régla la promotion des sous-officiers du génie et de l'artillerie au nouveau *cadre des places de guerre et des gardes du génie et de l'artillerie*. Les officiers supérieurs d'artillerie, alors existants, qui n'avaient pas le cours de leur arme, furent incorporés dans ce même cadre par suite des dispositions de l'organisation susdite. Ce fut alors que l'admission au cadre des officiers d'artillerie des individus qui n'avaient pas le cours de cette arme cessa définitivement. Par la récente organisation de l'armée (décret du 7 septembre 1899) on constitua, avec le cadre de 1884, le *corps des gardes du génie et de l'artillerie (corpo de almoxarifes)*. Ce corps, qui se compose d'un colonel, un lieutenant-colonel, deux majors, douze capitaines, seize lieutenants et vingt sous-lieutenants, est destiné aux services des places, et des armes du génie et de l'artillerie, et à former, en temps de guerre, le cadre des officiers de la compagnie des équipages et des trains d'artillerie. Le corps des gardes du génie et de l'artillerie est recruté parmi les adjudants sous-officiers de ces deux armes, par rang d'ancienneté dans le grade de maréchal des logis-chef, dans le cas où ils posséderont l'instruction établie dans les écoles pour les sous-officiers, et pourront satisfaire à toutes les autres conditions de la promotion.

res modifications qui y furent successivement introduites, ne s'accordait point avec les exigences de l'enseignement, ainsi que le conseil d'instruction en fit plusieurs fois la représentation au gouvernement, en demandant avec instance qu'il fût procédé à une réorganisation convenable. Ce ne fut qu'en 1863 que l'on décréta cette réorganisation de la manière que nous allons minutieusement décrire, puisqu'il s'agit d'une nouvelle période, pendant laquelle l'instruction supérieure militaire commença à avoir en Portugal un développement vraiment remarquable.

CHAPITRE II

Période de 1863-1890

Organisation des cours

Le 24 décembre 1863 le gouvernement, faisant usage de l'autorisation qui lui avait été octroyée par les chambres législatives, décréta une nouvelle organisation de l'École de l'armée. Le ministre de la guerre était, à cette époque, le général Vicomte de Sá da Bandeira, qui, en cette même qualité, en 1837, avait déjà contresigné le décret de la même année, par lequel était créée la sus dite École, dont il fut le directeur depuis 1851, comme nous l'avons dit ailleurs.

Décret de réorganisation de l'École de l'armée, du 24 décembre 1863.

Le règlement de l'École fut décrété le 26 octobre 1864, et, jusqu'en 1890 où cette dernièu fut de nouveau réorganisée, les dispositions de l'organisation de 1863, et celles du règlement de 1864 subirent de nombreuses altérations, dont les plus importantes seront sommairement indiquées ci-dessous.

Règlement de 1864.

D'après l'organisation de 1863, l'École de l'armée était l'établissement spécialement destiné à l'enseignement de la science et de l'art militaires et du génie civil. [1]

But de l'institution de l'École.

Les cours de l'École étaient les suivants:

Cours.

1.º—Infanterie et cavalerie—2 ans;
2.º—État-major—2 ans;
3.º—Artillerie—3 ans;
4.º—Génie militaire—3 ans;
5.º—Génie civil—2 ans.

Outre ces cours, le gouvernement avait l'autorisation d'établir un cours administration militaire, et un autre pour les conducteurs des travaux

[1] À l'Académie polytechnique on continua à professer, jusqu'en 1885, les cours dits du génie civil de ponts et routes, de constructions et de mines, lesquels furent remplacés cette même année par les cours: du génie civil proprement dit (constructions civiles ou de travaux publics) et du génie des mines.

publics. Le premier de ces cours fut organisé en 1868; le second ne fut jamais créé à l'École. [1]

Chaires.

Le décret de 1863 indiquait, pour chaque cours, les matières devant être professées à l'École; cependant, il n'en faisait pasla distribution par chaires, fut et ce le règlement de 1864 qui l'effectua de la manière suivante:

1.ère chaire—(cours annuel):

- 1.ère partie —Législation et administration militaires;
- 2.e partie—Histoire, géographie et statistique militaires;
- 3.e partie—Notions sur le droit des gens.

2.e chaire—(cours annuel):

- 1.ère partie—Importance des différentes armes. Armement des troupes, et tactique élémentaire des trois armes;
- 2.e partie—Principes et règles du tir;
- 3.e partie—Politique militaire et de la guerre. Stratégie. Petite guerre. Castramétation. Grande tactique;
- 4.e partie—Communications militaires;
- 5.e partie—Progrès militaires des nations;
- 6.e partie—Critique de la guerre et des grandes opérations.

3.e chaire—(cours annuel):

- 1.ère partie—Fortification passagère. Idée d'une place de guerre, et de son attaque et de sa défense, spécialement en ce qui concerne le service des troupes;
- 2.e partie—Systèmes et méthodes les plus remarquables de la fortification. Approvisionnement, armement et garnison des places fortes;
- 3.e partie—Architecture militaire. Citadelles;
- 4.e Fortification souterraine;
- 5.e partie—Attaque et défense des places, spécialement en ce qui concerne leurs ouvrages;
- 6.e partie—Application de la fortification aux terrains irréguliers et à la défense des États. Camps retranchés.

4.e chaire—(cours annuel):

- 1.ère partie—Théorie mécanique de la poudre;
- 2.e partie—Armement et matériel de l'artillerie;
- 3.e partie—Balistique interne et son application;
- 4.e partie—Balistique externe et pénétrations;
- 5.e partie—Circonstances de tir. Services divers de l'artillerie, et philosophie de son organisation.

5.e chaire—(cours annuel):

- 1.ère partie—Principes généraux de chimie appliquée. Matériaux de construction et leur analyse;
- 2.e partie—Photographie;
- 3.e partie—Pyrotechnie.

---

[1] Le cours de conducteurs des travaux publics est professé à l'*Institut industriel et commercial* de Lisbonne, et à un autre établissement d'instruction, qui porte la même désignation, à Porto.

6.e chaire — (cours biennal):

1.ère année:
- 1.ère partie — Résistance des matériaux;
- 2.e partie — Stabilité des constructions;

2.e année:
- 3.e partie — Hydraulique;
- 4.e partie — Moteurs hydrauliques;
- 5.e partie — Mécanique appliquée aux machines, et spécialement aux machines à vapeur et aux locomotives.

7.e chaire — (cours biennal):

1.ère année:
- 1.ère partie — Architecture;
- 2.e partie — Ponts;

2.e année:
- 3.e partie — Navigation intérieure;
- 4.e partie — Travaux maritimes;
- 5.e partie — Phares.

8.e chaire — (cours biennal):

1.ère année:
- 1.ère partie — Ponts;
- 2.e partie — Télégraphie;

2.e année:
- 3.e partie — Chemins de fer;
- 4.e partie — Droit administratif appliqué aux travaux publics.

9.e chaire — (cours biennal):
- 1.ère partie — Géodésie pratique;
- 2.e partie — Topographie.

Composition des cours.

Les cours étaient constitués de la manière suivante:

Infanterie et cavalerie: 1.ère chaire (1.ère et 3.e partie — 2.e chaire (la 6.e partie exceptée) — 3.e chaire (1.ère partie) — 5.e chaire (2.e partie) — 9.e chaire (2.e partie).

État-major: 1.ère chaire — 2.e chaire — 3.e chaire (1.ère partie) — 5.e chaire (2.e partie) — 9.e chaire.

Artillerie: 1.ère chaire (1.ère et 3.e parties) — 2.e chaire (la 6.e partie exceptée) — 3.e chaire (1.ère, 2.e et 5.e parties) — 4.e chaire — 5.e chaire — 6.e chaire (la 5.e partie exceptée) — 7.e chaire (1.ère partie) — 9.e chaire (2.e partie).

Génie militaire: 1.ère chaire (1.ère et 3.e parties) — 2.e chaire (la 6.e partie exceptée) — 3.e chaire — 4.e chaire (4.e partie) — 5.e chaire (1.ère et 2.e parties) — 6.e chaire — 7.e chaire — 8.e chaire — 9.e chaire.

Génie civil: 5.e chaire (1.ère et 2.e parties) — 6.e chaire — 7.e chaire — 8.e chaire — 9.e chaire.

Administration militaire: 1.ère chaire (1.ère partie et statistique militaire) — 9.e chaire (arpentage). [1]

Cours d'administration militaire.

[1] Ce cours devait être étudié dans une année, et se composait, en dehors des chaires indiquées, de la pratique des écritures et de la comptabilité des services de l'État, spécialement des services militaires, et de la langue anglaise. Le cours du commerce, établi en 1869 à l'Institut industriel de Lisbonne, était l'étude préparatoire au cours de l'administration militaire. On exigeait aussi des élèves de ce cours des principes de physique et de chimie et l'introduction à l'histoire naturelle des trois règnes, cette branche

L'étude de la langue anglaise, et, depuis 1873, celle de l'hygiène militaire, étaient obligatoires pour tous les élèves. Dans la même année, l'enseignement de l'hippologie devint obligatoire aussi pour les élèves qui suivaient les cours du génie militaire, de l'artillerie et de l'état-major, ainsi qu'il l'était déjà pour ceux du cours de cavalerie.

Comparaison entre l'enseignement théorique de 1837 et celui de 1864.

En comparant l'enseignement théorique, prescrit par la nouvelle organisation, à celui de 1837, on voit qu'il se fit un progrès très remarquable, quant au nombre et à l'étendue des matières, quoiqu'elles fussent encore renfermées dans un cadre assez restreint. Le nombre de chaires, qui à cette époque ne s'élevait qu'à six, toutes annuelles, monta jusqu'à neuf, dont trois biennales, ce qui équivalait à douze chaires annuelles, ou bien au double de celles de l'organisation de 1837.

L'enseignement fut augmenté des matières suivantes: législation, administration, histoire, géographie et statistique militaires, droit international en temps de paix, politique militaire et de la guerre, progrès militaires des nations, critique de la guerre et des grandes opérations, théorie mécanique de la poudre, principes généraux de chimie appliquée, analyse des matériaux de construction, photographie, droit administratif appliqué aux travaux publics, et géodésie pratique. [1]

Composition des chaires, en 1884.

Cependant les sciences militaires et celles de constructions faisaient de considérables progrès, et les besoins des services des diverses armes augmentaient également. Pour cette raison le conseil d'instruction de l'École, qui avait toujours, et autant que possible, pris ces progrès en considération, obtint, en 1884, qu'on donnât aux chaires des différents cours la composition suivante:

1.ère chaire—(cours annuel):
- 1.ère partie—Législation et administration militaires;
- 2.e partie—Section I, géographie militaire; section II, histoire militaire; section III, statistique militaire; [2]
- 3.e partie—Principes de droit international.

2.e chaire—(cours annuel):
- 1.ère partie—Balistique élémentaire et son application au tir des armes portatives (précédée de notions de géométrie analytique et de mécanique pour les cours de cavalerie et infanterie;

pouvant être fréquentée au Lycée de Lisbonne, indépendamment des autres études du même Lycée, et simultanément avec le cours de l'École de l'armée. Comme nous l'avons déjà dit, le cours d'administration militaire fut institué en 1868; mais, l'année suivante, où ce service fut réorganisé, le gouvernement n'établit aucune garantie pour les individus ayant qui' s'y était fait inscrire cours, ce qui fit que le seul élève complète les études de ce en 1868-1869 ne voulut pas le terminer. Il ne fut donc plus suivi que lors qu'il fut exigé, par suite de la réorganisation de l'École de l'armée en 1894, comme partie essentielle pour l'admission au service de l'administration militaire.

Étude de la géodésie théorique.

[1] La géodésie théorique était étudiée à la chaire d'astronomie des cours supérieurs préparatoires pour le génie militaire et civil, et pour l'état-major.

Subdivision des chaires en sections.

[2] Les diverses parties de chaque chaire étaient subdivisées en sections, d'après le programme d'enseignement respectif. Dans le texte on spécifie seulement les sections indispensables à une plus facile compréhension de la nouvelle composition des cours.

2.e partie — Armement;
3.e partie — Tactique élémentaire;
4.e partie — Communications militaires;
5.e partie — Stratégie;
6.e partie — Tactique appliquée (comprenant: organisation des grandes unités, étude des positions, marches, stationnement, grande tactique, et petite guerre);
7.e partie — Politique militaire;
8.e partie — Critique de la guerre.

3.e chaire — (cours annuel):

1.ère partie — Section I, notions générales sur la méthode des plans cotés,[1]; section II, fortification passagère, de campagne et improvisée; sections III et IV, étude élémentaire de la fortification permanente et provisoire, et de l'attaque et de la défense des places;

2.e partie — Fortification permanente et provisoire: Section I, éléments de la fortification; section II, histoire de la fortification; section III, organisation des places fortes; section IV, construction des fortifications.

3.e partie — Mines militaires: section I, notions préliminaires et théorie des mines; section II, travaux de mines; section III, emploi des mines à la guerre de siège; section IV, torpilles et leurs applications;

4.e partie — Attaque et défense des places;

5.e partie — Section I, application de la fortification au terrain; section II, application de la fortification à la défense des États.

4.e chaire — (cours biennal):

1.ère année:
- 1.ère partie — Force de la poudre et balistique interne;
- 3.e partie — Matériel d'artillerie (les munitions de guerre exceptées);

2.e année:
- 2.e partie — Balistique externe: section I, balistique théorique; section II, balistique pratique; section III, effets des projectiles d'artillerie;
- 3.e partie — Munitions de guerre.

5.e chaire — (cours annuel):

1.ère partie — Matériaux de construction: section I, pierres, fournitures et produits céramiques; section II, bois, métaux et accessoires;

2.e partie — Photographie et ses applications aux travaux militaires;

3.e partie — Poudres, munitions et artifices de guerre (fabrication);

---

[1] On n'exigeait des élèves du cours de cavalerie et 'nfanterie que les mathématiques élémentaires des lycées nationaux, dans les programmes desquelles n'étaient comprises ni la méthode des plans cotés, indispensable à l'étude et au dessin de la fortification, ni des notions de géométrie analytique et de mécanique, indispensables à l'étude de la balistique élémentaire; c'est pourquoi ces études, qui devaient être préparatoires, faisaient partie de la 2.e et de la 3.e chaires de l'École de l'armée.

Enseignement préparatoire à l'École de l'armée.

4.ᵉ partie — Fabrication du matériel d'artillerie et des armes portatives.

6.ᵉ chaire — (cours biennal):

1.ère année { 1.ère partie — Résistance des matériaux; 2.ᵉ partie — Stabilité des constructions (comprenant la statique graphique).

2.ᵉ année { 3.ᵉ partie — Hydraulique (comprenant l'hydraulique urbaine et l'hydraulique agricole); 4.ᵉ partie — Moteurs hydrauliques; 5.ᵉ partie — Mécanique appliquée aux machines, spécialement aux machines à vapeur et aux locomotives.

7.ᵉ chaire — (cours biennal):

1.ère année { 1.ère partie — Architecture; 2.ᵉ partie — Ponts;

2.ᵉ année { 3.ᵉ partie — Navigation intérieure; 4.ᵉ partie — Travaux maritimes; 5.ᵉ partie — Phares.

8.ᵉ chaire — (cours biennal):

1.ère année { 1.ère partie — Routes: section I, études; section II, exécution des travaux; 2.ᵉ partie — Télégraphie;

2.ᵉ année { 3.ᵉ partie — Chemins de fer: section I, tracé et profilement; section II, exécution des travaux; section III, matériel fixe et matériel roulant; section IV, divers systèmes de voies ferrées; section V, exploitation; 4.ᵉ partie — Droit administratif appliqué aux travaux publics.

9.ᵉ chaire: (cours annuel):

1.ère partie — Géodésie pratique;
2.ᵉ partie — Topographie;
3.ᵉ partie — Reconnaissances militaires.

Composition des cours, en 1884.

Les cours demeurèrent constitués de la manière suivante:

Infanterie et cavalerie: 1.ère chaire (1.ère partie, section II de la 2.ᵉ partie, et 3.ᵉ partie); 2.ᵉ chaire (1.ère et 7.ᵉ parties); 3.ᵉ chaire (1.ère partie); 5.ᵉ chaire (2.ᵉ et 3.ᵉ parties); 9.ᵉ chaire (2.ᵉ et 3.ᵉ parties).

État-major: 1.ère chaire; 2.ᵉ chaire (les notions de géométrie analytique et de mécanique exceptées); 3.ᵉ chaire (1ère partie, sections I et II, 4.ᵉ partie, et 5.ᵉ partie, section III); 5.ᵉ chaire (2.ᵉ et 3.ᵉ parties); 8.ᵉ chaire (1ère partie, section I, 2.ᵉ partie, 3.ᵉ partie, sections I, III et V).

Artillerie: 1.ère chaire (1.ère partie, section II de la 2.ᵉ partie, 3.ᵉ partie); 2.ᵉ chaire (les notions de géométrie analytique et de mécanique et la 8.ᵉ partie exceptées); 3.ᵉ chaire (1.ère partie, les notions générales de la méthode des plans cotés et sur l'étude élémentaire de l'attaque et de la défense des places exceptées, 3.ᵉ partie, section IV, et

4.ᵉ partie); 4.ᵉ chaire; 5.ᵉ chaire (les sections I et III de la 1.ère partie exceptées); 6.ᵉ chaire (1.ère et 5.ᵉ parties); 9.ᵉ chaire (2.ᵉ et 3.ᵉ parties).

Génie militaire: 1.ère chaire (1.ère partie, section II de la 2.ᵉ partie, 3.ᵉ partie); 2.ᵉ chaire (comme dans le cours d'artillerie); 3.ᵉ chaire (1.ère partie, section II, 2.ᵉ et 5.ᵉ parties); 4.ᵉ chaire (2.ᵉ partie, section I et III, et 3.ᵉ partie, le résumé historique sur le matériel d'artillerie excepté); 5.ᵉ chaire (l'étude de la fabrication du matériel d'artillerie et des armes portatives exceptée); 6.ᵉ et 9.ᵉ chaires.

Génie civil: 5.ᵉ chaire (1.ère et 2.ᵉ parties); 6.ᵉ chaire; 9.ᵉ chaire (la 3.ᵉ partie exceptée). [1]

L'enseignement de la langue anglaise, de l'hygiène militaire et de l'hippologie continua à être donné dans les conditions ci-dessus indiquées.

Comparaison entre l'enseignement théorique et la composition des cours, en 1864 et en 1884.

En comparant l'organisation des chaires en 1864 à celle qui fut décrétée en 1884, on peut voir qu'une terminologie plus conforme au progrès des sciences militaires et de constructions fut adoptée en 1884, et qu'on élargit l'enseignement des br.nches suivantes: les notions des mathématiques supérieures, indispensables à une étude plus avantageuse de la fortification et de la balistique, pour les élèves de cavalerie et d'infanterie, les torpilles et leurs applications, la statique graphique, l'hydraulique urbaine et l'hydraulique agricole, et les reconnaissances militaires. On développa aussi beaucoup l'étude des matières comprises sous la nouve désignation de «tactique appliquée», ainsi que celles de la 4.ᵉ chaire, laquelle devint biennale, ce qui était la même chose que créer une nouvelle chaire annuelle.

Il est à propos de faire observer ici, que les développements indiqués avaient déjà été introduits dans l'enseignement, avec l'autorisation tacite du ministère de la guerre, avant que le décret du 4 décembre 1884 leur eût donné la sanction officielle et publique.

En ce qui concerne à la composition des cours on doit remarquer qu'ils furent amplifiés en 1884, conformément à la durée normale qui leur avait été assignée en 1864, et que, — la durée du cours d'artillerie ne pouvant être par un simple décret, augmentée d'une année — le développement des matières de grand intérêt pour ce cours ne put être

Études militaires exigées des ingénieurs civils.

[1] Le décret dictatorial du 24 juillet 1886, qui réorganisa les services techniques du ministère des travaux publics, et qui fut confirmé plus tard par les chambres législatives, prescrivait que les candidats à ingénieurs de travaux publics eussent pour litres et capacites outre le cours du génie civil, le brevet obtenu aux examens de l'École de l'armée, de balistique élémentaire, armement, tactique, communications militaires (2.ᵉ chaire), et du cours complet de fortification (3.ᵉ chaire), ces matières pouvant être étudiées simultanément avec le cours ci-dessus mentionné. Pour cette raison, les élèves du cours du génie civil, qui aspiraient au service technique du ministère des travaux publics, commencèrent, en 1886-1887, à étudier, comme élèves libres, les matières susdites. Ce service technique ayant été réorganisé de nouveau le 1.er décembre 1892, on exigea simplement le cours du génie civil de ceux qui voudraient être candidats à ingénieurs de travaux publics, ce qui fit que les élèves du même cours cessèrent immédiatement de fréquenter les chaires militaires.

obtenu que moyennant la suppression d'autres matières d'une importance moins essentielle, telles que: histoire et construction des fortifications permanentes, matériaux de construction pour édifices, à l'architecture et à l'hydraulique.

Enseignement théorique auxiliaire.

En 1864, comme en 1884, il y avait plusieurs chaires qui, en raison du nombre et de l'étendue des matières, ne pouvaient être régies par un seul professeur, des cours auxiliaires dirigés par les professeurs de 2. classe; pour les 2.e, 3.e, 6.e, 8.e et 9.e chaires existant, pour cette raison, cette hiérarchie était correspondante à celle des professeurs substituts de l'organisation de 1837. Il y avait aussi des professeurs pour l'enseignement de la langue anglaise, de l'hygiène militaire et de l'hippologie, ceux de ces deux dernières branches étant le médecin et le vétérinaire militaires, qui furent envoyés servir à l'École, quoiqu'ils ne fussent point inscrits dans les cadres du personnel établi par l'organisation de 1863 et par le règlement de 1864.

Enseignement pratique.

En dehors de l'enseignement théorique, il y avait à l'École l'enseignement pratique, distribué de la manière suivante:

Concurremment avec l'enseignement théorique: travaux dans les salles d'étude (projets, problèmes, etc.), dessin (de topographie, d'armes, de modèles de constructions et de machines, d'architecture, etc.), levés topographiques aux alentours de l'École, travaux de fortification passagère, de sape, de mines, de construction de batteries, de castramétation, etc., observations géodésiques et pratique des instruments topographiques dans le champ attenant à l'École, visites d'étude dans des établissements industriels et militaires, aux fortifications de Lisbonne et de ses alentours; travaux dans les laboratoires d'analyse chimique et de photographie, et dans l'atelier de moulage établi à l'École, ainsi que dans les polygones des armes du génie et de l'artillerie; exercices et manœuvres d'infanterie, de cavalerie et d'artillerie, escrime, gymnastique et équitation.

Dans les intervalles de l'enseignement théorique: exercices militaires, escrime et gymnastique, reconnaissances militaires, et missions d'étude dans des travaux publics, fortifications, arsenaux, etc.

L'enseignement de la natation était également prescrit, mais on ne put le mettre à exécution, faute d'une installation convenable.

Internat et demi-internat pour les élèves.

Un motif analogue empêcha aussi l'établissement du régime de l'internat pour les élèves militaires de l'École polytechnique, prescrit dans le décret d'organisation de 1863, et supprimé par le décret du 26 décembre 1868, qui établit un demi-internat, semblable à celui adopté à l'*École des ponts et chaussées*, de Paris. Ce nouveau régime n'eut qu'une existence éphémère, et il n'en resta que la règle de la présence obligatoire des élèves à tous les services de l'École.

En 1885, on établit à l'École un *mess* pour les élèves dans des conditions semblables à celles des *mess* régimentaires des sous-officiers de l'armée, et seulement pour les élèves voulant profiter de cet avantage, ce qu'ils firent presque tous.

Corps d'élèves.

Faute d'une installation convenable pour l'internat, le corps d'élèves n'exista jamais réellement qu'au point de vue de l'administration, les élèves continuant d'appartenir aux régiments dans lesquels ils s'étaient enrôlés, et conservant leurs uniformes respectifs, avec de légères marques distinctives qui indiquaient leur situation scolaire.

Personnel d'enseignement et d'administration

Professeurs.

L'organisation décrétée en 1863 établit, entre autres innovations, celle du professorat de commission.

Il y avait 9 professeurs de 1.ère classe, un pour chaque chaire, et 6 de 2.e classe, dont 2 pour les chaires de sciences militaires (1.ère à 5.e), 3 pour celles des sciences de constructions (6.e à 8.e), et 1 poûr la 9.e chaire (topographie et géodésie pratique).

Aux professeurs de 1.ère classe appartenait l'enseignement des matières de leurs chaires respectives, excepté celles de ces matières qui constituaient les cours auxiliaires des mêmes chaires, cours dont l'enseignement était commis aux professeurs de 2.e classe, lesquels remplaçaient ceux de 1.ère classe en cas d'empêchement de ces derniers. Les uns, comme les autres pouvaient être employés à d'autres services scolaires, pour lesquels ils eussent été nommés par le conseil d'instruction de l'École. Les professeurs de la 9.e chaire avaient la surintendance de l'enseignement du dessin, dont la direction était confiée à l'un d'eux.

Tous les professeurs étaient de commission, cette commission ne devant en règle durer moins de cinq ans. Leur nomination était faite par voie de concours, et selon la forme qui devrait être établie dans des règlements qu'on n'arriva pas à décréter. Les professeurs, et tous ceux qui faisaient partie du personnel d'enseignement, étaient choisis de préférence parmi les officiers de l'armée, le ministère de la guerre pouvant, cependant, dans le cas où l'intérêt du service ou de l'enseignement de quelque spécialité l'exigerait, appeler à remplir ces fonctions un individu de la classe civile, ou bien un étranger. [1]

Jusqu'en 1880, aucun nouveau professeur ne fut nommé, car personne ne se présenta aux concours d'épreuves publiques qui furent annoncés. On peut attribuer ce fait aux raisons suivantes: 1.° la difficulté de ces concours, faits dans le but d'obtenir des places qui n'avaient pas la moindre stabilité, puisque, comme nous l'avons déjà dit, le décret d'organisation se bornait, à cet égard, à prescrire que la durée de la commission du professorat ne fût pas, en règle générale, inférieure à cinq ans; 2.° les difficultés inhérentes aux concours d'épreuves publiques, accrues encore par cette circonstance que les candidats à la place de professeur de 2.e classe étaient tenus de subir ces mêmes épreuves sur les

---

Professeurs civils et étrangers.

[1] De la classe civile, on n'admit aux concours pour l'enseignement des sciences de constructions que les ingénieurs civils ayant fait leurs cours à l'Ecole de l'armée ou bien à un établissement d'instruction à l'étranger; et il n'y eut jamais à l'Ecole d'autre professeur étranger, que celui qui était chargé de l'enseignement de la langue anglaise, et qui était de cette nationalité.

matières de toutes les chaires de sciences militaires, ou bien de toutes celles de constructions, ce qui demandait un encyclopédisme d'autant moins justifiable que, pour la 9.e chaire, il devait y avoir des professeurs dont on n'exigeait point une étendue et une variété si grandes de connaissances scientifiques.

La nouvelle organisation scolaire avait établi pour les professeurs, sans doute dans le but d'attirer des candidats au professorat de commission, les avantages suivants: Les professeurs de 1.ère classe toucheraient des appointements de majors du génie en commission active de service, et les professeurs de 2.e classe, de capitaines de cette même arme, et ils auraient les honneurs dus à ces grades, si leurs grades effectifs ne leur donnaient pas droit à des appointements et à des honneurs supérieurs. Par ce moyen un lieutenant de n'importe quelle arme pourrait obtenir les appointements et les honneurs de major ou de capitaine du génie, selon qu'il serait professeur de 1.ère ou de 2.e classe. Tous les professeurs étaient admis à la 2.e classe d'abord, et passaient, par droit d'ancienneté, à la 1.ère, quand il y avait des places vacantes. Les soldes étaient, et sont encore, en Portugal, les mêmes pour toutes les armes et pour tous les services de l'armée, les gratifications seules variant selon les commissions de service et selon les armes. Les gratifications ordinaires les plus considérables étaient celles de l'arme du génie; mais les avantages pécuniaires ne dédommageaient point les candidats des énormes difficultés des épreuves du concours, et encore moins de l'instabilité qu'ils auraient dans l'exercice du professorat. [1]

Gratifications des officiers.

[1] Les gratifications inhérentes aux commissions actives des différentes armes étaient, en 1863, les suivantes en *réis (1$000 réis* étant de valeur égale à 5fr.56, au pair):

	Génie.	Artillerie	État-major	Cavalerie	Infanterie
Colonel	40$000	40$000	40$000	30$000	30$000
Lieutenant-colonel	40$000	30$000	30$000	-$-	-$-
Major	32$000	30$000	30$000	-$-	-$-
Capitaine	30$000	25$000	25$000	10$000	10$000
Lieutenant ou lieutenant en premier	25$000	10$000	10$000	-$-	-$-
Sous-lieutenant ou lieutenant en second	18$000	5$000	-$-	-$-	-$-

Aujourd'hui les lieutenants-colonels et les majors de cavalerie et d'infanterie, et les lieutenants et sous-lieutenants de ces mêmes armes ont droit, dans les régiments, aux gratifications mensuelles de 15$000 *réis* et 5$000 *réis*, respectivement. Les sous-lieutenants du génie touchent la gratification de 15$000 *réis* au lieu de 18$000, qu'ils avaient précédemment. Toutes les autres gratifications se conservent de même. Les officiers ont, dans toutes les armes, les désignations de lieutenant et de sous-lieutenant, ce dernier grade n'ayant jamais existé dans le corps d'état-major.

Gratifications d'exercice des professeurs.

Par la loi du 28 mars 1888, les places de professeurs de l'École de l'armée étant déjà remplies moyennant un concours par documents, on attribua aux professeurs de cette école et de l'École navale la gratification mensuelle de 238fr.89 *(43$000 réis)*, appartenant exclusivement à l'exercice de l'enseignement des matières des chaires et des examens, gratification qui avait été allouée, par la loi du 1.er septembre 1887, aux professeurs des écoles supérieures dépendantes du ministère de l'intérieur. Pour les professeurs et les répétiteurs dirigeant l'enseignement pratique, la gratification d'exercice

On avait mis en pratique l'organisation scolaire de 1863 avec les anciens professeurs, dont les places étaient viagères, et qui faisaient souvent au gouvernement des représentations au sujet des inconvénients du nouveau régime du professorat.

Dans la suite, vers le milieu de l'année 1880, il n'y avait à l'École que quatre professeurs de 1.ère classe, anciens professeurs propriétaires, qui étaient secondés dans tous les services scolaires seulement par deux officiers, ceux-ci ayant été nommés pour y remplir une commission temporaire d'enseignement.

Il était impossible de faire le service scolaire avec un nombre aussi restreint de professeurs, et le gouvernement résolut, le 8 juillet de la même année, de faire ouvrir un concours *fondé sur des documents,* pour la nomination *provisoire* de cinq professeurs de 1.ère classe et six de 2.e, parmi les officiers de l'armée possédant les cours des armes spéciales et du corps d'état-major, les ingénieurs civils, qui seraient dans les conditions que nous avons déjà indiquées ailleurs, pouvant également se présenter au concours. Évidemment les officiers de cavalerie et d'infanterie, n'ayant d'autres titres que les cours de leurs armes, ne pouvaient pas exercer le professorat, attendu que l'on maintenait toujours le système d'encyclopédisme dont nous avons parlé plus haut. Et, à la rigueur, les individus ayant satisfait aux épreuves des cours du génie militaire ou civil pouvaient seuls, par leurs diplômes, prétendre aux places de professeur de la 6.e à la 9.e chaire, ceux qui auraient le brevet du cours d'état-major pouvant aspirer encore à cette dernière chaire. Après 1863 aucun des cours de l'École n'embrassait toutes les matières des chaires 1.ère à 5.e, et, quant aux autres chaires, seuls les cours que nous venons d'indiquer les comprenaient toutes.

Il se présenta au concours par documents un nombre suffisant de

---

était de 138fr.89 *(25$000 réis).* Les gratifications n'étaient accordées pour l'exercice effectif des places, qu'en déduisant proportionnellement les jours d'absence du personnel d'enseignement et les vacances durant plus de cinq jours. Dans le but de subvenir aux dépenses créées par la loi ci-dessus mentionnée, on établit un impôt additionnel de 36 pour cent sur les impôts déjà en vigueur des inscriptions sur la matricule et des diplômes de cours.

Les gratifications spéciales d'exercice furent supprimées, en 1802 pour l'École de l'armée, et en 1895 pour l'École navale, les professeurs ayant droit dès lors à recevoir, en plus de la solde ou du traitement appartement à leur grade ou catégorie, la gratification annuelle et unique de 3:333fr.33 *(600$000 réis).* On continua, cependant, à allouer les gratifications, dont nous venons de parler, à tous les autres professeurs des écoles supérieures civiles, qui en plus de ces gratifications, touchent le traitement annuel, de 4:444fr.44 *(800$000 réis)* à l'Université, ou de 3:888fr.87 *(700$000 réis)* aux autres écoles, avec l'augmentation (supprimée temporairement depuis 1892) d'un tiers de ces traitements après vingt ans d'exercice effectif du professorat. Les professeurs militaires de ces mêmes écoles touchent, outre le traitement correspondant à leur grade dans l'armée, les gratifications annuelles de 2:500 francs *(450$000 réis),* ou bien 1:500 francs *(270$000 réis),* selon qu'ils sont propriétaires des chaires ou substituts, ayant droit (ce qui est également supprimé depuis 1892) à l'augmentation d'un tiers de ces gratifications après vingt ans de service effectif de professorat.

Appointements des professeurs des écoles supérieures civiles.

candidats, le cadre du professorat étant à cette occasion rempli, quoiqu'à titre provisoire, par dix officiers du génie et de l'artillerie, et par un ingénieur civil de l'École des ponts et chaussées de Paris. [1] Le même système a été adopté pendant la période de l'histoire de l'École, que nous sommes en train de décrire.

Professeur de langue anglaise.

Pour l'enseignement de la langue anglaise il y avait à l'École un professeur de la nationalité respective, admis par voie de concours fondé sur des documents, et moyennant un contrat spécial.

Répétiteurs et instructeurs.

Outre les professeurs des chaires, et dans le but de les seconder dans l'enseignement et de diriger l'instruction pratique, il y avait à l'École sept répétiteurs et trois instructeurs (décret du 4 décembre 1884). [2]

Quatre des répétiteurs étaient employés au service des salles d'étude et des travaux pratiques des sciences militaires, l'un d'entre eux étant aussi chargé de l'instruction pratique de la photographie et de la chimie appliquée; aux autres répétiteurs était commis le service des salles d'étude et des travaux pratiques des sciences de constructions et de géodésie. Tous les répétiteurs avaient aussi à leur charge, l'enseignement pratique du dessin et de la topographie, et recevaient des professeurs les instructions nécessaires à l'exécution de leurs services, qui étaient répartis par le conseil d'instruction.

Chacun des trois instructeurs était employé aux exercices tactiques et à l'enseignement pratique de l'administration et de la comptabilité de leur arme respective. L'instructeur d'infanterie enseignait aussi l'escrime du fleuret et du sabre et la gymnastique militaire, [3] et les deux autres instructeurs le maniement de l'épée pour les troupes à cheval. Ils étaient tous sous les ordres immédiats du commandant en second de l'École; un d'entre eux remplissait les fonctions d'adjudant du corps d'élèves, et tous exerçaient tour à tour la plus stricte surveillance dans le but de

---

Professeur civil.

[1] Mr. le conseiller Frederico Ressano Garcia, directeur général des services des travaux publics de la municipalité de Lisbonne, professeur de l'Institut industriel et commercial de la même ville, et plus tard ministre de la marine et des colonies (1889) et des finances (1897), et inspecteur général de la section portugaise à l'exposition universelle de Paris en 1900.

Répétiteurs et instructeurs d'après l'organisation scolaire de 1863 et le règlement de 1864.

[2] D'après les dispositions du règlement de 1864, il y avait à l'École quatre répétiteurs et cinq instructeurs. En 1881, on créa une place d'instructeur de plus, spécialement pour les exercices d'artillerie, qui jusqu'alors étaient enseignés, en même temps que ceux de cavalerie, par un seul instructeur. Par le décret de 1884, ci-dessus mentionné, on conserva la désignation d'instructeurs aux officiers chargés des exercices des trois armes, et celle de répétiteurs à tout le reste du personnel, à qui l'enseignement pratique des matières professées aux différentes chaires était plus particulièrement commis. Le décret d'organisation de 1863 permettait que le nombre de répétiteurs et d'instructeurs s'élevât au maximum de douze. De 1872 à 1886 le ministère de la guerre, vu le nombre très considérable d'élèves qui fréquentaient l'école, y envoya servir, dans le but d'aider les instructeurs des exercices militaires, quelques officiers subalternes d'artillerie et d'infanterie, qui furent aussi, après 1885, chargés de la direction du *mess (rancho)* des élèves.

Maître d'armes.

[3] Jusqu'en 1888. Un maître d'armes de la classe civile fut nommé, cette année-là, pour l'enseignement de l'escrime.

maintenir l'ordre pendant les heures où fonctionnaient les divers établissements de l'École, visitaient les classes et les salles d'étude, et accordaient les permissions nécessaires pour les sorties des élèves.

Les répétiteurs et les instructeurs étaient nommés par voie de concours (fondé sur des documents), et avaient droit aux appointements et aux honneurs des lieutenants du génie en commission active de cette arme, dans le cas où leur grade dans l'effectivité du service ne leur conférât pas des honneurs et des appointements supérieurs. (Voir la note de la page 38).

Commandement.

L'École avait un *commandant*, officier général ou colonel d'une des armes spéciales ou du corps d'état-major, chargé de la direction supérieure de tous les services, et un *commandant en second,* officier supérieur possédant un des cours de l'École, remplaçant le commandant en cas d'empêchement de ce dernier, ou surveillant sous son autorité toutes les branches du service, et ayant spécialement à sa charge la police, la discipline et l'instruction militaire (exercices tactiques, équitation, escrime et gymnastique), ainsi que le commandement du corps d'élèves. Les deux commandants touchaient les appointements ordinaires dus à leurs grades, et leur nomination appartenait au gouvernement.

Directeurs d'études.

La direction et l'inspection des études, et l'exécution des programmes, ainsi que les méthodes d'enseignement et d'examens, étaient commises, sous l'autorité supérieure du commandant, à deux *directeurs d'études,* dont l'un s'occupait de l'enseignement des sciences militaires, l'autre de celui des sciences de constructions. Les directeurs d'études étaient nommés par le gouvernement, et avaient droit aux honneurs et aux appointements de lieutenants-colonels du génie en commission active de cette arme, si leurs grades ne leur donnaient pas droit à des honneurs et à des appointements supérieurs. (Voir la note de la page 38).

Les fonctions des directeurs d'études, telles qu'elles étaient indiquées dans le décret d'organisation de 1863, pouvaient donner lieu à des conflits de compétence avec les professeurs; pour cette raison le règlement de 1864 considéra les directeurs d'études presque comme de simples informateurs ou inspecteurs du commandement en matière d'enseignement, sans autorité délibérative en ce qui concernait ce service.

Cumulation de services.

Les directeurs d'études, les professeurs de 1.ère et de 2.e classe, et les répétiteurs, quand ils exerçaient d'autres fonctions publiques, devaient toucher, par l'École, les gratifications annuelles, respectivement, de 2.222 fr. 20, 1.666 fr. 65, 1.111 fr. 10 et 555 fr. 55 (*400$000, 300$000, 200$000, 100$000 réis*), qu'ils recevaient cumulativement avec les appointements des autres emplois publics. [1]

Substitution de fonctions.

En cas d'absence ou d'empêchement du commandant et du commandant en second, les fonctions du premier étaient remplies par le plus

Origine du principe de cumulation de services.

[1] L'adoption du système de cumulation de services avait naturellement le but d'attirer à l'enseignement de l'École les individus qui, dans l'exercice de certaines fonctions, auraient acquis une aptitude spéciale pour cet enseignement. Le même système de cumulation est aussi généralement admis, pour des raisons d'économie, dans presque toutes les branches de l'administration portugaise, en ce qui concerne les fonctions

ancien des directeurs d'études. Le commandant en second était remplacé, dans tout ce qui avait rapport aux fonctions de la police, de la discipline et de l'instruction militaire des élèves, par l'instructeur des exercices militaires, dont le grade était le plus élevé. Les directeurs d'études étaient remplacés, dans leurs empêchements, par les professeurs les plus anciens de la section des sciences militaires ou de constructions, respectivement.

Préséance entre les professeurs.

Em 1881 le ministre de la guerre établit que la préséance entre les professeurs serait réglée, pour ceux qui auraient été nommés à la même date, par leurs grades et leur ancienneté dans l'armée, ceux appartenant à la classe civile étant considérés comme les plus modernes, et la préférence étant accordée à ces derniers selon leur âge. En 1883 on détermina que les professeurs de la 1.ère classe précéderaient toujours ceux de la 2.e et que, dans la même classe, la préséance appartiendrait à ceux dont la nomination serait la plus ancienne. Ces déterminations furent prises par suite des doutes suscités à cette époque au sujet des préséances, qui n'étaient fixées ni dans le décret d'organisation, ni dans le règlement scolaire, cette lacune étant remplie par l'ancien usage en vertu duquel les professeurs propriétaires précédaient toujours les substituts, l'ancienneté dans le professorat étant la règle de préséance dans chaque classe.

Inconvénients des honneurs militaires spéciaux du personnel d'enseignement.

Les honneurs militaires spéciaux, accordés au personnel d'enseignement (honneurs qui, d'ailleurs, ne prévalaient que dans l'École même, ou hors de l'École dans des actes scolaires), ainsi que la nomination des commandants, des directeurs d'études, des professeurs, et du personnel d'administration, sans dépendance mutuelle de limite des grades militaires, auraient pu, dans le service, donner lieu à des conflits de hiérarchie, n'était la solidarité scolaire qui a toujours présidé aux relations de tout le personnel, et aussi le hasard qui évita presque toujours les inégalités de rang non prévues par la loi, relativement aux individus employés à l'École. Ces inconvénients furent, en partie, corrigés par l'organisation de l'armée du 30 octobre 1884, et par les réformes, dont nous parlerons plus loin, que subirent dans la suite les services de l'École de l'armée.

Le personnel de l'École après l'organisation de l'armée de 1884.

D'après l'organisation de l'armée, ci-dessus mentionnée, la législation privative du personnel de l'École fut modifiée de la manière suivante:

Les officiers en commission d'enseignement théorique et pratique à l'École de l'armée et au Royal collège militaire, ainsi que tous les officiers faisant partie du personnel de ces établissements, les commandants respectifs, les commandants en second et les directeurs d'études de l'École de l'armée exceptés, ne pourraient être d'un grade inférieur à celui de lieutenant, ni supérieur à celui de capitaine. Dans les cas où leur promotion au grade de major aurait lieu après l'ouverture des cours qu'ils

---

n'étant pas de leur nature incompatibles entre elles. Dans ce cas, les fonctionnaires ont le droit de choisir le traitement total (de catégorie et d'exercice) de l'une des places, ne touchant, pour les autres, qu'une gratification presque toujours égale à celle de l'exercice de ces mêmes places. Aux magistrats judiciaires et à d'autres fonctionnaires ces cumulations d'emplois ne sont point permises.

dirigeaient, il leur était permis de continuer à exercer le professorat jusqu'à la fin de cette même année scolaire, moyennant l'information favorable du conseil d'instruction respectif.

Les officiers qui, en 1884, étaient professeurs propriétaires à l'École de l'armée et au Royal collège militaire [1], ainsi que les professeurs ayant des places viagères aux écoles supérieures où l'on professait des cours préparatoires pour la même École, avaient accès jusqu'au grade de colonel, parallèlement à ceux du même grade et de l'arme à laquelle ils appartiendraient, pourvu qu'ils eussent satisfait aux épreuves d'aptitude, exigées dans les lois et les règlements [2]. Tous ces officiers seraient placés hors des cadres de leurs armes, et resteraient privés de l'accès au grade de général, excepté dans le cas où ils abandonneraient le service du professorat et opteraient pour celui de l'armée avant l'époque où il leur appartiendrait d'être promus à ce grade [3].

Les professeurs qui étaient alors en commission d'enseignement à l'École de l'armée ou au Royal collège militaire ne pourraient obtenir plus d'une promotion dans les cadres de leurs armes respectives, tant qu'ils resteraient dans le service du professorat. Dans le cas où ils obtiendraient cette promotion après avoir commencé à exécuter les travaux d'une année scolaire, une disposition identique à celle qui a été indiquée pour les professeurs promus au grade de major leur serait appliquée.

Par de telles dispositions, les difficultés d'un bon recrutement de professeurs, appartenant à la classe militaire, pour l'École de l'armée, se trouvèrent encore accrues. Ce n'est que pendant la période écoulée entre les promotions au grade de lieutenant et à celui de major, que les officiers pourraient aspirer au professorat dans la même École, attendant, pour se présenter aux concours respectifs, qu'il y eût des places vacantes de professeurs [4].

---

[1] Il y avait à cette époque à l'École de l'armée trois professeurs de mathématiques élémentaires, et un au Royal collège militaire. Ces professeurs, d'après l'organisation scolaire de 1837, étaient propriétaires de leurs chaires respectives. *Professeurs propriétaires à l'École de l'armée et au Royal collège militaire, en 1884.*

[2] Des épreuves d'aptitude étaient exigées, comme cela se fait encore aujourd'hui, pour la promotion aux grades de major et de général de brigade. *Épreuves d'aptitude pour les grades de major et de général de brigade.*

[3] Cette restriction fut abolie aussitôt après pour les officiers qui étaient professeurs propriétaires en 1884.

D'après l'organisation de l'armée, décrétée le 7 septembre 1899, les officiers employés à des services civils sont considérés comme rayés des cadres militaires, et forcés d'opter pour ces services ou pour ceux du ministère de la guerre, avant d'atteindre le grade de colonel, la faculté d'option leur étant accordée à toute époque antérieure. Les officiers, qui choisissent les services civils, continuent à avoir accès, nominalement, et sans dépendance d'examens ou de pratiques, aux grades qui leur appartiendraient par droit d'ancienneté, jusqu'à ce qu'ils atteignent la limite d'âge, étant alors mis à la retraite. Ces officiers ont droit à la solde, payée par le ministère où ils sont employés, et ils ne peuvent retourner au service du ministère de la guerre, mais sont toutefois considérés comme officiers de réserve, selon les termes de la loi. *Officiers employés à des services civils.*

[4] Jusqu'à l'organisation de l'École de l'armée, décrétée en 1890, aucun des professeurs, qui y étaient en 1884, ne dut quitter l'École en raison des dispositions de cette même année, mentionnées ci-dessus, et il n'y eut d'admis que deux professeurs pro- *Mouvement des professeurs de l'École de l'armée de 1884 à 1890.*

A l'égard des professeurs de la classe civile, l'organisation de l'armée, décrétée en 1884, n'établissait des limites ni de catégorie ni de durée de l'exercice du professorat.

Secrétaire officiel de la bibliothèque et autre personnel de l'École.

Outre le personnel indiqué, il y avait à l'École: un secrétaire (officier supérieur), et un officier de la bibliothèque, choisis par voie de concours, un professeur d'équitation (officier-écuyer), et le nombre d'employés (en général des sous-officiers, caporaux et soldats retraités, ou bien dans le service effectif), nécessaires au travail du bureau de l'École, au service des cabinets d'étude, ainsi qu'à la garde et au nettoyage des divers établissements de l'Ecole [1].

Établissements et conseils de l'École

Établissements de l'École.

Il y avait à l'École une bibliothèque, des cabinets de modèles de fortifications, de matériel de guerre, de constructions civiles, de machines, etc., d'armes, d'échantillons de matériaux de constructions, et d'instruments de topographie et de géodésie; un laboratoire de chimie et de photographie; des ateliers où les élèves pourraient s'exercer à la stéréotomie pratique et au moulage; un manège, un gymnase, et une salle d'armes; il devait y avoir également une caserne et ses dépendances pour les élèves [2].

Conseil d'instruction.

Un *conseil d'instruction* était chargé d'étudier et de proposer au gouvernement tout ce qui serait jugé utile en matière d'enseignement, ainsi que des classements annuels des élèves, de la désignation des livres de texte à adopter, de l'organisation des programmes, etc. Le conseil d'instruction était présidé par le commandant de l'École, et composé des directeurs d'études, qui en étaient vice-présidents, et des professeurs, le plus moderne d'entre eux remplissant les fonctions de secrétaire. Le conseil pouvait fonctionner étant divisé en deux sections: l'une de sciences militai-

---

visoires de 2.e classe, tous les deux capitaines du génie et ayant déjà été répétiteurs.

Enseignement de l'hippologie et de l'escrime.

[1] D'après le règlement de 1864, le professeur d'équitation devait être chargé aussi de l'enseignement de l'hippologie, ce qui ne put se réaliser, les officiers-écuyers, qui étaient recrutés dans la classe des sous-officiers de cavalerie, ne possédant pas les connaissances scientifiques indispensables pour cet enseignement.

Jusqu'au 13 novembre 1888, l'enseignement de l'escrime était commis à l'instructeur d'infanterie. A la même date le maître d'armes de la classe civile, Antonio Domingos Pinto Martins, qui avait fait ses épreuves de compétence dans les principales salles d'armes de Paris, et qui avait été professeur d'escrime de Sa Majesté le Roi Dom Carlos, fut chargé de cet enseignement, moyennant contrat. En 1890 on ne renouvela point ce contrat, et on ouvrit un concours d'épreuves publiques pour la place de professeur d'escrime, avec le traitement annuel de 3.333fr.33 *(600$000 réis)*, le professeur dont nous venons de parler ayant été préféré au concours. Ce même professeur publia en 1895 un excellent «Manuel d'escrime à l'usage de l'armée» *(Manual de esgrima para uso do exercito)*.

Construction de la caserne et du réfectoire pour les élèves.

[2] Ce ne fut qu'en 1894 qu'on construisit une caserne, destinée à servir de logement aux élèves, un réfectoire existant déjà depuis 1885. Il y avait en plus à l'École: une lithographie, un atelier pour la construction des modèles, un atelier pour des réparations d'instruments de précision, une station chronographique ayant un tir pour des déterminations de vitesses initiales des projectiles des armes à feu portatives, des casernes avec leurs dépendances pour les détachements d'infanterie et de cavalerie, et des écuries pour les chevaux destinés à l'enseignement de l'équitation aux élèves.

res, et l'autre de sciences de constructions civiles, présidées par les directeurs d'études respectifs, et composées des professeurs des chaires où l'on enseignait chacun de ces groupes de sciences. Les professeurs de la 9.e chaire (topographie et géodésie) prenaient part aux séances de l'une et de l'autre des deux sections, quand les sujets à traiter se rapportaient à l'enseignement de cette chaire. Les sections s'occupaient plus spécialement des programmes des diverses parties de l'enseignement.

Conseil économique.

L'administration économique de l'École, ainsi que la comptabilité et le contrôle des dépenses, étaient confiés à un *conseil économique*, composé du commandant, président, du commandant en second, vice-président, et de deux professeurs nommés par le conseil d'instruction. Le secrétaire de l'École et un des instructeurs, exerçant les fonctions de quartier-maître ou trésorier, assistaient, sans droit de voter, aux délibérations du conseil [1].

Conseil de discipline.

Un *conseil de discipline* avait la mission de prendre connaissance des fautes graves des élèves et de faire application de la punition correspondante, selon le cas. Cependant, quand il serait constaté que ces fautes étaient plus que de simples infractions de la discipline scolaire, le procès en serait adressé au ministère de la guerre, afin de suivre les voies légales en rapport avec le sujet de l'inculpation.

Le conseil de discipline était présidé par le commandant en second, et avait pour membres deux professeurs et deux instructeurs de l'École, nommés annuellement par le ministre de la guerre, et pour secrétaire celui de l'École.

Puntiions pouvant être infligées aux élèves.

Les punitions de censure en divers degrés, de prison intérieure jusqu'à 15 jours, et de prison militaire jusqu'à 8 jours, pouvaient être ordonnées par le commandant de l'École, ou, au nom de celui-ci, par le commandant en second. La prison intérieure pour plus de 15 jours, et la prison militaire de 9 à 15 jours, ne pouvaient être prononcées que sur la décision du conseil de discipline, approuvée par le commandant de l'École. Cette même règle était à observer pour les punitions de renvoi temporaire ou perpétuel de l'École, dont l'exécution dépendait toujours de la confirmation du ministre de la guerre.

Conseil général d'instruction militaire.

Par le décret d'organisation de 1863 on créa aussi, près du ministère de la guerre, un *conseil général d'instruction militaire*, dont la mission était d'examiner tous les sujets se rapportant à cette instruction, et de proposer au gouvernement les améliorations qu'il jugerait nécessaires aux écoles militaires, à l'instruction de l'armée, etc. Ce conseil, dont la présidence appartenait au ministre de la guerre, était composé de quatorze membres, les commandements généraux des différentes armes et du corps d'état-major, en triennats alternés, les commandements de l'École de l'armée et du Royal collège militaire, le professorat de ces deux établissements d'instruction, et le conseil supérieur d'instruction publique, etc., s'y trouvant représentés. Ce conseil fut aboli en 1869.

Trésorier de l'École de l'armée.

[1] Le trésorier du conseil a toujours été un employé civil (d'après l'organisation scolaire de 1837), et, plus tard, un officier quartier-maître retraité.

CHAPITRE III

Période de 1863-1890

(CONTINUATION)

Élèves

Il y avait à l'École de l'armée les suivantes classes d'élèves: Différentes classes d'élèves.

1.º — Élèves qui suivaient les différents cours dans les conditions ordinaires de l'organisation scolaire, ces élèves n'ayant aucune désignation spéciale indiquée dans la loi, quoiqu'on leur donnât généralement celle d'*élèves réguliers.*

2.º — *Élèves externes,* n'appartenant pas à l'armée de la métropole, auxquels on permettait de suivre les cours militaires de l'École, dans les conditions générales des élèves réguliers, mais sans avoir droit aux diplômes de ces cours.

3.º — *Élèves libres,* n'appartenant pas à l'armée, et voulant étudier une ou plusieurs des matières professées à l'École, dont ils pourraient subir les épreuves finales, sans dépendance d'un cours préparatoire quelconque, et n'ayant droit qu'à des certificats, en chaque matière, attestant le résultat de ces épreuves. Presque tous les élèves libres étaient les candidats à ingénieurs hydrographes, ou bien à ingénieurs de constrution navales, qui allaient étudier à l'École de l'armée certaines matières exigées comme complément de leurs cours, et qu'aucune autre école de Lisbonne ne professait. [1]

4.º — *Élèves retardés;* c'est ainsi que l'on désignait les élèves réguliers quand, par un motif prévu dans la loi scolaire, ils demeuraient temporairement à l'École, après avoir terminé leurs cours, sans avoir les conditions qui leur donneraient droit à leurs diplômes respectifs.

---

[1] Les matières étudiées à l'École de l'armée par les élèves libres étaient, généralement, les suivantes:

a) — les candidats à ingénieurs hydrographes: navigation intérieure, travaux maritimes, phares et topographie;

b) — les candidats à ingénieurs de constructions navales: résistance des matériaux, et stabilité des constructions.

Ce qui va suivre a rapport aux élèves réguliers, sauf le cas où il sera fait mention spéciale des autres classes.

Nombre d'élèves.

Le gouvernement devait fixer annuellement le nombre d'individus qui, selon les besoins et l'intérêt du service, pouvaient être admis à l'Ecole de l'armée, et qui se destinaient aux cours des diverses armes et du corps d'état-major.

Quand les candidats dépassaient le nombre fixé, leur admission demeurait dépendante d'un concours, fait par documents par-devant le conseil d'instruction de l'École. Les candidats pourvus du cours du Royal collège militaire étaient admis indépendamment de ce nombre, quand ils pouvaient montrer qu'ils avaient les conditions générales exigées pour l'inscription sur la matricule. [1]

Conditions de l'inscription dans les cours de cavalerie et d'infanterie.

Les candidats à l'inscription dans les cours de cavalerie et d'infanterie devaient satisfaire aux conditions suivantes :

a) être portugais ou naturalisés portugais;

b) être âgés de plus de seize ans et de moins de vingt, ou de plus de vingt et de moins de vingt-cinq, dans le cas où ils auraient un an de service effectif sous les drapeaux ;

c) être enrôlés dans un corps de l'armée ;

d) avoir des certificats de bonne conduite ;

e) posséder le cours du Royal collège militaire, ou le brevet des suivantes branches de l'instruction secondaire : grammaire et langue portugaise, grammaire et langue française, dessin linéaire, géographie, chronologie et histoire, mathématiques élémentaires, éléments de physique et de chimie, et introduction à l'histoire naturelle. [2]

Indications statistiques.

1 Ce ne fut qu'en 1871-1872 que le nombre de candidats à élèves des cours de cavalerie et d'infanterie commença à être fixé, et il n'y eut de concours pour l'admission des élèves que depuis 1880-1881. Dans cette dernière année on commença aussi à fixer, pour les écoles supérieures préparatoires, le nombre de candidats se destinant aux armes spéciales et au corps d'état-major. En 1867-1868, le nombre d'élèves militaires de l'École de l'armée commença à être supérieur à 50, et à 100 depuis 1873-1874. En 1888-1889 les élèves étaient au nombre de 245, et en 1889-1890, avant-dernière année de l'organisation de 1863, ce nombre s'éleva à 297, les élèves des cours de cavalerie et d'infanterie prédominant toujours. Le nombre d'élèves ne fut pas fixé dans toutes les années postérieures à 1871-1872, et dans plus d'une année ce nombre, quoique fixé, fut dépassé par suite de délibérations du gouvernement, d'où il résulta qu'il y avait, en 1884, un grand nombre de sous-lieutenants *gradués* de cavalerie et d'infanterie (classe supprimée à cette époque-là), et qu'il y a aujourd'hui beaucoup de lieutenants d'artillerie surnuméraires.

Lycées officiels.

2 Le cours du Royal collège militaire était équivalent au cours des lycées officiels, section des sciences. Jusqu'en 1880, il y avait des lycées de 1.ère et de 2.e classe, les examens faits dans les premiers étant seuls valables, et jusqu'en 1873 on exigea un examen d'admission, fait à l'École polytechnique ou à l'Université sur les mathématiques élémentaires (arithmétique, éléments d'algèbre, trigonométrie plane et géométrie synthétique), et principes de physique et de chimie et introduction à l'histoire naturelle (éléments de zoologie, botanique, minéralogie et géologie). Les individus ayant le brevet de ces mêmes études préparatoires des lycées pouvaient s'enrôler depuis l'âge de seize ans, et ceux possédant le cours du Royal collège militaire pouvaient le faire à un âge inférieur, le temps de service militaire ne commençant toutefois à être compté à ceux-ci

Age d'enrôlement pour les individus ayant le brevet de l'instruction secondaire.

Pour l'inscription dans les cours des armes spéciales et de l'état-major il était nécessaire, d'avoir les conditions *a) c) d) e)* que nous venons d'indiquer par rapport aux cours de cavalerie et d'infanterie, et de satisfaire en outre aux conditions suivantes :

Conditions de l'inscription dans les cours des armes spéciales et de l'état-major.

f) être âgé de plus de seize ans et de moins de vingt, ou de plus de vingt et de moins de vingt-deux, dans le cas où les candidats auraient un an de service effectif sous les drapeaux ;

g) avoir satisfait aux examens de grammaire et de traduction latines, et de philosophie rationnelle et morale ;

h) avoir le cours supérieur préparatoire respectif de l'Ecole polytechnique de Lisbonne, ou les degrés équivalents de l'Université de Coïmbre, ou bien de l'Académie polytechnique de Porto.

Ces cours préparatoires étaient composés de la manière suivante :

Cours supérieurs préparatoires.

1.er cours — Pour le génie militaire et civil et pour l'état-major :

1.ère année — 1.ère chaire (trigonométrie sphérique, algèbre supérieure, géométrie analytique) ; 5.e chaire (physique expérimentale et mathématique), et dessin ;

2.e année — 2.e chaire (calcul différentiel et intégral des variations et des probabilités, et cinématique pure) ; 6.e chaire (chimie inorganique) ; 10.e chaire (économie politique et principes de droit administratif et commercial), et dessin ;

3.e année — 3.e chaire (cinématique appliquée, et mécanique rationnelle) ; 9.e chaire (botanique) ; analyse chimique, et géométrie descriptive (1.ère partie, théorique et pratique) ;

4.e année — 4.e chaire (astronomie et géodésie) ; 7.e chaire (minéralogie et géologie), et géométrie descriptive (2.e partie, théorique et pratique) ; [1]

2.e cours — Pour l'artillerie : 1.ère et 2.e années (pareilles à celles du 1.er cours) ; 3.e année (pareille à celle du premier cours, la botanique exceptée).

---

qu'à l'âge de quinze ans. Tous les candidats à l'inscription dans les cours de l'École de l'armée étaient soumis à l'inspection d'une junte sanitaire militaire, afin qu'on pût reconnaître s'ils possédaient l'aptitude physique nécessaire pour le service d'officiers de l'armée. A partir de 1883, les candidats à l'inscription dans le cours du génie civil furent exémptés de cette clause, qui leur fut imposée de nouveau d'après la réorganisation scolaire de 1894.

Inspection médicale des candidats à élèves de l'École de l'armée.

D'après la loi du 14 août 1889, le gouvernement pourrait permettre l'inscription dans la première année des cours des écoles supérieures aux individus ayant pour titres et capacités un diplôme, obtenu dans les écoles officielles de l'étranger, d'études secondaires, non inférieures à celles qu'on exigeait en Portugal pour la même inscription, moyennant un examen préalable, fait par-devant un jury composé de professeurs de l'établissement scientifique où ces mêmes individus voudraient s'immatriculer, selon le règlement que le gouvernement devrait établir à ce sujet. Le 16 janvier 1890 le gouvernement ordonna que le conseil d'instruction élaborât un projet de règlement pour l'exécution de la loi de 1889 relativement à l'École de l'armée. Le 30 avril le conseil remit au gouvernement un projet de règlement, — qui toutefois ne fut point adopté —, pour l'inscription dans les cours de cavalerie et d'infanterie des individus dans les conditions dont on vient de parler.

Élèves ayant suivi les études secondaires aux écoles de l'étranger.

[1] L'étude de la géométrie descriptive, 1.ère partie, finit aux intersections des superficies de révolution et méthode des plans cotés. La partie pratique est éxécutée dans les salles d'étude.

Étude de la géométrie descriptive.

Option pour les cours des armes spéciales et de l'état-major.

La troisième année du cours supérieur préparatoire terminée, les élèves étaient classés par ordre de mérite, et avaient alors le droit d'opter, selon le même ordre, pour la carrière qu'ils préféreraient, jusqu'à la limite du nombre, fixé annuellement par le gouvernement pour les candidats à chacune des armes spéciales et au corps d'état-major. [1]

Pour être admis à s'inscrire au cours du génie civil, il fallait avoir le brevet du 1.er cours supérieur préparatoire, et des certificats de bonne conduite.

Grades et traitement des élèves durant les cours.

Les élèves inscrits aux cours d'infanterie et de cavalerie et aux cours supérieurs préparatoires, et se destinant aux armes spéciales et au corps d'état-major, avaient le grade nominal de sergent-major aspirant à officier, dans le cas où ils n'auraient pas, dans l'armée, un grade supérieur à celui-ci, et touchaient le traitement correspondant au grade effectif. Quand ils avaient terminé le cours du Royal collège militaire, leur traitement était, et l'est encore aujourd'hui, de 1 fr. 665 *(300 réis)*, par jour. Les mêmes élèves des cours supérieurs préparatoires étaient promus, aussitôt qu'ils terminaient la 3.e année de ces cours, au grade de sous-lieutenants-élèves, avec le traitement de 2 fr. 22 *(400 réis)* par jour, élevé plus tard à 3 fr. 33 *(600 réis)*. L'élève perdait ce grade, s'il ne complétait pas le cours auquel il se destinait. Il en était de même pour le grade nominal, accordé aux élèves des cours de cavalerie et d'infanterie. On modifia dans la suite ces dispositions du décret d'organisation de 1863, le grade nominal étant conservé aux élèves de cavalerie et d'infanterie, et la permission étant accordée aux sous-lieutenants-élèves de suivre les cours de ces deux armes, tout en conservant le même grade, jusqu'à leur promotion à sous-lieutenants-élèves effectifs des deux armes. [2]

Cependant, en 1884, le décret qui réorganisa l'armée, abolit les grades nominaux scolaires, excepté celui appartenant aux élèves ayant complété

Officiers d'infanterie et de cavalerie suivant les cours des armes spéciales et de l'état-major.

[1] Jusqu'en 1871, il était permis aux officiers ayant déjà complété les cours d'infanterie et de cavalerie de suivre les autres cours des armes spéciales et de l'état-major, dans les conditions exigées des autres élèves de ces cours. En cette même année, on supprima cette autorisation, les élèves alors inscrits dans les cours de cavalerie et d'infanterie conservant toutefois le droit qu'on venait d'abolir. En 1878, l'autorisation ci-dessus mentionnée fut accordée de nouveau, mais seulement aux élèves ayant remporté des prix dans les deux années des cours de cavalerie et infanterie.

Classement des élèves aux écoles préparatoires.

Le classement à l'Université était réglé par les arrêtés ministériels du 5 et du 25 août 1853 et du 9 et du 27 juin 1888; à l'École polytechnique par le décret du 10 décembre 1851, par les arrêtés ministériels du 7 juin 1852, du 27 juin et du 12 juillet 1853, et par une dépêche officielle du ministère de la guerre du 17 août 1858; et à l'Académie polytechnique, par le règlement du 2 juin 1873 (articles 35.e et 39.e)

Sous-lieutenants-élèves n'ayant pas les cours militaires.

[2] Il y eut un petit nombre de sous-lieutenants-élèves qui ne terminèrent pas, dans la période légale, les cours de cavalerie et d'infanterie. Ces sous-lieutenants furent alors placés dans l'arme de l'infanterie, et considérés, en ce qui concernait la promotion, comme sergents-majors possédant les cours des écoles régimentaires. Il y eut aussi un sous-lieutenant-élève qui, à l'occasion où il terminait la 4.e année de la faculté des mathématiques, obtint l'autorisation de continuer les études de cette faculté, et renonça à suivre un des cours militaires. Cet élève fut nommé plus tard professeur de l'Université, moyennant concours d'épreuves publiques, et sa promotion s'effectua dans les conditions indiquées; il est aujourd'hui lieutenant d'infanterie.

le cours du Royal collège militaire, et abolit également le grade de sous-lieutenant-élève, les élèves de l'École de l'armée et des cours supérieurs préparatoires conservant seuls leurs grades effectifs et le traitement qui y correspondait, sans préjudice de ce qui avait été établi au sujet des élèves possédant le cours du même collège. Les élèves, ayant terminé la 3.e année des cours supérieurs préparatoires, étaient aussitôt déclarés aspirants à officiers des corps auxquels ils appartenaient, et touchaient le traitement de 2 fr. 775 *(500 réis)* par jour.

Augmentation de la période où l'on pouvait suivre les cours.

On accordait aux élèves des cours de cavalerie et d'infanterie un an pour suivre ces mêmes cours, en plus des deux années de la durée normale de ces cours. Aux élèves se destinant aux autres armes ou au corps d'état-major on accordait deux ans, en plus de la durée normale de ces deux cours, y compris le temps employé à suivre les cours supérieurs préparatoires.

Temps de service obligatoire.

Tous les élèves militaires, qu'ils eussent terminé leurs cours, ou non, étaient tenus de servir sous les drapeaux pendant huit ans, qu'on commençait à compter à leur sortie de l'École. La loi du recrutement, du 12 septembre 1887, dérogea tacitement à cette commination, en n'établissant pas une durée supérieure du temps normal de service pour les élèves non officiers ayant laissé incomplet un cours quelconque.

Placement des élèves dans l'armée, et leur promotion ultérieure.

Les élèves qui obtenaient le diplôme du cours de cavalerie ou d'infanterie avaient aussitôt accès au grade nominal de sous-lieutenant, touchant le traitement de 3 fr. 33 *(600 réis)* par jour, dans les régiments de ces mêmes armes, et avaient droit à deux tiers des places vacantes de sous-lieutenant effectif, le tiers restant appartenant aux adjudants sous-officiers et aux sergents-majors pourvus du cours des écoles régimentaires.[1] En 1884, on supprima le grade nominal de sous-lieutenant, les élèves ayant les cours mentionnés étant déclarés aspirants à officier, avec le traitement de 2 fr. 22 *(400 réis)* par jour, et conservaient le droit à la promotion au grade de sous-lieutenant dans la proportion ci-dessus indiquée.

Les élèves ayant le diplôme des cours du génie militaire ou de l'état-major étaient promus à sous-lieutenants effectifs, et entraient en service, dans ce même grade, aux corps d'infanterie ou de cavalerie, de même que ceux qui avaient le diplôme du cours de l'artillerie avaient droit à la promotion à lieutenants en second pour les corps de cette arme. Les mêmes sous-lieutenants ou lieutenants en second avaient accès au grade immédiat après deux ans de bon service effectif, les lieutenants ayant le cours de l'arme du génie restant attachés à cette arme, et entrant au

Promotion des sous-lieutenants, dont le grade était nominal, à l'effectivité de ce grade.

[1] Les sous-lieutenants dont le grade était nominal et qui avaient le cours du Royal collège militaire, avaient aussitôt leur place à la liste de promotion à sous-lieutenants effectifs, et ceux qui n'avaient pas ce cours n'y étaient inscrits qu'après un an de service effectif, la promotion à lieutenant dépendant, toutefois, exclusivement de l'ancienneté dans le grade nominal de sous-lieutenant, et cette ancienneté, du classement final des cours.

Avant 1879, on n'exigeait point des adjudants sous-officiers et des sergents-majors des diplômes spéciaux pour le grade de sous-lieutenant.

cadre plus tard, à mesure qu'il s'y trouvait des places vacantes. Les lieutenants ayant le cours de l'état-major continuaient à servir dans les armes de cavalerie ou d'infanterie jusqu'à ce qu'il y eût des places vacantes au cadre du corps de l'état-major. [1]

D'après l'organisation de l'armée, décrétée en 1884, les élèves ayant le brevet du cours du génie militaire avaient accès au grade de sous-lieutenant au régiment de leur arme, et n'étaient promus à lieutenants que quand il y avait des places vacantes dans ce grade. Les sous-lieutenants et les lieutenants du génie restaient en service dans le régiment de leur arme, jusqu'à ce qu'ils y fussent les plus anciens, et ne pouvaient en sortir que pour quelque autre commission de service, la règle d'ancienneté étant rigoureusement observée. De même, les lieutenants en second de l'artillerie n'étaient promus à lieutenants en premier, que quand il y avait des places vacantes dans ce grade. Les sous-lieutenants ayant le cours de l'état-major servaient pendant une année dans les rangs, et pendant une autre année comme adjudants des corps de cavalerie ou d'infanterie. Ces deux années de service écoulées, ils obtenaient le grade de lieutenant, et allaient servir six mois de plus, également en qualité d'adjudants, dans chacune des trois armes, excepté celle dans laquelle ils auraient servi d'abord. Ces trois années de pratique terminées, ils pouvaient entrer au cadre des officiers du corps respectif, s'il y avait des places vacantes de lieutenants, et, s'il n'y en avait pas, ils continuaient à servir dans l'arme à laquelle ils appartenaient.

Les élèves pourvus du diplôme du cours du génie civil n'avaient pas de placement assuré dans les services publics. Il en était de même pour ceux ayant le cours de l'administration militaire, raison pour laquelle ce cours ne fut point suivi, comme on l'a déjà dit ailleurs.

Régime de l'enseignement

Origine du régime de l'enseignement.

Le régime de l'enseignement, adopté par le règlement scolaire de 1864, présentait, sous plusieurs rapports, des analogies avec celui que l'on suivait alors à l'École d'application de l'artillerie et du génie militaire de Metz, et fut également adopté dans les réorganisations ultérieures de l'École de l'armée, les modifications que, dans la pratique, on jugeait convenables, y étant peu à peu introduites.

Nous ferons, avec le développement nécessaire, l'exposition du régime d'enseignement, lorsque nous décrirons les préceptes de l'organisation scolaire en vigueur, les bases générales de ce régime et les différences relatives à ladite organisation étant seules mentionnées ici.

Désignations des officiers subalternes.

[1] Les officiers subalternes appartenant à l'arme d'artillerie avaient les désignations de lieutenant en premier et lieutenant en second, qui étaient aussi celles des subalternes du génie, lorsqu'on décréta (en 1812) le premier règlement de cette arme. Aux officiers subalternes du génie, ainsi qu'à ceux de la cavalerie et de l'infanterie on donnait les désignations de lieutenant et de sous-lieutenant. Au corps d'état-major il n'y avait que le grade subalterne de lieutenant. Actuellement (1899) les subalternes d'artillerie ont des désignations pareilles à celles des officiers subalternes des autres armes.

L'enseignement théorique est toujours accompagné, ou suivi, des applications possibles des matières professées, de manière que l'élève comprenne que son étude doit avoir une orientation essentiellement pratique, sans le caractère spéculatif, qui était autrefois l'apanage de l'enseignement universitaire.

Rapports entre l'enseignement théorique et l'enseignement pratique.

Toutes les épreuves, aussi bien de l'enseignement théorique, que des diverses parties de l'enseignement pratique, sont évaluées par des cotes de mérite de zéro à vingt, et il y a pour chaque espèce, ou pour chaque groupe d'épreuves, un coefficient indiquant leur importance relative dans les tableaux de leurs évaluations, qui sont privatifs de chaque cours. Par ce moyen on dirige l'attention de l'élève sur les sujets qu'il doit étudier le plus, et qui sont également ceux de la plus grande utilité dans sa carrière future.

Évaluation des épreuves scolaires.

L'application des élèves aux travaux des salles d'étude, ainsi que leur présence aux classes et aux salles, étaient également évaluées numériquement. Ce système fut, cependant, abandonné, l'application dans les salles d'étude étant fort difficile à apprécier rigoureusement quand les cours étaient très nombreux, et le critérium qui devrait présider à cette évaluation étant toujours faillible ou incertain. L'évaluation des travaux exécutés suffisait pour qu'on pût apprécier le zèle employé à leur exécution. Quant à la présence des élèves, qui fut toujours considérée comme obligatoire, on n'a pas trouvé juste de les en récompenser par des cotes de mérite dans un tableau d épreuves scolaires, ni de les punir de leurs absences par des déductions faites aux cotes de mérite représentant leur aptitude professionnelle ou scientifique; on a trouvé plus équitable de punir disciplinairement ces absences comme n'importe quelle autre infraction des devoirs généraux que tout individu soumis à la discipline militaire est tenu de remplir. [1]

Application dans les salles d'étude, et présence aux classes et aux salles.

---

[1] Jusqu'à l'année scolaire de 1881-1882, la présence des élèves aux classes (chaires), aux salles d'étude et aux leçons d'anglais, portée sur les tableaux d'évaluation avec le coefficient 3, était calculée par la formule

Différents systèmes d'appréciation de la présence des élèves aux travaux scolaires.

$$y = \frac{20\,(n-f)}{n}$$

dans laquelle y était la cote de mérite de présence, n le nombre de jours utiles d'enseignement (leçons aux chaires, ou travaux dans les salles d'étude et leçons d'anglais), et f le nombre des absences de l'élève. D'après ce système il pouvait arriver qu'un élève obtînt les cotes de mérite donnant droit au prix, sans qu'il eût une bonne cote de mérite aux examens annuels.

En 1882-1883 on supprima aux tableaux les cotes de mérite de présence, les absences des élèves étant punies par une déduction faite à la somme des évaluations définitives de toutes les épreuves, déduction qui était réglée par la formule

$$y = \frac{20\,f}{n}$$

n représentant le nombre de jours de classe, salle, ou travail pratique, et f le nombre d'absences de l'élève. Ce système était un peu sévère pour les élèves peu appliqués, qui perdaient facilement leur année de cours en raison de la déduction dont on vient de parler, alors même que sans cette déduction, ils atteindraient le minimum total obligatoire, et réussiraient dans tous les examens annuels.

Droit aux prix.

A chaque épreuve ou à chaque groupe d'épreuves correspondait, dans les tableaux d'évaluation, outre le coefficient relatif, une cote de mérite, dont le maximum était 20, et le minimum variable, celui-ci étant, en général, 10. Les élèves obtenant, dans l'évaluation de leurs épreuves scolaires, les trois quarts de la somme des maximums, multipliés par les coefficients correspondants, avaient droit aux prix. Actuellement, la concession des prix dépend de la moyenne obligatoire de 15, au moins, dans les cotes de mérite des épreuves de l'enseignement théorique et pratique.

Minimums obligatoires.

La cote de mérite minimum fut toujours de 10 à chaque examen annuel, et il y avait aussi des minimums obligatoires pour la moyenne de quelques épreuves données pendant l'année scolaire, comme, par exemple, dans les leçons d'hygiène militaire, d'hippologie, etc. Les élèves qui n'atteignaient pas ces minimums étaient tenus de répéter les examens annuels, ou bien de passer des examens de ces dernières matières.

Leçons, répétitions et mémoires.

Il y avait aux chaires des leçons orales, des répétitions orales ou par écrit, des examens partiels et des mémoires. Ce ne fut qu'après 1881 qu'on établit pour les élèves l'obligation d'exposer la leçon, toutes les fois que le professeur l'exigerait.

Les leçons, répétitions et mémoires, dans toutes les chaires de chaque année de cours, constituaient un groupe d'épreuves, les examens partiels en constituaient un autre.

Conditions d'admission aux examens annuels.

Depuis 1881, les élèves ayant dans ce dernier groupe une moyenne inférieure à 7, et n'ayant pas dans l'autre groupe la moyenne égale ou supérieure à 10, n'étaient point admis aux examens annuels.

Examens partiels.

Il n'y avait que deux examens partiels à chaque chaire, et il n'y en avait qu'un, dans les matières constituant des parties de chaire et étant étudiées séparément. Ces examens, oraux jusqu'en 1881, passèrent plus tard à être faits par écrit dans l'espace de deux heures. Ils portaient sur les matières professées dans la période respective, distribuées en questions, que les élèves tiraient au sort à l'occasion de l'examen. Les examens étaient faits par-devant des jurys de trois professeurs, dans le

---

En 1887-1888, on abandonna ce système, et les absences non justifiées des élèves commencèrent à être punies en vue de la discipline. Cependant ce système présentait aussi des inconvénients, car les élèves du cours du génie civil, quoique soumis de par la loi au régime disciplinaire de l'École, n'étaient point militaires, et ne pouvaient comprendre, pas plus que le public, qu'ils dussent subir des punitions égales à celles qui étaient infligées aux élèves de la classe militaire.

On adopta donc, en 1889-1890, un autre système, qui consistait à tolérer aux élèves quatre absences à chaque chaire, et deux à chaque cours auxiliaire pendant l'année scolaire. Les absences, en dehors de celles-ci, étaient considérées comme équivalentes à zéro dans les leçons correspondantes. La cote d'application dans les salles était multipliée par le coefficient $\frac{n'}{n}$, n étant le nombre de jours employés à ce service, et n' celui des absences de l'élève.

Depuis 1894 tous les élèves, y compris ceux du génie civil et de mines, et les officiers qui suivent le cours d'état-major exceptés, sont incorporés dans la compagnie d'élèves, et par là soumis aux règlements militaires, les absences à n'importe quel service scolaire étant punies disciplinairement. Ce système donne d'excellents résultats.

nombre desquels était toujours compris le professeur de la chaire à laquelle se rapportait l'examen. Ces examens furent abolis par l'organisation actuellement en vigueur, car on pensa que les répétitions, étant en nombre suffisant, pourraient les remplacer.

A chaque chaire, ainsi qu'aux parties isolées des chaires, il y avait un examen annuel qui, jusqu'en 1881, se faisait par écrit et durait six heures, et qui, depuis cette époque, était oral et avait une durée variable. Pour les examens annuels, il y avait aussi des questions tirées au sort à l'occasion même de ces épreuves, qui se réalisaient aussitôt après, sans que les questions fussent préalablement étudiées. Actuellement le sujet de l'examen est tiré au sort par les élèves vingt-quatre heures auparavant, et porte sur la matière de quinze leçons au moins, la partie vague de l'examen étant constituée par les généralités des matières et des travaux des missions d'étude. Les examens comprenant moins de quinze leçons sont vagues, c'est-à-dire, le sujet à traiter à l'examen n'est point tiré au sort d'avance. Examens annuels.

L'évaluation définitive de l'examen était faite par la formule

$$x = \frac{a + b + 3c}{5}$$

a et *b* représentant la valeur des examens partiels, et *c* la valeur de l'examen annuel.

En 1881 cette formule fut remplacée par celle qui suit:

$$x = \frac{a + b + nc}{n + 3}$$

a, *b* et *c* ayant les mêmes significations, et *n* représentant le nombre d'examens partiels. Quand il n'y avait qu'un seul de ces examens, la valeur de *b* était considérée nulle.

La première époque d'examens était en juillet, ces examens pouvant, néanmoins, se réaliser, pour les parties de chaires étudiées séparément, aussitôt après la conclusion de l'enseignement de ces parties. Il y avait une deuxième époque d'examens en octobre. On admettait aux examens de la deuxième époque ceux des élèves qui, à la première, auraient manqué de se présenter pour des motifs justifiés, ou qui auraient été refusés, du moment que ces derniers eussent obtenu le minimum général obligatoire, la valeur 10, qu'on attribuait à l'examen où ils auraient été refusés, y étant comprise. Dans l'examen répété, cette valeur seule était comptée à l'élève, alors même qu'il en aurait obtenu une supérieure. Pour les élèves de la dernière année des cours, il y avait encore une troisième époque d'examens en décembre; les élèves alors reçus demeuraient à l'École afin de pouvoir être soumis à l'examen de sortie l'année suivante, ainsi que le prescrivait le règlement, le gouvernement permettant, cependant, l'admission à ce dernier examen dans la même année. Il n'y a actuellement que deux époques d'examens, les élèves, ayant manqué de se présenter à la première époque pour des motifs justifiés, et ayant été reçus à la deuxième, n'obtenant aussi que la valeur 10.

Perte de l'année d'étude.

Tout élève ayant manqué, sans un motif justifié, de se présenter à n'importe quel examen, ou ayant été refusé à un examen répété de la dernière époque, était ajourné. Les élèves, qui n'étaient pas admis aux examens annuels de la première époque, parce qu'ils avaient outrepassé un certain nombre de jours d'absence à l'École,[1] ou qu'ils n'avaient pas atteint les minimums obligatoires, soit dans la moyenne des examens partiels et des leçons, soit dans l'ensemble de toutes les épreuves appartenant au tableau d'évaluation respectif, étaient également ajournés, alors même qu'ils avaient subi avec succès tous les examens annuels. Les examens annuels étaient toujours faits par-devant des jurys analogues à ceux des examens partiels.

Missions d'étude.

Les missions d'étude se réalisaient dans les intervalles de la première époque d'examens, c'est-à-dire, en août et septembre. Dans ces mêmes mois avaient lieu également des exercices militaires et tous les travaux extérieurs, outre les missions d'étude, qui ne pouvaient pas être exécutés pendant la période des classes. D'après le régime qui est en vigueur, tous les travaux pratiques et exercices militaires s'effectuent avant les examens annuels; cette disposition a pour but de forcer les élèves à s'y appliquer sérieusement, tous ces travaux étant portés sur les tableaux d'évaluation.

Exercices militaires.

Pour les exercices militaires il n'y avait point d'épreuves annuelles, ce qui était désavantageux, les élèves pouvant ainsi aisément les négliger, en faisant compensation, pour l'insuffisance de points obtenus dans quelques-uns de ces exercices, des points qu'ils pouvaient avoir en plus du minimum obligatoire dans les autres travaux scolaires. Cet inconvénient fut supprimé dans l'organisation actuelle.

Classement annuel et classement final.

On classe chaque année les élèves qui ont subi avec succès tous les examens, et qui atteignent ou outrepassent le minimum total obligatoire, d'après l'ensemble de toutes les épreuves, et un classement analogue est fait, alors que les élèves terminent leurs cours.

De cette façon le classement annuel et le classement final sont, autant que possible, l'expression du mérite réel de l'élève, et ne subissent point une influence décisive, provenant de l'appréciation d'un seul des professeurs. L'évaluation numérique des épreuves, ainsi que les coefficients relatifs, indiquent, à tout moment, la direction et l'intensité des efforts d'application employés par l'élève, efforts pour lesquels la réunion des évaluations numériques dans un tableau représentatif du travail annuel lui procure des compensations fort importantes.

Le système qui vient d'être indiqué offre encore ce grand avantage, qu'il établit une cause constante d'émulation entre les élèves, en faisant

---

Jours d'absence générale.

[1] On notait un jour d'absence générale à tout élève, qui manquerait de comparaître à tous les services marqués pour un jour quelconque, et ne se présenterait pas à l'officier d'inspection. Le nombre de ces absences générales, donnant lieu à ce que l'élève fût ajourné, fut d'abord la 5.e partie, ensuite la 7.e partie du nombre de jours utiles de service scolaire; plus tard ce nombre fut fixé en 15, et, dès 1874, en 20. L'absence générale entraînait la perte du traitement du jour correspondant.

naître en eux l'initiative du travail par l'idée de la récompense qui toujours les accompagne, sous la forme, si pleine de suggestion, des numéros, et les portant naturellement à se disputer les premières places aux classements des cours.

Pour terminer cet aperçu du régime de l'enseignement, suivi dans la période de 1863-1890, nous présentons ci-après, sous une forme plus développée, le système, adopté pendant cette période, pour le classement définitif des élèves qui terminaient leurs cours. Ce système fut supprimé dans les organisations scolaires décrétées depuis 1890.

Examens de sortie

Jurys.

Aussitôt qu'ils terminaient les cours de l'Ecole de l'armée, les élèves subissaient des *examens de sortie*, comme habilitation pour leurs professions spéciales respectives, par-devant des jurys qui étaient composés d'un président et de trois membres, nommés par le ministre de la guerre, et de trois professeurs de l'École.

Les présidents étaient : pour les examens des cours de cavalerie et d'infanterie, un officier général ou supérieur d'une de ces armes ; pour ceux du génie militaire, de l'artillerie et de l'état-major, les commandants généraux de ces armes, ou bien un officier supérieur des armes ou du corps d'état-major, selon les cours des élèves ; pour ceux du génie civil, le directeur général des travaux publics, ou un ingénieur désigné par le ministre du portefeuille correspondant.

Les membres étrangers à l'École étaient : pour les deux premiers cours ci-dessus indiqués, un officier d'infanterie, un de cavalerie, et un autre d'une des armes spéciales ; pour les cours de ces dernières armes et pour celui de l'état-major, un officier de chacune de ces armes et un aussi du corps d'état-major ; pour le cours du génie civil, trois officiers du génie, ou ingénieurs de travaux publics, désignés aussi par le ministre du portefeuille respectif.

Réunion des jurys.

Les jurys avaient leur première séance le 27 octobre de chaque année, ou bien le lendemain si le 27 était jour de congé, sous la présidence de celui des présidents dont le grade était le plus élevé, afin de faire la distribution du service des examens, laquelle était communiquée au commandant de l'École. Les examens de sortie, qui avaient lieu dans l'édifice même de l'École, commençaient aussitôt après.

Épreuves des examens de sortie.

Ces examens étaient composés d'épreuves théoriques et d'épreuves pratiques, d'après des programmes arrêtés par le conseil d'instruction de l'École de l'armée, et publiés jusqu'au 20 juillet de chaque année par le ministre de la guerre, après qu'il avait pris, sur ces mêmes programmes, l'avis du conseil supérieur d'instruction militaire, tant qu'il exista.

Les épreuves théoriques portaient sur les matières les plus importantes des cours, et les épreuves pratiques avaient pour objet l'application de quesques-unes de ces matières, soit en travaux sur le terrain, soit en travaux dans les salles d'étude, soit enfin en travaux dans les laboratoires de l'École, tous ces travaux étant toujours complétés par des rapports descriptifs, calculs et dessins, jugés nécessaires pour leur éclaircissement et résolution. Toutes les épreuves avaient rapport à des sujets définis, préalablement arrêtés par le conseil d'instruction de l'École, conformément aux programmes des examens.

Durée des épreuves.

Dans les épreuves théoriques chaque élève était questionné aussitôt après avoir tiré au sort le sujet de l'examen, la durée de l'épreuve ne devant être ni inférieure à une demi-heure, ni supérieure à une heure. Dans les épreuves pratiques, le sujet de l'examen était également tiré au sort par l'élève chef de groupe, ce travail ayant la durée indiquée au programme respectif, et jamais supérieure à trois jours, et les groupes d'élèves pouvant travailler dans la journée tout le temps qu'ils voudraient. Pour l'exécution de ces travaux on fournissait aux élèves les subsides nécessaires.

Exercices tactiques.

Après les épreuves théoriques et pratiques, il y avait, pour les élèves des cours militaires, des exercices de la tactique de leurs armes respectives, d'équitation et d'escrime, conformément aux programmes, exercices qui étaient exécutés aussi par-devant les jurys.

Absence des élèves aux épreuves de l'examen.

Les élèves qui, pour un motif justifié, manquaient de comparaître à une des épreuves de l'examen, demeuraient à l'École pour être soumis à l'examen l'année suivante, en concurrence avec les élèves de cette même année. Ceux qui ne pouvaient pas justifier leur absence étaient assimilés à ceux qui perdaient le droit à la conclusion de leurs cours, les élèves du génie militaire, de l'artillerie et de l'état-major pouvant, toutefois, être admis l'année suivante à l'examen de sortie pour les armes de cavalerie ou d'infanterie.

Ceux des élèves qui, pour n'importe quelle raison, auraient manqué de se présenter à l'examen de sortie l'année suivante à celle où ils auraient le droit de s'y présenter pour la première fois, étaient aussi assimilés à ceux qui auraient perdu le droit de terminer leurs cours.

Évaluation des épreuves.

Après la conclusion des examens, chaque jury se réunissait pour apprécier séparément les épreuves, qui étaient évaluées par des cotes de mérite de 0 à 20, dont on déduisait ensuite la valeur de l'examen de chaque élève.

Élèves ajournés.

Il fallait avoir la cote de mérite *10* pour être reçu. L'élève ayant une cote inférieure à celle-ci était ajourné, et avait la faculté de répéter l'examen l'année suivante, en concurrence avec les élèves de cette même année.

Élèves refusés.

L'élève, qui, dans l'examen répété, n'obtiendrait pas une cote de mérite égale ou supérieure à *10*, était refusé. Dans ces conditions, s'il avait suivi à l'École un des cours des armes spéciales ou de l'état-major, il était incorporé dans l'arme d'infanterie ou dans celle de cavalerie, où il avait une situation réputée analogue à celle des élèves de ces armes, qui ne terminaient pas leurs cours dans la période légale. Dans le cas où l'élève refusé appartiendrait à l'un des cours de cavalerie ou d'infanterie il était, assimilé à ceux qui perdaient le droit à suivre leurs études jusqu'à la conclusion de ces mêmes cours. [1]

La valeur x pour le classement final des élèves résultait de la formule suivante : Listes de classement final.

$$x = \frac{a + 2b + nc}{n + 3} \times \frac{n}{n'}$$

Dans cette formule, a représentait la valeur numérique, attribuée aux examens des cours préparatoires, b la moyenne des cotes de mérite de toutes les épreuves du cours, obtenues par l'élève à l'École de l'armée, c la cote de mérite de l'examen de sortie, n le nombre d'années de durée normale du cours, n' le nombre d'années employées par l'élève à l'étude de son cours à l'Ecole.

Dans le cas où il y aurait des cotes de mérite identiques dans la classification finale des élèves, le règlement ordonnait qu'on adoptât, dans le classement, les préférences suivantes: 1.º l'élève qui aurait une valeur supérieure dans le terme a de la formule; 2.º celui qui aurait une valeur inférieure dans le terme n'; 3.º celui qui aurait la date la plus ancienne d'enrôlement militaire; 4.º le plus âgé.

Les listes de classement étaient publiées dans le bulletin de l' armée, et établissaient, pour les élèves militaires, leurs droits d'ancienneté dans la promotion des armes respectives ou du corps d'état-major, selon le cours qu'ils avaient suivi à l'École.

Dans une séance destinée à la clôture des travaux des examens, les jurys réunis formulaient leur rapport, dans lequel ils proposaient au gouvernement les perfectionnements qu'ils jugeaient convenable d'introduire dans l'instruction et dans les examens. Rapports et propositions des jurys réunis.

Les examens de sortie constituaient une sorte de concours d'aptitude pour l'admission des élèves dans les professions auxquelles ils se destinaient, et donnaient lieu à l'intervention, dans un acte scolaire qui avait une influence décisive pour les mêmes élèves, d'individus étrangers à l'école, qui, par ce moyen avaient, ou étaient censés avoir, occasion de bien apprécier le système d'enseignement adopté, et de proposer ce qu'ils jugeraient le plus convenable à ce sujet. Appréciation du système de classement final des élèves en résultat des examens de sortie.

Cependant, la forme libérale de ce concours était un peu dénaturée par le caractère même de l'examen, qui est toujours une épreuve d'un résultat incertain et contingent, puisqu'il serait beaucoup plus juste et

---

[1] Depuis 1867 jusqu'en 1890, période pendant laquelle il y a eu des examens de sortie, le nombre des élèves qui ont été ajournés dans ces examens fut de 6 du cours de cavalerie (1 en 1872, 5 en 1883), et de 18 du cours d'infanterie (3 en 1872, 12 en 1883, 3 en 1884); et il n'y en eut aucun qui fût refusé. Pendant cette période le nombre des élèves, qui ont terminé les cours de l'École de l'armée, a été de 1731, dont 1676 ayant passé leur examen de sortie, et 55 sans cet examen, auquel ils ne pouvaient se présenter, presque toujours faute de quelques études préparatoires, que, par une concession spéciale ils n'avaient pas été tenus de montrer à l'occasion de la première inscription sur la matricule, et qu'ils n'exhibaient pas plus tard, avant de se présenter à l'examen de sortie, selon la condition qui leur avait été imposée lors de la concession dont on vient de parler. Statistique des examens de sortie.

équitable d'apprécier le mérite des élèves d'après les épreuves très nombreuses qu'ils subissaient à l'École pendant leurs cours d'application, que par les épreuves d'un seul examen. Il est certain que, dans cet examen, on prenait en considération les degrés antérieurs des élèves, mais d'une manière arbitraire et relativement injuste, attendu que la valeur du terme a de la formule ne pouvait être déterminée avec exactitude, en raison de l'inégalité des méthodes et des formes d'appréciation adoptées aux écoles où l'on suivait les études préparatoires, et aussi parce que la valeur de b avait un coefficient permanent pour tous les cours, nonobstant les difficultés des matières qui les composaient et la durée différente de ces mêmes cours.

Tout au contraire, le coefficient de c était variable selon cette durée, et, par ce fait même, l'examen de sortie avait une influence plus décisive dans le classement définitif de ceux des élèves qui avaient subi, un plus grand nombre d'épreuves de mérite à l'École de l'armée.

L'influence de l'examen de sortie était aussi très grave pour les élèves qui, pour n' importe quelle raison, étaient forcés de répéter une des années de leurs cours, attendu qu'ils étaient toujours classés après les autres élèves, alors même qu'ils auraient subi des épreuves d'une distinction remarquable dans les années utiles de leurs cours. Les suites de la répétition ou de la perte de l'examen de sortie étaient aussi excessivement sérieuses.

A tout cela il faut ajouter encore la variété de critériums dans l'appréciation des épreuves de l'examen, faite par des individus étrangers à l'École, dont le nombre était en majorité dans les jurys, qui ne connaissaient nullement les évaluations des épreuves subies par les élèves pendant leurs cours—évaluations dont ils ne prenaient connaissance qu' après avoir jugé les épreuves de l'examen—et qui réputaient cet acte, les uns, presque tous, comme un simple classement relatif, les autres comme étant aussi une constatation du mérite absolu des élèves.

De cette manière le résultat de ces examens dépendait jusqu'à un certain point du hasard, qui favorisait quelquefois dans le classement final les élèves les moins diligents dans leurs études, au détriment de ceux qui auraient fait preuve de plus d'application scolaire ou de plus de mérite.

En ce qui concerne le perfectionnement de l'enseignement, on peut bien reconnaître que la simple intervention des membres du jury étrangers à l'École dans les examens de sortie n'était pas une garantie suffisante de ce qu'ils pussent faire une idée des modifications, qu'on devrait adopter dans le but de ce perfectionnement.

Les examens de sortie ont été définitivement abolis en vertu des dispositions de la réorganisation scolaire de 1891, les élèves qui ont terminé les cours en cette année étant déjà exemptés de cet examen.

CHAPITRE IV

Période de 1890-1896

Durée du régime scolaire de 1863.

L'organisation scolaire, décrétée le 26 décembre 1863, avec les modifications que nous avons déjà indiquées, est restée en vigueur jusqu'en 1891.

Propositions de loi ayant rapport à la réorganisation de l'École.

En 1880 et en 1888, le gouvernement présenta à la chambre des députés des propositions de loi ayant rapport à la réorganisation de l'École de l'armée, au sujet desquelles la commission de guerre de la même chambre formula son avis, qui, cependant, ne fut point suivi de la discussion respective.

Organisation scolaire de 1890, et sa suspension.

Par le décret dictatorial du 12 septembre 1890, le gouvernement établit une nouvelle organisation scolaire, dont l'exécution fut arrêtée, d'après le décret du 21 octobre de la même année, par le ministère qui succéda à celui qui avait contresigné le même décret d'organisation.[1]

A cette époque commença pour l'École une période d'instabilité, qui semble avoir fini em 1897, la réorganisation de l'armée, décrétée le 7 septembre 1899, ayant maintenu en vigueur le régime alors existant de l'instruction militaire supérieure.

Caractéristiques de l'organisation scolaire de 1890.

L'organisation scolaire de 1890 était caractérisée principalement par les prescriptions suivantes:

1.º — Les chaires étaient fixées au nombre de 19, dont 2 biennales, ce qui faisait presque le double des chaires annuelles de l'organisation scolaire de 1863.

Cours supérieur de guerre.

2.º — On instituait un «cours de guerre», en substitution de l'ancien cours d'état-major, le cadre du corps respectif étant constitué par des officiers de toutes armes, dont le nombre n'était point fixé. On garantissait aux lieutenants, possédant le nouveau cours, la promotion au grade de capitaine, quand ils auraient complété quatre ans

---

Motifs de la suspension de l'organisation scolaire de 1890.

[1] À ce qu'il paraît, le motif de la suspension fût l'accroissement de dépense occasionné par l'adoption de la nouvelle organisation, la critique s'exerçant aussi sur la faculté que le gouvernement s'attribuait de nommer dès lors, et sans dépendance de concours préalable, pour les nouvelles places de professeur, les officiers qui remplissaient à l'École les fonctions de répétiteurs, et d'autres officiers choisis comme ayant de l'aptitude pour le professorat.

dans le grade de lieutenant, au cas que cette promotion ne leur appartînt pas avant, par droit d'ancienneté. On y fixait le nombre d'officiers des différentes armes, qui devraient être admis au nouveau cours, en des années alternées, une limite d'âge étant établie pour cette admission selon l'arme des candidats. Ce fut la première fois qu'on introduisit les voyages d'état-major dans l'enseignement pratique respectif.

Cours de cavalerie et d'infanterie.

3.° — Le cours des lycées officiels (baccalauréat ès sciences), ou le cours équivalent du Royal collège militaire, était exigé pour l'inscription dans les cours de cavalerie et d'infanterie, le grade nominal de sergent-major étant accordé aux élèves pourvus d'un de ces deux cours.

Cours d'administration militaire.

4.° — On garantissait aux élèves pourvus du cours d'administration militaire leur incorporation dans le cadre de ce service, où, à l'avenir, ils seraient les seuls admis aux places d'aspirants avec le grade nominal de sergent-major et le traitement de 2fr. 22 *(400 réis)* par jour. Pour l'inscription à ce cours dans l'École de l'armée, on exigeait des candidats de nombreuses études préparatoires, acquises aux Instituts industriels et commerciaux de Lisbonne ou de Porto, et l'instruction de l'école du fantassin.

Cours du génie militaire et de l'artillerie.

5.° — On rétablissait, pour les élèves des cours du génie militaire et de l'artillerie, les avantages de promotion que leur accordait l'organisation de 1863, et on augmentait d'un an la durée de ce dernier cours.

Professeurs.

6.° — L'admission des professeurs substituts devait avoir lieu par voie de concours d'épreuves publiques. Les appointements alors en vigueur étaient maintenus aux professeurs, auxquels on garantissait la stabilité dans le service du professorat jusqu'au grade de colonel inclusivement, les mêmes professeurs ayant le devoir de cumuler ce service avec ceux de leurs armes, qui auraient plus de rapports avec les matières qu'ils professeraient à l'École. On exigeait des candidats, pour l'admission aux concours, quatre ans de service effectif dans l'armée, après la terminaison de leurs études supérieures, et on établissait que ces mêmes candidats appartiendraient à une arme, ou classe déterminée, selon la spécialité des chaires vacantes.

Suppression de l'enseignement de la langue anglaise et des examens de sortie. Enseignement de l'équitation.

7.° — On supprimait à l'École l'enseignement de la langue anglaise,[1] et les examens de sortie. L'enseignement de l'équitation, qui, d'après l'organisation scolaire de 1863, était à la charge d'un officier-écuyer, était commis à un instructeur choisi parmi les officiers de l'arme de cavalerie ayant le grade de lieutenant.

Rapport annuel du directeur de l'École.

8.° — Il était établi que le directeur de l'École, à la fin de chaque année scolaire, adresserait au ministère de la guerre un rapport contenant

---

[1] La classe de la langue anglaise avait été fermée par suite d'une détermination du ministère de la guerre, expédiée le 28 janvier 1890, peu de jours après un incident diplomatique qui avait excité vivement l'opinion publique en Portugal contre l'Angleterre. Le professeur de la langue anglaise étant décédé pendant la même année, le conseil d'instruction adressa au gouvernement, le 3 décembre, une proposition, qui fut aggréée, dans le sens de maintenir provisoirement vacante cette place, l'enseignement de la même langue restant par ce fait interrompu à l'École de l'armée.

toutes les indications que le conseil d'instruction jugerait convenable de présenter dans l'intérêt de l'enseignement, et dans lequel on devrait faire mention des programmes des matières des chaires, et des travaux pratiques pour l'année scolaire suivante.

Organisation scolaire décrétée en 1891.

Se prévalant de l'autorisation qui lui avait été accordée par le décret dictatorial n.° 2 du 10 février 1890, plus tard légalisé par les chambres législatives, pour réformer aussi économiquement que possible les services publics, le gouvernement établit, par le décret du 30 septembre 1891, les bases d'une réorganisation de l'École de l'armée, réorganisation dont le développement fut réglé par le décret du 28 octobre de la même année, pour avoir exécution depuis l'année scolaire de 1891-1892.

Caractéristiques de la nouvelle organisation.

La nouvelle organisation présentait, relativement à celle de 1890, les suivantes altérations principales :

Chaires.

1.° — Les chaires étaient au nombre de quinze, dont deux biennales.

Cours de guerre.

2.° — Le cours supérieur de guerre prenait la dénomination de «cours de guerre» tout simplement, la future réorganisation du service de l'état-major devant établir les avantages qui appartiendraient aux officiers ayant le diplôme du même cours.

Cours d'artillerie et cours supérieur préparatoire.

3.° — On réduisait d'un an la durée du cours d'artillerie et celle du cours supérieur préparatoire pour l'inscription dans les cours du génie militaire et civil et dans le cours de guerre, ce cours préparatoire devenant égal à celui qui était exigé pour le cours d'artillerie, par l'addition de la minéralogie et de la géologie (7.e chaire de l'École polytechnique, ou les matières analogues de l'Université ou de l'Académie polytechnique), et par l'introduction dans la chaire de topographie et géodésie à l'École de l'armée de l'enseignement des éléments d'astronomie, indispensables à l'étude de la dernière de ces deux matières.

Cours d'administration militaire.

4.° — Pour l'inscription dans le cours d'administration militaire on exigeait, comme préparatoires, le cours complet de commerce, 1.er degré, des Instituts industriels et commerciaux de Lisbonne ou de Porto, les candidats étant tenus d'avoir un an de service effectif sous les drapeaux, et le grade nominal de sergent-major aspirant à officier, inhérent au brevet du cours du Royal collège militaire, ou, au moins, le grade effectif de sergent ou de maréchal des logis.

Grades et traitement des élèves.

5.° — On rétablissait le grade nominal de sergent-major aspirant à officier pour les élèves non officiers, en leur attribuant le traitement de 2fr.775 *(500 réis)* pour jour, dès qu'ils seraient inscrits dans les cours du génie militaire et de l'artillerie, et celui de 1fr.665 *(300 réis)* pour ceux qui se destineraient aux autres cours militaires.

Aspirants à officier possédant les cours de cavalerie et d'infanterie.

6.° — Le grade effectif de sergent-major était accordé aux aspirants à officier pourvus des cours de cavalerie et d'infanterie.

Note de distinction enregistrée dans les diplômes ; missions d'étude à l'étranger.

7.° — On ordonnait de déclarer dans les diplômes des cours des élèves, qui auraient obtenu une cote de mérite égale ou supérieure à 15 dans la moyenne finale de toutes les épreuves scolaires, qu'ils avaient suivi leurs cours avec distinction; parmi ces mêmes élèves, celui qui serait classé le premier de chaque cours devrait être envoyé en mission d'étude à l'étranger, conformément aux dispositions d'un règlement spécial, qui, toutefois, n'arriva pas à être décrété.

Professeurs.

8.°—On rétablissait pour les professeurs les honneurs militaires de l'organisation scolaire de 1863; aux concours pour le professorat on n'admettait, en règle, que les officiers ayant un grade non inférieur à celui de capitaine, ni supérieur à celui de lieutenant-colonel, les lieutenants ayant servi sous les drapeaux pendant six ans avec le grade d'officier pouvant néanmoins être exceptés de cette règle; aux professeurs ayant obtenu le grade de colonel, on permettait la permanence dans le professorat quand ils auraient rempli avec distinction les fonctions de leur place à l'École; et finalement on fixait à vingt-cinq ans le temps d'exercice du professorat pour les professeurs de la classe civile.

Concours pour la nomination des divers fonctionnaires de l'Ecole.

9.°—Tous les autres officiers, employés au service de l'École, le trésorier excepté, seraient nommés par voie de concours, conformément aux préceptes des règlements, qu'on devrait organiser à cet effet.

Conférences publiques.

10.°—Outre l'enseignement obligatoire, le gouvernement pourrait autoriser, moyennant une proposition du conseil d'instruction, qu'il y eût à l'École des conférences publiques, faites par le personnel d'enseignement ou par d'autres individus, sur des sujets importants relatifs aux sciences militaires ou aux sciences de constructions civiles.

Instructions provisoires, et ordonnance d'un uniforme spécial pour les élèves.

Le 16 novembre 1891 le gouvernement décréta, pour la première fois, un uniforme spécial pour les élèves de l'École de l'armée, et ordonna aussi l'exécution des instructions provisoires, organisées par le conseil d'instruction, pour la mise en pratique de l'organisation scolaire, qu'on venait de décréter.

Organisation scolaire de 1892.

La première année scolaire à peine écoulée après qu'on décréta l'organisation de 1891, et le ministère qui l'avait contresignée ayant été remplacé au mois de janvier 1892, le nouveau ministère sollicita des chambres législatives une nouvelle autorisation, qui lui fut accordée en vertu de la loi du 26 février de la même année, pour réorganiser une fois de plus les services publics, et réduire autant que possible les dépenses de l'État, ainsi que l'exigeait la crise financière et économique qui pesait alors sur la nation.

Faisant usage de l'autorisation dont nous venons de parler, le gouvernement décréta, le 30 octobre de cette même année, une nouvelle organisation de l'Ecole de l'armée, et le 30 novembre et le 26 décembre, les instructions provisoires pour l'exécution de la même organisation et le règlement des concours pour le professorat de l'École.

Caractéristiques de l'organisation scolaire de 1892.

La nouvelle organisation, qui n'a été en vigueur que pendant les années scolaires de 1892-1893 et 1893-1894, différait principalement de celle qui l'avait précédée dans les préceptes suivants:

Chaires.

1.°—Les chaires étaient fixées au nombre de dix-sept, dont trois biennales, l'une desquelles destinée à l'enseignement de la docimasie, métallurgie, préparation mécanique des minerais et art de mines, cet enseignement restant privatif du cours du génie de mines, qui était institué pour la première fois à l'École de l'armée, où il devrait être suivi en deux ans. [1]

2.°—Les professeurs étaient au nombre de dix-sept, et les professeurs adjoints au nombre de neuf, ces derniers étant nommés par voie de concours d'épreuves publiques. Dans le cas où il n'y aurait point de candidats, ou quand ceux-ci auraient été refusés, les places vacantes seraient remplies annuellement, tant qu'un autre concours ne se réaliserait pas, par des officiers ou des ingénieurs civils ou de mines, proposés au ministère de la guerre, en listes de deux ou trois noms, selon le cas, par les commandants et inspecteurs généraux des diverses armes et du corps d'état-major, ou bien par la junte consultative des travaux publics, indépendamment de l'intervention du conseil d'instruction de l'École. [2] Nomination des professeurs.

3.°—Pour les places vacantes existant en 1892 dans le cadre du professorat de l'École, on devrait nommer, provisoirement et en attendant qu'on réalisât le premier concours d'épreuves publiques, les répétiteurs, et aussi des officiers et ingénieurs proposés dans les termes ci-dessus indiqués. Nomination des professeurs provisoires.

4.°—Les professeurs et les professeurs adjoints, en plus de la solde due à leur grade dans l'armée, ou du traitement de catégorie de ceux qui appartiendraient au corps d'ingénieurs de travaux publics et de mines, auraient droit, les professeurs à la gratification mensuelle de 277fr·75 *(50$000 réis)*, les professeurs adjoints à celle de 222fr·2 *(40$000 réis)*, aucun autre supplément de traitement ne leur étant accordé, quand même ils auraient à remplir à l'École, outre les fonctions de leur compétence, celles d'un professeur ou d'un professeur adjoint. Les professeurs seraient tenus de présenter au conseil d'instruction de l'École, après deux ans d'enseignement, les leçons écrites des matières de leur chaire, lesquelles, après l'indispensable approbation du même conseil, seraient publiées par le ministère de la guerre. Les professeurs et les professeurs adjoints ne pourraient être maintenus dans le service du professorat, dès qu'ils auraient été promus au grade de lieutenant-colonel. [3] Droits et devoirs principaux des professeurs.

5.°—Les instructeurs seraient nommés moyennant la proposition des commandants et inspecteurs généraux des armes, et le médecin de l'École d'après l'indication du chirurgien-chef de l'armée. [4] Instructeurs.

[1] Le rapport ministériel, qui précédait le décret d'organisation de 1892, présentait comme justification de la création de ce cours «l'utilité qu'il y aurait à développer, par tous les moyens, les sources de la richesse nationale, en préparant dans ce but les auxiliaires nécessaires». Le nouveau cours de mines ne fut suivi que par un seul élève. Origine du cours de mines à l'École de l'armée.

[2] Les commandements généraux des armes spéciales et du corps d'état-major furent remplacés en 1899, par des directions générales des services respectifs, et les inspections générales des armes de cavalerie et d'infanterie furent supprimées la même année. La junte consultative avait été remplacée, en décembre 1892, par le conseil supérieur des travaux publics et des mines. Indications au sujet de l'organisation militaire et civile.

[3] Par l'effet de cette règle, quatre professeurs, qui avaient le grade de colonel, durent quitter aussitôt le service du professorat.

[4] Dans le cadre du corps de médecins militaires, il y en a un avec le grade de colonel, qui avait la dénomination ci-dessus indiquée, et qui était alors, ainsi qu'il l'est encore aujourd'hui, le chef du bureau de santé du ministère de la guerre. Indications au sujet de l'organisation militaire.

Nombre d'élèves.

6.° — On réglait, le nombre d'élèves pouvant être admis chaque année à l'inscription dans les cours des diverses armes et dans celui de l'administration militaire, en proportion des vacances survenues, pendant les cinq années antérieures, dans les postes de sous-lieutenants en second de ces armes, et d'aspirants du service de l'administration militaire, l'inscription dans les cours de cavalerie et d'infanterie restant toutefois garantie, indépendamment du nombre, aux élèves ayant le brevet du cours du Royal collège militaire.

Préparatoires des cours de cavalerie et d'infanterie.

7.° — On exigeait pour l'inscription dans les cours de cavalerie et d'infanterie, outre les cours des lycées nationaux (baccalauréat ès sciences), ou le cours du Royal collège militaire, le brevet obtenu à l'Université, ou à l'École polytechnique, des matières suivantes: trigonométrie sphérique, algèbre supérieure, géométrie analytique, et géométrie descriptive (1.ère partie). [1]

Conditions d'admission au cours d'administration militaire.

8.° — Les préparatoires, exigés d'après l'organisation de 1891 pour l'inscription dans le cours d'administration militaire, furent remplacés par les matières suivantes des Instituts industriels et commerciaux: économie politique et notions générales de commerce; comptabilité et écritures commerciales; physique et chimie expérimentales, et étude et vérification de marchandises. [2]

Traitement et grade des élèves.

9.° — Le traitement des élèves des cours de cavalerie, d'infanterie et d'administration militaire, restait le même qu'ils auraient à l'occasion de l'inscription sur la matricule, et celui des élèves des cours du génie militaire et de l'artillerie était fixé à la somme de 2 fr. 22 *(400 réis)* par jour, quand leurs grades effectifs ne leur donneraient pas droit à un traitement supérieur. A tous ces élèves était accordé le grade nominal de sergent-major *cadet*, cette dernière dénomination étant adoptée à la place de celle d'aspirants à officier. [3]

---

[1] L'enseignement de la fortification et de la balistique élémentaire était précédé, à l'École de l'armée, pour les cours de cavalerie et d'infanterie, des notions indispensables de la méthode des plans cotés, de la géométrie analytique et de la mécanique, ces dernières matières faisant encore aujourd'hui partie des programmes d'enseignement de ces mêmes cours.

Réorganisation des Instituts industriels.

[2] Les Instituts industriels et commerciaux avaient été réorganisés le 8 octobre 1891.

Cadets et aspirants à officier.

[3] D'après l'ordonnance royale du 16 mars 1757, on a donné en Portugal la désignation de *cadets* aux soldats, qui montraient avoir certaines conditions de noblesse, étant pour ce fait exemptés de quelques services de corvée, etc. D'après le décret du 30 novembre 1832, la dénomination de *cadets* fut remplacée par celle d'*aspirants à officier*, qui était accordée à tous les militaires non officiers possédant certaines capacités littéraires. Le décret, dont on vient de parler, fut modifié par les lois du 17 novembre 1841 et du 5 avril 1845, qui exigèrent des candidats à aspirants à officier les conditions suivantes: un plus grand nombre de capacités littéraires, la note de volontaire à l'enrôlement militaire, et, pour ceux qui ne seraient pas fils d'officier de l'armée ou de la marine, un revenu mensuel minime de 40 fr. (7$200 réis) dûment garanti. Les militaires ayant le brevet du cours du Royal collège militaire avaient, d'après le décret du 11 décembre 1851, le grade nominal de sergent-major aspirant à officier, indépendamment du revenu ci-dessus indiqué.

10.° — Sous la désignation d'aspirant à officier, on créa un nouveau grade, immédiatement supérieur à celui d'adjudant sous-officier, et inférieur à celui de sous-lieutenant, auquel étaient assignées les fonctions de porte-étendard ou de porte-drapeau, ainsi que les services d'officiers subalternes sous le commandement de capitaines, les aspirants à officier devant être employés de préférence comme instructeurs.

Nouveau grade d'aspirant à officier.

11.° — Les avantages suivants étaient accordés aux élèves qui terminaient les cours des diverses armes et de l'administration militaire : ceux appartenant aux cours du génie militaire et de l'artillerie étaient aussitôt promus au grade d'aspirants à officier avec le traitement de 4fr·44 *(800 réis)* par jour, ils avaient droit à être promus par ordre d'ancienneté au grade de sous-lieutenant ou de lieutenant en second, et devaient concourir à la première période d'instruction des écoles pratiques respectives, après la conclusion de leurs cours; les élèves qui complétaient les cours de cavalerie et d'infanterie étaient promus au grade de sergent-major cadet, avec le traitement de 2fr·22 *(400 réis)* par jour, et allaient faire une année de service dans les écoles pratiques correspondantes ; cette année de service terminée, ils étaient promus au grade d'aspirant à officier, ayant droit, après cela, à la promotion par rang d'ancienneté au grade de sous-lieutenant de leurs armes dans la proportion des deux tiers des places vacantes de ce cadre ;[1] les élèves qui terminaient le cours d'administration militaire étaient promus au grade de sergent-major cadet, avec le traitement de 2fr·22 *(400 réis)* par jour, et, après une année de service effectif dans les corps de l'armée, leur traitement s'élevait à 2fr·77 *(500 réis)* par jour; ils continuaient à être employés aux services administratifs des corps de l'armée, ou étaient distribués par les bureaux de la direction de l'administration militaire, et étaient promus par droit d'ancienneté à aspirants avec le grade de sous-lieutenant, pour le cadre des officiers de ce service.[2]

Promotion des élèves ayant le brevet des cours des diverses armes et de l'administration militaire.

12.° — Les lieutenants ayant le brevet du cours de guerre, après une année de service aux corps d'artillerie, et de cavalerie ou d'infanterie, étaient promus au grade de capitaine, dans la proportion d'un quart

Promotion des lieutenants ayant le brevet du cours de guerre.

---

[1] En temps de paix, quand il n'y aurait pas assez d'aspirants à officier pour les deux tiers des places vacantes du grade de sous-lieutenant, ces mêmes places ne seraient pas remplies, les adjudants sous-officiers, auxquels était reservé le tiers restant, obtenant toutefois la promotion dans l'époque opportune ; en temps de guerre, et la même hypothèse étant donnée, toutes les places vacantes devraient être remplies par les sous-officiers susdits. Ce principe, qui subsista dans les réorganisations successives de l'École, présente ce grand avantage, qu'il garantit l'existence, dans tous les grades des cadres des deux armes, de deux tiers d'officiers possédant le brevet du cours respectif, et encore celui d'éviter la prétérition dont, autrement, auraient à souffrir les sergents cadets, auxquels appartiendrait, pendant l'année de service obligatoire aux écoles pratiques de leurs armes, la promotion au grade de sous-lieutenant, et qui ne pourraient y avoir accès que cette année étant terminée.

Places vacantes de sous-lieutenants, réservées aux sergents-majors de cavalerie et d'infanterie.

[2] La direction de l'administration militaire, qui avait deux sections, et fonctionnait près du ministère de la guerre, fut supprimée par la dernière réorganisation de l'armée (1899), les services correspondants étant dès lors commis à un nouveau bureau, créé à la direction générale du même ministère.

Indications sur l'organisation militaire.

des vacances survenues dans ce grade, quand ils atteindraient le quart supérieur de la liste générale des lieutenants de leurs armes, dans le cas où la promotion, d'après les règles générales, ne leur appartiendrait pas avant.

Organisation scolaire de 1894.

Le 23 août 1894, le gouvernement établit, par un décret dictatorial, un nouveau plan de réorganisation de l'École de l'armée. Ce plan fut l'origine des deux lois du 13 mai 1896, relatives à l'organisation de l'École et qui, avec les modifications établies dans la loi du 13 septembre 1897, régissent aujourd'hui l'établissement d'enseignement supérieur militaire du Portugal.

L'organisation actuellement en vigueur sera exposée et dûment développée plus loin, les principes fondamentaux de celle qui fut décrétée en 1894, et les motifs des modifications que l'on y introduisit ultérieurement étant seuls mentionnés ici [1].

Causes déterminantes de la réorganisation scolaire de 1894.

Des vingt-six places créées pour le professorat de l'École par l'organisation de 1892, il n'y eut que neuf, aux quelles furent nommés d'anciens professeurs de la même École; les autres professeurs ayant le grade de colonel durent quitter l'exercice du professorat, ces fonctions étant jugées incompatibles avec ce grade. En raison de cette incompatibilité, trois places de plus restèrent vacantes postérieurement, par suite de la promotion au grade immédiat de trois professeurs qui étaient lieutenants-colonels, le nombre de professeurs effectifs restant par ce motif réduit à six.

Il y avait donc vingt places à remplir, et la nomination des professeurs qui les occuperaient devrait être faite, d'après l'organisation de 1892, par voie de concours d'épreuves publiques, par-devant un jury composé des professeurs existant alors à l'École, ce qui ferait forcément interrompre les travaux scolaires pendant un espace de temps, non inférieur à un an [2].

Il était donc urgent de prendre des mesures à ce sujet, et le gouvernement profita de cette occasion pour perfectionner l'organisation de l'École, d'après les indications fournies par l'expérience.

Cours supérieur préparatoire pour les cours de toutes les armes, et pour celui de l'état-major.

Il convenait d'élever le niveau scientifique des candidats à officiers des diverses armes et des divers services, en harmonie avec le développement de l'instruction des autres classes sociales, plus ou moins

---

Rapport ministériel, et ministre de la guerre en 1894.

[1] Les principes qu'on vient de citer, et leur justification, sont insérés dans le rapport très étendu qui précède le décret du 23 août 1894, d'où ils sont maintenant transcrits. Le ministre de la guerre était alors le colonel de cavalerie Luiz Augusto Pimentel Pinto, aujourd'hui général de brigade et pair, qui fit aussi dans l'organisation militaire du Portugal d'autres modifications fort importantes, encore en vigueur actuellement.

Jury des concours en 1892.

[2] Le règlement des concours pour le professorat de l'École de l'armée, décrété le 26 décembre 1892, eu égard assurément au nombre très restreint de professeurs alors existant à la même École, permettait que le conseil d'instruction proposât, afin qu'ils fussent nommés par le gouvernement pour faire partie du jury, des officiers, des ingénieurs de travaux publics et de mines, ou des professeurs d'une autre école, ayant une compétence spéciale dans les matières des chaires vacantes.

prépondérantes, et avec les exigences imposées pour la promotion à officier supérieur et à officier général [1] et pour l'exécution de différentes commissions de service public dans les colonies, où les officiers devaient représenter nonseulement un élément de combat, mais encore un élément de civilisation; et aussi, attendu qu'il résulterait un grand avantage pour l'enseignement à l'Ecole de l'armée, de ce que les élèves possédassent tous la même préparation scientifique, l'organisation scolaire de 1894 amplifiait les études préparatoires supérieures, exigées, en 1892, pour les candidats à élèves des cours de cavalerie et d'infanterie, en les assimilant à celles des candidats à élèves se destinant aux armes du génie et de l'artillerie.

On établit alors que le cours supérieur préparatoire, exigé de tous les candidats à l'inscription dans les cours des diverses armes, serait celui qui jusqu'alors n'était exigé que pour les cours des armes spéciales.

Cours général et différents cours d'application pour les officiers de l'armée.

L'uniformité des préparatoires établie, on créa à l'École de l'armée un *cours général*, ayant la durée d'un an, à la fin duquel les élèves seraient classés pour les différentes armes, conformément à leur application, et surtout à leur aptitude pour les divers services militaires. Cela constituerait une base bien plus sûre que ne l'était celle antérieurement adoptée, et qui ne se rapportait qu'aux classifications obtenues dans les cours supérieurs préparatories du génie militaire, de l'artillerie et de l'état-major, le choix pour les cours militaires étant fait par les écoles civiles, où ces cours préparatoires étaient étudiés.

D'autres avantages étaient encore attribués au cours général, précédé d'un seul cours préparatoire, tels que celui de donner une plus grande unité à la corporation des officiers, et de rendre plus facile le choix de ceux d'entre eux qui se destineraient au service de l'état-major [2].

Examens pour la promotion aux grades de major et de général de brigade.

[1] Le gouvernement avait déjà décrété un nouveau système d'examens théoriques et pratiques, précédés d'une période de pratique des services et travaux réglementaires dans les écoles pratiques des armes, pour les capitaines et les colonels, à qui la promotion aux grades immédiats appartiendrait par droit d'ancienneté, le système fondamental de promotion suivi dans le pays, et celui de la sélection pour les grades supérieurs étant ainsi conciliés.

Composition du cours général.

[2] Le cours général était composé de la manière suivante:

1.ère *chaire.*— Principes généraux de l'organisation des armées.— Législation et adimnistration militaires.— Notions de droit international.— Services militaires dans les colonies.

Pratique de l'administration, écritures et comptabilité militaires.

2.e *chaire.*— Notions générales sur la balistique.— Armement et équipement de l'infanterie portugaise. — Tir élémentaire.

3.e *chaire.*— Principes de tactique et stratégie.— Armement et équipement de la cavalerie portugaise.

3.e *chaire.*— Éléments de la fortification de campagne et improvisée.— Notions générales sur les communications militaires.

Travaux sur le terrain.

7.e *chaire.*— Notions générales sur le matériel de l'artillerie portugaise.

11.e *chaire.*— Topographie.

Dessin topographique et travaux sur le terrain.

Suppression du cours général, et réduction des études préparatoires supérieures pour les cours de cavalerie et d'infanterie.

Malgré les avantages ci-dessus indiqués, et la conviction, formulée dans le rapport ministériel, de ce que l'exigence du cours supérieur préparatoire ne nuirait pas aux candidats aux armes d'infanterie et de cavalerie, attendu que, d'après la nouvelle organisation scolaire, ces candidats ne tarderaient pas plus qu'antérieurement à atteindre le grade de sous-lieutenant, il est toutefois certain que les cours de ces armes furent dès lors extraordinairement moins suivis, le recrutement en bonnes conditions des cadres respectifs d'officiers devenant par là de plus en plus difficile. De là, l'extinction du cours général et la réduction des études préparatoires supérieures des deux armes, effectuées par la loi du 13 septembre 1897 [1].

Nouveau système de classement et d'option pour les cours des différentes armes.

Cette suppression n'altéra point le principe salutaire en vertu duquel le classement des élèves pour les diverses armes continuerait à appartenir à l'École de l'armée. Les élèves futurs se trouveraient naturellement distribués en deux grands groupes: ceux qui n'aspiraient qu'aux cours de cavalerie ou d'infanterie, et qui, par conséquent, employaient moins de temps à faire leurs études supérieures préparatoires, et ceux qui prétendaient suivre les cours des armes du génie ou de l'artillerie.

Pour chacun de ces groupes on établit, en 1897, une 1.ère année, commune aux cours correspondants, et, cette année finie, on régla, relativement au premier groupe, le choix pour l'arme de cavalerie d'après l'aptitude spéciale que les élèves montreraient pour l'équitation; et relativement au second groupe, on donna la préférence pour l'arme du génie à ceux des élèves qui feraient preuve de plus d'application à l'étude, le droit d'option des élèves, dans chaque groupe, ayant pour

---

Mémoires et problèmes dans les salles d'étude.
Instruction tactique d'infanterie jusqu'à l'école de peloton.
Équitation, gymnastique, escrime.
Hygiène militaire.

Durée des cours d'application.

La durée des cours spéciaux d'infanterie, de cavalerie et de l'administration militaire était d'un an, celle des cours d'artillerie et de l'état-major de deux ans, et de trois ans celle des cours du génie militaire et du génie civil et de mines.

Option pour les cours des diverses armes.

Les élèves étaient soumis, après avoir terminé le cours général,— qu'ils suivaient avec le grade nominal de sergent-major cadet, et le traitement de 1fr.66 *(300 réis)* par jour— à l'appréciation d'un jury, qui jugeait de leur aptitude militaire pour les grades d'officiers, ceux d'entre eux, qui seraient considérés aptes à y avoir accès, optant, d'après l'ordre du classement scolaire, pour le cours spécial qu'ils voudraient suivre, et les limites fixées supérieurement à chaque arme ne pouvant être dépassées. Le droit d'option ne pouvait être exercé, ni par les élèves refusés en équitation, lesquels ne pouvaient suivre que le cours d'infanterie, ni par les élèves ajournés, ceux-ci devant être destinés à une arme quelconque, selon les déterminations du ministre de la guerre. Les élèves jugés sans aptitude pour les grades d'officier, recevaient leur congé, ou étaient licenciés pour la réserve, conformément aux conditions de leur enrôlement. Tous les autres étaient promus au grade de sergent-major cadet, avec le traitement de 2fr.22 *(400 réis)* par jour.

Inconvénient du cours général.

[1] Le système d'un cours général, analogue à celui adopté en Allemagne, n'a pas beaucoup d'apologistes en Portugal, les armes de cavalerie et d'infanterie étant par là plus ou moins directement, privées des officiers les plus instruits.

base la moyenne finale la plus avantageuse, obtenue dans toutes les épreuves de la 1.ère année commune.

Internat.

Le ministère de la guerre ayant repris possession de quelques dépendances du palais de Bemposta, depuis longtemps occupées par des particuliers, le gouvernement profita de cette circonstance pour établir définitivement l'internat pour les élèves, non point avec les rigueurs inhérentes aux internats ordinaires, mais par la constitution d'une caserne proprement dite, destinée à loger la nouvelle compagnie, qui venait remplacer l'ancien corps d'élèves, et de laquelle commencèrent dès lors à faire partie les élèves du cours du génie civil et de mines [1].

Le gouvernement espérait de l'établissement de l'internat des avantages très importants, et la pratique lui a complètement donné raison, en rapport à la discipline, à l'éducation et à l'étude des élèves, ainsi qu'aux principes d'esprit militaire devant unir les futurs compagnons d'armes et de travaux.

Cours du génie civil et de mines.

Le cours de mines, caractérisé à peine par une seule chaire biennale, créée en 1892, était loin de satisfaire aux exigences de cette spécialité; c'est pourquoi cette chaire fut remplacée par deux chaires annuelles, incorporées dans le cours du génie civil. Ce cours prit alors la dénomination de «cours du génie civil et de mines», et sa durée fut élevée à trois ans, pour que l'enseignement théorique ne devînt pas trop pénible pour les élèves, et aussi pour que l'enseignement pratique pût atteindre un plus grand développement, qui compensât, par rapport à l'étude des mines, le peu d'étendue de la partie doctrinale correspondante. On introduisit également les nouvelles chaires de mines dans le cours du génie militaire, dans le but de rendre les officiers de cette arme aptes à exercer les services correspondants, spécialement dans les colonies.

Sélection des élèves du génie civil et de mines.

Les cadres du corps d'ingénieurs de travaux publics et de mines étant remplis et même excédés, et comme il y avait encore au pays un nombre relativement considérable d'individus munis des cours de ces branches du génie et donnant la préférence au service de l'État, le gouvernement jugea à propos d'établir que la note de distinction dans les cours supérieures préparatoires fût dorénavant exigée des futurs élèves du génie civil et de mines. En 1897, on abolit cette restriction, peut-être parce qu'on pensa que les individus, munis du cours du génie civil et de mines, pourraient trouver à se placer dans l'industrie particulière ou dans d'autres carrières.

Officiers munis du cours d'état-major.

Les officiers munis du cours d'état-major (nouvelle désignation du «cours de guerre» de 1892) n'avaient pas droit à des avantages spéciaux

Réalisation de l'internat.

[1] L'internat, créé par le décret d'organisation de 1863, ne commença à être mis en pratique qu'en 1894, et sa réalisation fut sans doute l'un des plus grands avantages de la nouvelle réorganisation. Les élèves du cours du génie civil et de mines donnaient à l'Ecole une indemnité mensuelle de 50 fr. *(9$000 réis)* pour les frais de nourriture et d'uniforme. Cette indemnité fut élevée, en 1897, à 66 fr. 66 *(12$000 réis)*.

pour la promotion. Ils pourraient porter les aiguillettes des officiers de l'ancien corps d'état-major, et auraient toujours droit à un cheval ainsi qu'aux gratifications de l'arme du génie, lorsqu'ils exerceraient les services appartenant au même corps ou qu'ils feraient leur stage réglementaire [1].

Pour l'inscription au cours dont on vient de parler, on exigeait, en plus des titres et capacités fixés par les organisations antérieures, le brevet des langues anglaise et allemande.

Promotion des élèves munis des cours des différentes armes.

Les sergents-majors cadets, munis des cours des diverses armes, avaient droit aux promotions suivantes: ceux d'artillerie, de cavalerie et d'infanterie étaient aussitôt promus à aspirants à officier, avec le traitement de 4$^{fr.}$44 *(800 réis)* par jour, pour les corps de leurs armes, et plus tard à sous-lieutenants ou lieutenants en second; ceux d'infanterie et de cavalerie, après deux ans de service effectif, dont un à l'école pratique respective, et ceux d'artillerie, après un an de service effectif à l'école pratique de cette arme. Les sergents-majors cadets ayant le cours du génie militaire étaient tout de suite promus au grade de sous-lieutenant de leur arme. La promotion à lieutenant ou à lieutenant en premier avait lieu par droit d'ancienneté, conformément aux règles générales de promotion.

D'après le système qu'on vient d'indiquer, les élèves se destinant aux différentes armes atteignaient le premier grade d'officier juste sept ans après leur inscription aux écoles supérieures préparatoires, tous les officiers restant, par conséquent, assimilés au point de vue de l'ancienneté, ce que le rapport ministériel réputait d'une utilité incontestable [2].

Modifications faites aux conditions des élèves.

Ce système était basé sur l'existence d'un cours général, et, ce cours ayant été aboli en 1897, les conditions de promotion pour les élèves qui terminaient les cours des diverses armes furent aussi mo-

---

Opinion, en Portugal, contraire au système de promotion par choix.

[1] L'opinion publique, en Portugal, est absolument contraire à tout système de promotion qui ne soit pas basé sur l'ancienneté, avec exigence de l'aptitude nécessaire, démontrée par des épreuves spéciales, ou par des informations sur les services des officiers. La promotion par simple choix des gouvernements, ou des commissions de généraux, constituant, en théorie, un excellent moyen d'assurer l'accès aux officiers les plus distingués, présente toutefois ce grave inconvénient, au moins dans les petites nations, qu'elle peut occasionner d'injustes prétéritions.

Assimilation des officiers en vue de leur retraite.

[2] Il paraît que le ministre de la guerre avait en vue l'organisation d'une loi, par laquelle les officiers seraient mis en parallèle pour la retraite, et qui serait basée sur l'ancienneté du grade de lieutenant, afin d'établir par ce moyen, à l'occasion où les officiers termineraient le service actif, une compensation équitable pour les inévitables irrégularités de promotion des diverses armes, ces irrégularités existant en Portugal comme dans les autres pays.

Dernièrement, d'après la loi du 26 juillet 1899, cette assimilation fut établie, mais en ayant pour base l'ancienneté de la première inscription aux cours supérieurs préparatoires pour l'École de l'armée, les règles nécessaires étant fixées, pour qu'on pût prendre en considération les changements survenus dans l'organisation de l'enseignement supérieur militaire, ainsi que la dualité d'origine des officiers appartenant aux armes de cavalerie et d'infanterie.

difiées à cette époque-là, le grade de sous-lieutenant, ou de lieutenant en second, étant donné aussitôt à ceux appartenant au génie et à l'artillerie, afin de ne pas nuire au recrutement du cadre respectif, comme cela pourrait résulter du système de 1892, et les élèves munis des cours d'infanterie et de cavalerie étant également promus tout de suite à aspirants à officier. La promotion de ces derniers au grade de sous-lieutenant continue à être faite, par droit d'ancienneté, dans la proportion des deux tiers des places vacantes.

Cours d'administration militaire. — Conditions pour l'inscription et avantages pour les élèves de ce cours.

Les préparatoires, exigés dans l'organisation de 1892 pour l'inscription au cours d'administration militaire, rendaient fort difficile l'étude de ce cours, car ils forçaient les candidats à suivre pendant longtemps les études des lycées et d'un des Instituts industriels et commerciaux, attendu que, pour l'étude des matières exigées, l'examen préalable dans d'autres matières était nécessaire, et que les avantages, que ce cours pourrait offrir, n'étaient pas, et ne pourraient pas être, d'après le rapport ministériel, en harmonie avec de telles exigences. Ces études préparatoires furent, pour cette raison, réduites au minimum des matières du cours des écoles centrales de sous-officiers, qui fonctionnaient alors dans les écoles pratiques des différentes armes[1] et dans le régiment du génie, ce cours pouvant être remplacé par celui du Royal collège militaire, ou par le brevet obtenu dans les matières suivantes des cours des lycées et des Instituts industriels et commerciaux: langues portugaise et française; dessin linéaire; géographie et histoire; mathématiques élémentaires (1.ère partie); physique, chimie et histoire naturelle (1.ère partie); études des denrées; économie politique et notions générales de commerce. Les militaires autorisés à suivre dans les instituts ces dernières matières, étaient exemptés d'en étudier d'autres qui, d'après le règlement de ces mêmes écoles, devraient les précéder.

Les élèves munis du cours d'administration militaire étaient promus tout de suite à sergents-majors cadets, avec le traitement de 2 fr. 22 *(400 réis)* par jour, qui serait élevé à 2 fr. 77 *(500 réis)* aussitôt qu'ils auraient terminé leur année de service réglementaire aux régiments et aux écoles pratiques des diverses armes; ils étaient promus plus tard, par droit d'ancienneté, à aspirants avec le grade de sous-lieutenant pour le cadre du service de l'administration militaire.

La première des deux lois du 13 mai 1896 exigea également des candidats à l'inscription au cours d'administration militaire, le brevet en technologie générale et industrielle, dans le cas où ils n'auraient pas les cours des écoles centrales, ou bien celui du Royal collège militaire.

Modifications faites aux études préparatoires et aux avantages du cours d'administration militaire.

Dans la loi du 13 septembre 1897 on suivit un critérium différent. En égard à l'importance des services de l'administration militaire, qui exigent une instruction fort étendue, on augmenta les préparatoires du cours correspondant, ainsi qu'il sera indiqué plus loin, et on

Indication au sujet des écoles centrales.

[1] Les écoles centrales furent réduites, par le décret du 16 juin 1896, à une seule pour toutes les armes, laquelle resta annexée à l'école pratique de l'infanterie.

accorda, comme compensation, le nouveau grade d'aspirant de 2.e classe du cadre du service susdit, équivalent à celui d'aspirant à officier, avec le traitement de 3fr. 88 *(700 réis)* par jour aux élèves du même cours, aussitôt qu'ils l'eussent terminé. Comme on le voit, ce traitement était presque le double de celui qui avait été établi, dans des conditions semblables, par les organisations scolaires antérieures, la catégorie respective étant aussi plus élevée. [1]

Chaires, et cadres du personnel.

Le nombre de chaires s'éleva de 17 à 20; mais, malgré cette augmentation, les cadres de l'organisation du personnel de l'École comptaient à peine 43 professeurs et autres officiers, au lieu des 42 prescrits par l'organisation de 1892.

Professeurs.

Outre les professeurs des chaires, il y avait des officiers, ou ingénieurs de travaux publics, à qui l'on donnait la simple désignation d'adjoints, correspondant aux professeurs adjoints de l'organisation antérieure, et ayant tous le traitement et les autres avantages que celle-ci leur avait conférés. Cependant, le temps de service comme officiers, exigé des candidats aux places de professeur, se réduisait à trois ans, et il était établi que ces candidats ne pourraient avoir un grade inférieur à celui de capitaine. Il fut également prescrit que les adjoints seraient nommés par voie de concours fondé sur des documents, fait pardevant le conseil d'instruction, dont ils ne feraient point partie, et que dans des cas spéciaux ils pourraient être nommés professeurs sans dépendance d'un concours d'épreuves publiques.

Par la première des deux lois du 13 mai 1896, on exempta les officiers candidats au professorat de l'École, de la condition d'avoir le grade minime de capitaine, et, par la deuxième de ces lois, on établit que les adjoints auraient dès lors la désignation antérieure de professeurs adjoints. Cette même loi prescrivit encore, à l'égard des professeurs et des adjoints, de nouvelles garanties qui seront indiquées quand nous exposerons l'organisation scolaire qui est actuellement en vigueur.

Nomination de professeurs et d'adjoints, en 1894.

L'organisation scolaire de 1894 exemptait aussi de tout concours, pour la nomination aux places alors vacantes de professeurs et d'adjoints, les officiers et les ingénieurs de travaux publics et de mines.

Dispositions transitoires.

Des dispositions transitoires garantissaient complètement les droits antérieurement acquis aux élèves alors inscrits à l'École de l'armée et aux écoles supérieures préparatoires, ce que n'avait pas fait l'organisation de l'armée, décrétée en 1884, ni celle de cette École, décrétée en 1892, tort qui fut réparé, au moins en partie, par des lois postérieures.

Cependant l'organisation scolaire de 1894 ne garantissait pas l'inscription dans quelques-uns des cours de l'École de l'armée, indépendamment du nombre fixé par le gouvernement pour les élèves de ces mêmes cours, aux candidats munis du cours du Royal collège militaire,

---

Substitution du grade d'aspirant de 2.e classe de l'administration militaire.

[1] D'après l'organisation de l'armée, décrétée le 7 septembre 1899, le grade d'aspirant de 2.e classe fut remplacé par celui d'aspirant à officier du corps d'officiers de l'administration militaire.

ce privilège leur ayant été accordé par les organisations scolaires antérieures.

La deuxième des deux lois du 13 mai 1896 rétablit ce privilège pour l'inscription au cours supérieur préparatoire, ainsi que pour l'inscription au cours général de l'École de l'armée, et la loi du 13 septembre 1897 en fit autant pour l'inscription aux cours de cavalerie et d'infanterie.

La même loi de 1896 établit encore que les officiers, qui, en 1894, exerçaient les fonctions de professeurs adjoints, et qui n'avaient pas été nommés professeurs à cette époque conserveraient la même catégorie scolaire, avec les attributions qui y correspondaient, ainsi que le droit à la nomination de professeurs, sans dépendance de concours, aux premières places qui se trouveraient vacantes.

Règlement scolaire de 1894.

Le 5 octobre 1894, le gouvernement ordonna de mettre aussitôt en vigueur le règlement pour l'exécution de l'organisation scolaire qu'il avait décrété, ce règlement renfermant, en 280 articles, tous les détails du nouveau régime de l'École, et étant le plus développé et le plus complet qui eût été jusqu'alors publié dans des circonstances analogues.

Par un décret de la même date on établit aussi un uniforme privatif pour les élèves, disposition qui est encore en vigueur.

Régime de l'enseignement,

Le régime d'enseignement prescrit par les organisations scolaires, décrétées de 1890 à 1894, ne différait pas essentiellement de celui qui avait été établi pas le règlement de 1864. Dans toutes ces organisations, ainsi que dans celle qui est actuellement en exécution, on a toujours cherché à donner à l'enseignement pratique tout le développement compatible avec les ressources existantes, et à l'enseignement théorique un caractère professionnel très marqué, affranchi de toute préoccupation purement spéculative.

Dans l'exposition que nous allons faire de l'organisation scolaire actuelle, le régime de l'enseignement adopté se trouve minutieusement expliqué, ce qui nous dispense pour le moment de toute autre indication sur ce sujet, vu le peu d'intérêt qu' offrent les différences que présentaient, relativement à ce régime, les organisations—toutes d'une durée éphémère—décrétées entre 1890 et 1894.

Organisation actuelle de l'École de l'Armée

Deuxième partie

CHAPITRE I

Cours professés à l'École

L'organisation actuelle de l'École de l'armée est établie d'après les diplômes suivants : Diplômes organiques et reglementaires.

1.° — Loi du 13 mai 1896, qui réorganisa l'École ;

2.° — Loi de la même date, qui amplifia la loi précédente ; [1]

3.° — Loi du 13 septembre 1897, qui modifia les deux lois antérieures ;

4.° — Règlement de l'École de l'armée, approuvé par décret du 27 septembre 1897 ;

5.° — Instructions provisoires pour le service intérieur de l'École de l'armée, approuvées par arrêté ministériel du 11 décembre 1897.

L'École de l'armée est l'établissement d'instruction supérieure, spécialement destiné à l'enseignement des sciences militaires et du génie civil et de mines. But de l'institution de l'École.

L'École de l'armée est dans la dépendance directe du ministre de la guerre, et se trouve installée, depuis 1851, dans l'ancien palais royal de Bemposta, à Lisbonne, et dans les bâtiments et terrains annexes. [2] Administration supérieure et installation.

---

[1] Les deux lois du 15 mai 1896 ont tiré leur origine du *bill* spécial, accordé par les chambres législatives au décret dictatorial du 23 août 1894, qui avait réorganisé l'École de l'armée. Les chambres avaient déjà accordé, la même année, un *bill* général relatif à tous les actes de la dictature exercée par le gouvernement pendant une partie de l'année 1894, et pendant toute l'année de 1895, les chambres législatives étant restées fermées durant cette dernière année. Origine des lois du 13 mai 1896.

[2] L'École de l'armée et l'Académie royale de fortification, artillerie et dessin, ont toujours été installées dans des édifices de la capitale. Le palais de Bemposta fut acquis, au commencement du XVIIIe siècle, par la reine de la Grande-Bretagne, veuve du roi George IV, *Dona Catharina,* infante du Portugal, et fille du roi Dom João IV. Le 9 décembre 1850, le palais de Bemposta, avec ses dépendances, fut cédé par la reine *Dona Maria II* pour l'installation de l'Ecole de l'armée, sans cesser toutefois d'être compté au nombre des propriétés de la couronne. Depuis lors, l'État a dépensé des sommes très considérables dans l'ampliation et l'adaptation de l'ancien bâtiment royal, qui occupe aujourd'hui une aire de 7 hectares environ. Les plans et photographies, qui accompagnent cette monographie, donnent une idée claire de l'étendue et de la disposition des bâtiments et des terrains de l'Ecole. Palais royal de Bemposta.

Chaires.

Les matières, professées à l'École, sont réparties entre les chaires suivantes :

1.º — Principes généraux de l'organisation des armées. — Législation et administration militaires. — Notions de droit international, et d'histoire et géographie militaires. — Services militaires dans les colonies.

2.º — Balistique élémentaire et ses applications au tir des armes portatives. — Armes portatives. — Tactique et services de l'infanterie.

3.º — Cours général de tactique. — Campagnes coloniales. — Principes de stratégie. — Tactique et services de cavalerie. — Notions d'hippologie.

4.º — Fortification passagère. — Travaux de bivouac et de campement. — Communications militaires. — Applications de la photographie aux usages de la guerre.

5.º — Fortification permanente, son attaque et sa défense. — Application de la fortification à la défense des États. — Services du génie militaire.

6.º — Balistique et ses applications au tir des bouches à feu.

7.º — Matériel d'artillerie. — Tactique et services de l'artillerie.

8.º — Fabrication du matériel de guerre.

9.º — (chaire biennale) — Cours complémentaire de tactique. — Organisation des armées. — Services de l'état-major.

10.º — (chaire biennale) — Stratégie. — Géographie et statistique miliaires. — Histoire critique de la guerre.

11.º — Géodésie. [1] — Topographie.

12.º — Matériaux et procédés généraux de construction. — Résistance des matériaux.

13.º — Hydraulique générale. — Hydraulique urbaine et agricole. — Machines hydrauliques.

14.º — Architecture et constructions civiles. — Stéréotomie. — Services des travaux publics, y compris le droit administratif applicable.

15.º — Mécanique appliquée aux machines. — Machines thermiques et électriques.

16.º — Résistance appliquée. — Ponts.

17.º — Navigation intérieure. — Travaux maritimes et phares. — Télégraphie.

18.º — Routes. — Chemins de fer.

19.º — Géologie appliquée. — Art de mines, y compris l'exploitation des mines et la préparation mécanique des minerais.

20.º — Docimasie. — Métallurgie.

La répartition des matières par les chaires, peut être modifiée par

[1] L'enseignement de la géodésie est précédé de celui des notions indispensables d'astronomie.

le gouvernement, d'après une proposition faite par le conseil d'instruction, conformément aux indications de l'expérience et des avantages de l'enseignement.

Dans l'instruction professée à l'École, sont comprises aussi des leçons d'hygiène militaire. Leçons d'hygiène militaire.

Dans le tableau suivant sont désignés les cours professés à l'École et leur durée: Cours et leur durée.

Désignation des cours	Durée
Administration militaire	Un an
Infanterie	Deux ans
Cavalerie	Deux ans
État-major	Deux ans
Artillerie	Trois ans
Génie civil et de mines	Trois ans
Génie militaire	Quatre ans

En plus de la durée normale des cours, on accorde un an de tolérance pour la conclusion des cours à l'École, celui de l'état-major excepté. Dans ce dernier cours on n'accorde point de tolérance. Tolérance accordée dans la durée des cours.

Les différents cours de l'École ont l'organisation suivante: Organisation des cours.

1.ère ANNÉE (COMMUNE POUR LES DEUX COURS) [1]

Enseignement théorique: Cours d'infanterie et de cavalerie—1.ère année.

1.ère chaire.—Principes généraux de l'organisation des armées.—Législation et administration militaires.—Services militaires dans les colonies.

2.e chaire.—Balistique élémentaire et ses applications au tir des armes portatives.—Armes portatives.

3.e chaire.—Tactique élémentaire.

4.e chaire.—Fortification passagère.—Travaux de bivouac et de campement.—Communications militaires.—Applications de la photographie aux usages de la guerre.

11.e chaire.—Topographie.

Enseignement pratique:

Travaux dans les salles d'étude;

Administration, comptabilité et écritures militaires (1.ère chaire);

[1] L'établissement d'une 1.ère année commune pour les cours de cavalerie et d'infanterie a pour but de rendre plus facile la sélection des élèves pour la première de ces deux armes, comme on le verra plus loin. Avantage de la communauté de la 1.ère année du cours de cavalerie et d'infanterie.

Travaux sur le terrain, dans les cabinets d'étude, dans le laboratoire photographique, et dans le champ de tir, (2.e 4.e et 11.e chaires);

Exercices militaires:

Instruction tactique d'infanterie et de cavalerie;
Instruction du tir;
Équitation;
Gymnastique, escrime.

2.e ANNÉE DU COURS D'INFANTERIE

2.e année du cours d'infanterie.

Enseignement théorique:

1.ère chaire.— Notions de droit international.— Notions d'histoire et de géographie militaires.
2.e chaire.— Tactique et services de l'infanterie.
3.e chaire.— Tactique appliquée.—Campagnes coloniales.—Principes de stratégie.
5.e chaire.— Notions de fortification permanente, de son attaque et de sa défense.
7.e chaire.— Notions sur le matériel d'artillerie.
8.e chaire.— Notions sur la fabrication du matériel de guerre.

Enseignement pratique:

Travaux dans les salles d'étude;
Travaux sur le terrain et dans les cabinets d'étude (1.ère, 3.e et 5.e chaires);
Missions d'étude dans des fortifications (5.e chaire);
Visites d'étude aux établissements de dépôt et de fabrication du matériel de guerre (7.e et 8.e chaires);
Visites d'étude aux écoles pratiques des armes.

Exercices militaires:

Instruction tactique et instruction élémentaire du service en campagne;
Instruction du tir;
Gymnastique, escrime.

2.e ANNÉE DU COURS DE CAVALERIE

2.e année du cours de cavalerie.

Enseignement théorique:

1.ère, 5.e, 7.e et 8.e chaires: *Ut* [1] 2.e année du cours d'infanterie.

[1] Nous nous abstenons de répéter les désignations antérieures dans le but de ménager de l'espace; on doit toutefois remarquer, que l'enseignement pratique et les exercices

3.ᵉ chaire.— Tactique appliquée.— Campagnes coloniales.— Tactique et services de la cavalerie.— Principes de stratégie.— Notions d'hippologie.

Enseignement pratique:

Ut 2.ᵉ année d'infanterie, et
Instruction pratique de télégraphie.

Exercices militaires:

Ut 2.ᵉ année d'infanterie, et
Équitation.

Cours de l'artillerie et du génie militaire

1.ère ANNÉE (COMMUNE POUR LES DEUX COURS) [1]

Enseignement théorique:

Cours de l'artillerie et du génie militaire— 1.ère année.

1.ère, 2.ᵉ, 3.ᵉ, 4.ᵉ et 11.ᵉ chaires: *Ut* 1.ère année, commune, d'infanterie et de cavalerie.
12.ᵉ chaire.— Résistance des matériaux.
15.ᵉ chaire.— Mécanique appliquée aux machines.— Machines thermiques et électriques.

Enseignement pratique:

Ut 1.ère année, commune, des cours d'infanterie et cavalerie, et
Missions d'étude dans des établissements manufacturiers.

Exercices militaires:

Ut 1.ère année, commune, des cours d'infanterie et de cavalerie.

---

militaires sont spéciaux pour chaque arme. Ainsi, à la 2.ᵉ année du cours de cavalerie, les exercices militaires portent sur l'instruction tactique de cette arme, et pas sur celle d'infanterie, etc.

[1] L'établissement d'une 1.ère année commune aux deux cours du génie militaire et de l'artillerie, a un but analogue à celui déjà mentionné relativement aux cours des deux autres armes. Dans cette première année sont comprises des parties très importantes de la mécanique appliquée, dans lesquelles les élèves ont l'occasion de montrer leur aptitude pour les mathématiques supérieures, ce qui permet, en même temps que l'application à l'étude des autres matières, de choisir, à la fin de l'année scolaire, ceux des élèves auxquels on doit donner la préférence pour l'étude du cours du génie militaire.

Avantage de la communauté de la 1.ère année des cours de l'artillerie et du génie militaire.

Par ce moyen on évita aussi le désavantage qui résultait de l'ancien système, en vertu duquel cette préférence dépendait des classements faits aux écoles supérieures préparatoires, où les méthodes employées dans l'évaluation des épreuves n'étaient pas uniformes, et où le critérium de ces classements variait d'année en année, faute de dispositions réglementaires, qu'il était impossible de formuler.

2.e ANNÉE DU COURS D'ARTILLERIE

2.e année du cours d'artillerie.

Enseignement théorique:

3.e chaire.— *Ut* 2.e année du cours de cavalerie.
5.e chaire.— Fortification permanente (partie descriptive), son attaque et sa défense.
6.e chaire.— Balistique et ses applications au tir des bouches à feu.
13.e chaire.— Machines hydrauliques.
16.e chaire.— Résistance appliquée (partie relative aux organes des machines).

Enseignement pratique:

Travaux dans les salles d'étude;
Travaux sur le terrain, dans les cabinets d'étude, et dans les laboratoires (3.e, 5.e et 6.e chaires);
Missions d'étude à des fortifications (5.e chaire).

Exercices militaires:

Instruction tactique d'artillerie;
Instruction du tir;
Équitation;
Gymnastique, escrime.

3.e ANNÉE DU COURS D'ARTILLERIE

3.e année du cours d'artillerie.

Enseignement théorique:

1.ère chaire.— *Ut* 2.e année du cours d'infanterie.
7.e et 8.e chaires.— Toutes les matières qui en font partie.
14.e chaire.— Stéréotomie.

Enseignement pratique:

Travaux dans les salles d'étude;
Travaux sur le terrain, dans les cabinets d'étude, et dans les laboratoires (7.e, 8.e, 14.e et 17.e chaires);
Visites aux dépôts de matériel de guerre et à des établissements manufacturiers;
Visites aux écoles pratiques des armes.

Exercices militaires:

Instruction tactique de l'artillerie, et instruction élémentaire du service en campagne;
Instruction du tir;
Equitation;

Gymnastique, escrime.

2.ᵉ ANNÉE DU COURS DU GÉNIE MILITAIRE

2.ᵉ année du cou du génie militaire.

Enseignement théorique:

1.ère et 3.ᵉ chaires.— *Ut* 2.ᵉ année du cours d'infanterie.
6.ᵉ chaire.—Effets des projectiles.
8.ᵉ chaire.—Explosifs.
12.ᵉ chaire.—Matériaux, et procédés généraux de construction.
14.ᵉ chaire.—Toutes les matières qui en font partie.

Enseignement pratique:

Travaux dans les salles d'étude;
Travaux sur le terrain, dans les cabinets d'étude, et dans les laboratoires (3.ᵉ, 6.ᵉ, 8.ᵉ, 12.ᵉ, et 14.ᵉ chaires);
Visites et missions d'étude dans des fabriques, établissements industriels, et constructions militaires;
Visites aux écoles pratiques des armes.

Exercices militaires:

Instruction tactique d'infanterie;
Instruction du tir;
Équitation;
Gymnastique, escrime.

3.ᵉ ANNÉE DU COURS DU GÉNIE MILITAIRE

3.ᵉ année du cours du génie militaire.

Enseignement théorique:

5.ᵉ, 16.ᵉ, 18.ᵉ, et 19.ᵉ chaires.—Toutes les matières qui en font partie.
7.ᵉ chaire.—Matériel d'artillerie (partie descriptive).

Enseignement pratique:

Travaux dans les salles d'étude;
Travaux sur le terrain, dans les cabinets d'étude, et dans les laboratoires (5.ᵉ, 16.ᵉ, 18.ᵉ, et 19.ᵉ chaires);
Visites et missions d'étude dans des fortifications, établissements industriels et constructions civiles;
Visites d'étude aux écoles pratiques des armes, aux dépôts de matériel de guerre, et aux parcs des compagnies du régiment du génie.

Exercices militaires:

Instruction tactique, et instruction élémentaire du service en campagne;

Instruction du tir;
Équitation;
Gymnastique, escrime.

4.ᵉ ANNÉE DU COURS DU GÉNIE MILITAIRE

4.ᵉ année du cours du génie militaire.

Enseignement théorique:

3.ᵉ chaire.—Notions d'hippologie.
11.ᵉ chaire.—Géodésie.
13.ᵉ, 17.ᵉ et 20.ᵉ chaires.—Toutes les matières qui en font partie.

Enseignement pratique:

Travaux dans les salles d'étude;
Travaux sur le terrain, dans les cabinets d'étude, et dans les laboratoires (11.ᵉ, 13.ᵉ, 17.ᵉ et 20.ᵉ chaires);
Visites et missions d'étude dans des établissements industriels, et constructions militaires et civiles;
Visites d'étude aux observatoires astronomiques, et à la direction générale des services géodésiques et topographiques du royaume. [1]

Exercices militaires:

Instruction tactique, et instruction concernant le matériel du génie militaire, et les règlements respectifs;
Instruction du tir;
Équitation;
Gymnastique, escrime.

Indications concernant les observatoires astronomiques, et la direction générale des travaux géodésiques et topographiques.

[1] Il y a à Lisbonne les observatoires astronomiques suivants: le Royal observatoire, établi dans le parc du palais d'Ajuda, où il possède les installations d'un observatoire de premier ordre; les observatoires de l'École polytechnique et de l'École navale, et un petit observatoire au «castello de São Jorge», destiné à des services dépendants des travaux géodésiques. Il y a aussi à l'Université de Coïmbre un autre observatoire astronomique.

La direction générale des travaux géodésiques et topographiques est dans la dépendance directe du ministère des travaux publics, commerce et industrie, son personnel technique étant composé d'officiers de l'armée. C'est cette direction générale qui a fait la triangulation géodésique du continent du royaume et d'une partie de l'archipel des Açores, le levé, sur l'échelle de $\frac{1}{50.000}$, de la carte chorographique du royaume, publiée sur l'échelle de $\frac{1}{100.000}$, etc. Actuellement cette direction travaille à la chorographie du même archipel, à des nivellements de précision, et à d'autres opérations géodésiques, qui ont pour but la vérification et la rectification des travaux antérieurs. Le service d'hydrographie, qui, jusqu'en 1892, était à la charge de cette direction générale, passa, cette même année, au ministère de la marine, où il est exécuté par des officiers de marine possédant le cours d'hydrographie.

Cours d'état-major

1.ère ANNÉE

Enseignement théorique: [1]

Cours d'état-major 1ère année.

9.e chaire. — Cours complémentaire de tactique.
10.e chaire. — Stratégie — Géographie et statistique militaires.

Enseignement pratique:

Travaux dans les salles d'étude ;
Instruction pratique de photographie;
Levés topographiques;
Résolution, sur le terrain, de problèmes de tactique;
Reconnaissances générales et spéciales;
Rapports sur des exercices d'armes combinées, et sur des exercices de cadres;
Visites et missions d'étude dans des fortifications, dans les écoles pratiques des armes, et dans d'autres établissements ayant rapport à l'étude des matières des chaires respectives.

Exercices militaires:

Équitation, escrime, tir.

2.e ANNÉE

2.e année.

Enseignement théorique:

9.e chaire. — Organisation des armées—Services de l'état-major.
10.e chaire. — Historie critique de la guerre.

Enseignement pratique:

Ut 1.ère année (excepté l'instruction pratique de photographie et les levés topographiques), et
Instruction pratique de télégraphie;
Exploitation militaire des chemins de fer;
Voyages d'état-major.

Exercices militaires:

Ut 1.ère année.

---

[1] Il convient de remarquer dès à present que les élèves du cours d'état-major sont des officiers subalternes, munis des cours de leurs armes, qui, les officiers du génie exceptés, ont le devoir de suivre, simultanément avec les classes privatives du cours d'état-major, d'autres classes complémentaires, comme on le verra plus loin.

Remarque relative au cours d'état-major.

Cours d'administration militaire

Cours d'administration militaire.

Enseignement théorique:

1.ère chaire. — Législation et administration militaires (cours spécial développé) — Notions du droit international — Services militaires dans les colonies.
2.e chaire. — Notions sur les armes portatives.
3.e chaire. — Notions sur le service en campagne. — Campagnes coloniales. — Principes de stratégie.
4.e chaire. — Travaux de bivouac et de campement. — Communications militaires.
7.e chaire. — Notions sur les voitures militaires et autre matériel auxiliaire.
8.e chaire. — Notions sur la fabrication du matériel de guerre.
11.e chaire. — Lecture de cartes.

Enseignement pratique :

Travaux dans les salles d'étude ;
Exercices d'écritures, administration et comptabilité militaires (1.ère chaire);
Travaux sur le terrain (2.e et 4.e chaire);
Exercices de lecture de cartes sur le terrain (11.e chaire);
Visites d'étude à des établissements industriels et militaires.

Exercices militaires:

Exercices d'infanterie;
Équitation ;
Instruction du tir;
Gymnastique, escrime.

Cours du génie civil et de mines

1.ère ANNÉE

Cours du génie civil et de mines — 1.ère année.

Enseignement théorique:

11.e, 12.e, 14.e et 15.e chaires. — Toutes les matières qui en font partie.

Enseignement pratique:

Travaux dans les salles d'étude;
Travaux sur le terrain, dans les cabinets d'étude et dans les laboratoires (11.e, 12.e, 14.e et 15.e chaires);

Visites d'étude aux observatoires astronomiques et à la direction générale des services géodésiques et topographiques;
Visites et missions d'étude dans des constructions civiles.

Exercices militaires:

Instruction tactique de l'infanterie jusqu'à l'école de peloton;
Gymnastique, escrime.

2.e ANNÉE

Enseignement théorique: 2.e année.

16.e, 18.e et 19.e chaires.—Toutes les matières qui en font partie.

Enseignement pratique:

Travaux dans les salles d'étude;
Travaux sur le terrain, dans les cabinets d'étude et dans les laboratoires (18.e et 19.e chaires);
Missions d'étude dans des établissements industriels, dans des constructions civiles, et dans des mines en état d'explotation.

Exercices militaires:

Instruction du tir;
Gymnastique, escrime.

3.e ANNÉE

Enseignement théorique: 3.e année.

13.e, 17.e et 20.e chaires.—Toutes les matières qui en font partie.

Enseignement pratique:

Travaux dans les salles d'étude;
Travaux sur le terrain, dans les cabinets d'étude, et dans les laboratoires (13.e, 17.e, 19.e et 20.e chaires);
Missions d'étude dans des établissements industriels et dans des constructions civiles.

Exercices militaires:

Instruction du tir;
Gymnastique, escrime.

Leçons d'hygiène militaire.

Les élèves de la 1.ère année des cours militaires des différentes armes, et ceux du cours d'administration militaire sont tenus d'assister au si à des leçons d'hygiène militaire, données par le médecin de l'École.

L'organisation des différents cours de l'École peut être modifiée par le gouvernement, d'après les indications fournies par l'expérience, et en vue des avantages de l'enseignement, moyennant un rapport présenté par le conseil d'instruction.

Programmes d'enseignement.

Les programmes d'enseignement de chaque chaire, et celui des leçons d'hygiène militaire, sont organisés par le conseil d'instruction, et distribués aux élèves le jour de l'ouverture des classes.

CHAPITRE II

Personnel d'enseignement et d'administration

Il y a à l'École le personnel suivant:

Un commandant, officier général, ayant le cours de l'une des armes, ou celui de l'état-major; Commandant.

Un commandant en second, officier supérieur de l'une des armes ou du corps d'état-major, muni du cours respectif; Commandant en second.

Vingt professeurs et douze professeurs adjoints, officiers de l'armée, munis du cours respectif, ou ingénieurs civils appartenant au corps d'ingénieurs de travaux publics et de mines;[1] Professeurs et professeurs adjoints.

Un instructeur d'équitation, capitaine ou lieutenant de cavalerie, et un instructeur d'escrime et de gymnastique, capitaine ou lieutenant d'infanterie;[2] Instructeurs.

Un médecin, capitaine ou lieutenant du corps de médecins militaires; Médecin.

Un secrétaire de l'École, capitaine d'une arme quelconque; Secrétaire de l'École.

---

[1] Il y a un professeur pour chaque chaire, les professeurs adjoints étant distribués comme il suit: un à chacune des chaires: 1.ère, 2.e, 3.e, 7.e et 11.e; et un à chacun des groupes de chaires suivants: 4.e et 5.e — 6.e et 8.e — 9.e et 10.e — 12.e, 13.e et 14.e — 15.e et 16.e — 17.e et 18.e — 19.e et 20.e.

[2] Tous les officiers en service actif, employés à l'École, doivent avoir le cours de leur arme ou classe; ceux appartenant à l'administration militaire sont seuls dispensés de cette clause, le nombre de ces officiers possédant le cours respectif étant encore très restreint. Titre et capacités du personnel de l'École, et exceptions par rapport aux grades.

D'après les dispositions de la deuxième des deux lois du 13 mai 1896, les officiers qui remplissaient alors les fonctions de secrétaire de l'École, d'instructeur d'équitation et de médecin de l'École, peuvent y rester en service jusqu'à ce qu'ils atteignent le grade de colonel; la même loi garantit aussi au professeur civil d'escrime et de gymnastique, qui servait alors provisoirement à l'École, la permanence dans ce service, ce professeur restant soumis au règlement disciplinaire de l'armée dans la partie applicable aux individus appartenant à la classe civile en service aux établissements militaires.

Officiers de la compagnie d'élèves.

Un commandant de la compagnie d'élèves, capitaine d'infanterie, et quatre subalternes de la même compagnie, tous lieutenants, dont un de cavalerie, deux d'infanterie, et un de l'une de ces deux armes;

Trésorier du conseil économique de l'École, et du conseil administratif de la compagnie d'élèves.

Un capitaine ou un officier subalterne du corps d'officiers de l'administration militaire, trésorier du conseil économique de l'École et du conseil administratif de la compagnie d'élèves;

Secrétaire du conseil économique de l'École

Un secrétaire du conseil économique de l'École, lieutenant d'infanterie ou de cavalerie;

Officier de la bibliothèque

Un officier de la bibliothèque, capitaine ou lieutenant de cavalerie ou d'infanterie;

Sous-officiers de la compagnie d'élèves,

Deux sous-officiers d'infanterie, un de cavalerie, et un de l'une de ces deux armes, pour le service des écritures et comptabilité de la compagnie d'élèves;

Divers employés.

Les employés nécessaires aux écritures du bureau, et au service, à la garde et au nettoyage des divers établissements et dépendances de l'École, pouvant être des sous-lieutenants, des sous-officiers, des caporaux ou des soldats, tous en retraite, selon le genre de service qui leur sera commis. [1]

Nominations

Concours des professeurs.

La nomination à la place de professeur se fait par voie de concours d'épreuves publiques, effectué, par-devant un jury, composé par les professeurs de l'École, et présidé par le commandant, le secrétaire de l'École remplissant, sans voter, les fonctions de secrétaire de ce même jury.

Conditions générales.

Peuvent concourir à la 1.ère et à la 4.e chaires, des officiers de toutes armes; à la 2.e, des officiers d'infanterie; à la 3.e, des officiers de cavalerie; à la 5.e, des officiers du génie; à la 6.e, à la 7.e et à la 8.e, des officiers d'artillerie; à la 9.e et à la 10.e, des officiers du corps d'état-major, ou munis du cours d'état-major; à la 11.e, des officiers du même corps, ou de l'arme du génie, ou appartenant à toute autre arme, pourvu qu'ils aient le cours du génie militaire; aux chaires comprises entre la 12.e et la 18.e, des officiers du génie, ou des ingénieurs de la section des travaux publics du corps d'ingénieurs de travaux publics et de mines; et à la 19.e et à la 20.e, des ingénieurs de la section des mines de ce même corps [2].

Indications au sujet de la retraite des militaires non-officiers.

[1] Les sous-lieutenants en retraite procèdent, en général, de la classe des sergents-majors des différentes armes, auxquels on accorde la retraite dans ce même grade de sous-lieutenant sur leur sollicitation, lorsqu'ils ont atteint l'âge de 45 ans, et qu'ils en comptent 24 de bon service effectif. Les autres sous-officiers ne sont réformés que par incapacité physique, acquise en service, ou en résultat du service, et, par exception, quand ils ont plus de 20 ans de service et cette même incapacité, ce qui, aujourd'hui, est fort rare, parce qu'on ne permet pas, en règle, des réadmissions successives à ces sous-officiers.

Indications au sujet du corps d'ingénieurs de travaux publics et de mines.

[2] Il y a au ministère des travaux publics, du commerce et de l'industrie, un corps civil d'ingénieurs spécialement destinés aux services techniques de travaux publics et de mines. C'est de ce corps qu'on parle dans le texte. On peut aussi employer à ces services jusqu'à 50 officiers du cadre de l'arme du génie.

Les candidats militaires sont tenus d'avoir, outre le cours de leur arme ou corps, au moins trois ans de bon service effectif comme officiers, et un grade non inférieur à celui de capitaine, ni supérieur à celui de lieutenant-colonel. Les candidats civils doivent avoir, en dehors d'un cours comprenant les chaires, auxquelles se rapporte le concours, au moins trois ans de service effectif au corps d'ingénieurs de travaux publics et de mines. Tous les candidats sont tenus de présenter des certificats de bonne conduite.

Épreuves.

Au concours pour les places de professeur on exige les épreuves suivantes : [1]

1.° — Défense d'une dissertation imprimée, faite sur un sujet choisi librement par le candidat entre les plus importantes questions des matières de la chaire respective, l'interrogatoire devant être fait par deux membres du jury, péalablement désignés pour cet effet, chacun d'eux pouvant interroger le candidat pendant une heure.

2.° — Deux leçons orales, d'une heure chacune, exposées par les candidats sur des sujets tirés au sort quarante-huit heures auparavant, chaque leçon étant suivie d'un interrogatoire fait par deux membres du jury, nommés dans ce but et pouvant chacun interroger le candidat pendant une demi-heure.

3.° — Travaux pratiques sur des sujets se rapportant aux matières de la chaire mise en concours, tirés au sort à l'occasion même de l'épreuve. Ces travaux pratiques exécutés, les candidats élaborent, séance tenante, un rapport dont ils font la lecture par-devant le jury, un interrogatoire, dont la durée ne doit pas être supérieure à une demi-heure, pouvant avoir lieu au sujet de ce rapport.

Pour les leçons du concours, les chaires sont groupées de la manière suivante : 1.ère ; 2.e et 3.e ; 4.e et 5.e ; 6.e, 7.e et 8.e ; 9.e et 10.e ; 11.e ; 12.e, 13.e et 14.e ; 15.e et 16.e ; 17.e et 18.e ; 19.e et 20.e ; l'une des leçons se rapportant à la matière de la chaire vacante, l'autre ayant trait à une autre chaire du groupe respectif. Au concours pour la 11.e chaire, une des leçons doit porter sur la géodésie, l'autre sur l'astronomie ou la topographie.

Sujets à traiter au concours.

Les questions à traiter dans ces leçons sont au nombre de vingt, se rapportant aux matières de la chaire vacante, et au nombre de dix, ayant trait à celles des autres chaires du groupe ; une question, une fois tirée au sort, ne peut être répétée au même concours, et les sujets à traiter ne peuvent être ceux des dissertations des candidats.

Concours aux écoles civiles, et nominations des professeurs actuels de l'École de l'armée.

[1] Le système de concours dans toutes les écoles supérieures du Portugal est analogue à celui qu'on suit à l'Ecole de l'armée. D'après les dispositions des organisations successives de l'Ecole, la première nomination des professeurs a été faite par libre choix du gouvernement, et pour cette raison il n'y a actuellement (1899) aucun professeur admis par voie de concours d'épreuves publiques, et à peine quelques-uns de ceux que l'on nomma entre les années de 1880 à 1884, furent admis par voie de concours par documents.

Les questions indiquées pour les travaux pratiques sont au nombre de cinq en forme de programme, et portent la désignation du temps devant être employé à leur exécution.

Tous ces sujets à traiter au concours sont livrés aux candidats dans les vingt jours qui précèdent celui fixé pour la première épreuve.

Droit d'interroger. Les membres du jury ont le droit d'interroger les candidats, quelle que soit la cathégorie de ces derniers.

Votations. Le président du jury a droit à un vote simple quand le nombre des membres votants est impair, et à un vote double toutes les fois que ce nombre est pair.

Le jury ne peut fonctionner que lorsque sont présents deux tiers, au moins, du nombre de membres votants, qu'on lui aura assigné lors de sa constitution, établie dans une séance à laquelle les professeurs auront été convoqués dans ce but spécial. Tous les membres du jury sont tenus d'assister à toutes les épreuves du concours, excepté aux séances des travaux pratiques, auxquelles seulement la présence de trois de ces membres est obligatoire.

Il y a deux votations aux concours: l'une, avant que l'on ait fixé les jours pour les épreuves, au sujet de l'admissibilité des candidats; l'autre, au sujet du mérite absolu et relatif de ceux-ci, ayant lieu aussitôt la dernière épreuve terminée.

Les votations ont toujours lieu au moyen d'un scrutin secret. Pour l'admissibilité des candidats, un nombre de suffrages représentant la majorité des membres votants suffit; mais, pour l'approbation en mérite absolu, il est nécessaire que le nombre de suffrages soit égal ou supérieur à deux tiers des membres votants.

Les votations sur le mérite relatif des candidats se font en comparant les candidats deux à deux, et par l'ordre chronologique de la première épreuve, celui des deux qui recueille moins de suffrages étant successivement exclu; le candidat, qui, à la dernière de ces votations, obtient la majorité des voix, est préféré à tous les autres, et proposé par le jury au ministre de la guerre, pour que celui-ci puisse faire la nomination, si la proposition mérite son approbation. Le cas contraire étant donné, — ce qui ne peut arriver que quand le ministre reconnaîtra, d'après le procès du concours, qu'on n'a pas observé toutes les prescriptions légales — le concours est considéré non valable, et l'on procède à un nouveau concours.

Nominations provisoires et définitives. La première nomination du candidat préféré est réputée valable pour deux ans de stage. Ce délai terminé, le conseil d'instruction de l'École, constitué en jury, après avoir apprécié le service, la capacité et la conduite du professeur stagiaire, présente au gouvernement son avis, favorable ou non, à sa nomination définitive. Si la décision du gouvernement est défavorable, la place est dès lors considérée vacante, et l'on ouvre un nouveau concours.

Concours déserts. Quand il ne se présente point de candidats à un concours, ou bien dans le cas où aucun de ceux qui s'y présentent n'est admis, on ouvre un nouveau concours, auquel on admet aussi des lieutenants, lesquels, cependant, ne peuvent obtenir leur nomination définitive de professeurs, qu'après avoir été promus à capitaines.

Nominations sans dépendance de concours.

Le professeur adjoint de la chaire vacante, ayant, pendant cinq ans de service scolaire, rempli ses fonctions avec un zèle reconnu et une remarquable distinction, peut être nommé professeur de cette même chaire, sans dépendance de concours, moyennant une proposition motivée du conseil d'instruction. Si le ministre approuve cette proposition, le professeur adjoint est nommé provisoirement à la place vacante.[1]

Concours des professeurs adjoints.

La nomination à la place de professeur adjoint est faite, moyennant un concours par documents, par-devant le conseil d'instruction de l'École. Dans ces concours on observe, dans leur partie applicable, les préceptes qu'on vient d'indiquer pour les nominations par voie de concours d'épreuves publiques, et encore ceux qui suivent: 1.° — le professeur adjoint des chaires 4.e et 5.e doit être officier du génie; 2.° — les candidats militaires aux places de professeurs adjoints doivent avoir le grade de capitaine ou de lieutenant; 3.° — des officiers, inférieurs en grade ou ancienneté aux professeurs des chaires ou du groupe de chaichaires auquel appartient la place vacante, peuvent seuls être admis au concours.

Terminaison du service du professorat.

Les professeurs et les professeurs adjoints militaires terminent l'exercice du professorat à l'École, quand ils sont promus au grade de colonel, et ceux qui appartiennent à la classe civile, vingt-cinq ans après leur nomination, les uns comme les autres étant toutefois tenus, — ainsi que tout officier devant quitter le service de l'École par suite de promotion — de continuer en exercice jusqu'à la clôture des travaux de l'année scolaire, dans laquelle ils devront être exonérés.

Nominations du personnel restant.

Les nominations des autres officiers en service à l'École se font par libre choix du ministre de la guerre, les sous-lieutenants en retraite, les militaires non officiers et les autres employés, chargés du service du bureau, de la garde des cabinets d'étude, etc., étant également nommés par le même ministre, mais d'après la proposition du commandant de l'École.

Substitutions du personnel en cas d'empêchement.

Dans leurs empêchements officiels les professeurs et autres officiers de l'École sont remplacés de la manière suivante: le commandant, par l'officier du plus haut grade et le plus ancien de l'École; le commandant en second, par le professeur militaire du plus haut grade et le plus ancien; chacun des professeurs des chaires, par le professeur adjoint respectif, qui cumulera cet exercice et celui appartenant à sa catégorie, touchant, au lieu de sa gratification ordinaire, celle de professeur; en cas d'absence de ce professeur adjoint, le conseil d'instruction proposera au ministère de la guerre celui qui doit le remplacer; tout professeur adjoint est remplacé par un autre professeur adjoint ou par un officier de l'armée ou un ingénieur du corps d'ingénieurs de travaux publics et de

---

Disposition transitoire.

[1] La deuxième des deux lois du 13 mai 1896 assura à quatre professeurs adjoints qui servaient à l'École à cette époque la nomination proviso re aux premières places vacantes de professeurs, indépendamment de concours.

mines, proposé par le même conseil, qui propose également les officiers devant se substituer aux instructeurs; le secrétaire de l'École est remplacé par le secrétaire du conseil économique; ce dernier officier, le médecin et le trésorier sont remplacés par des officiers des mêmes classes, nommés par le ministre de la guerre, et le commandant de la compagnie d'élèves par le plus ancien des lieutenants de cette compagnie.

Attributions, droits et devoirs[1]

Commandant.

Le commandant a à sa charge la surintendance et la surveillance supérieure de tous les services de l'École, la responsabilité de leur bonne exécution lui appartenant principalement; il est tenu d'observer, et de faire observer, outre les lois et règlements en vigueur, tous les ordres qui lui seront donnés par le ministère de la guerre; de faire exécuter les délibérations du conseil d'instruction, si ces délibérations ne dépendent pas d'une autorisation supérieure, et de solliciter cette autorisation toutes les fois qu'elle sera nécessaire; de prendre, dans les cas urgents, les résolutions extraordinaires que réclameront les circonstances, rendant compte au ministère de la guerre des mesures prises, et les communiquant aussi au conseil d'instruction, dans le cas où elles se rapportent à un sujet de la compétence de ce même conseil; de signer toute la correspondance adressée aux autorités supérieures, ainsi que les diplômes de cours, les diplômes de prix, et les actes d'ouverture et de clôture de tous les livres destinés aux écritures de l'École; et finalement d'autoriser les certificats à passer au bureau, transcrits des registres de l'École, et ayant rapport à des actes publics.

Commandant en second.

Le commandant en second prête son concours au commandant dans l'accomplissement de ses fonctions, et, sous l'autorité de celui-ci, surveille tous les services de l'École, et a la responsabilité directe du maintien de la discipline. Il rédige et signe l'ordre du jour de l'École; il signe également toute la correspondance qui n'est pas adressée aux autorités supérieures; il a à sa charge la tenue des registres-matricules des élèves, les registres disciplinaires et autres, la surveillance supérieure du bureau et de tous les établissements de l'École, ainsi que des dépendances, destinées aux casernes et au service des exercices; et il accorde des dispenses aux officiers chargés d'un service journalier, et aussi aux élèves, à l'égard des services ne concernant pas les études, la veille des jours de congé.

Professeurs.

Les professeurs ont à leur charge toute l'instruction concernant leurs chaires respectives, qu'ils régissent en harmonie avec les programmes approuvés; ils dirigent les travaux pratiques correspondants, s'occupent de l'acquisition et de la conservation du matériel d'enseignement pour les cabinets d'étude, les musées et les laboratoires, organisent des

[1] Afin d'éviter des répétitions, nous ne mentionnons ici que les attributions, droits, et devoirs principaux, lesquels seront opportunément détaillés.

programmes pour l'exécution de tous les travaux scolaires des mêmes chaires, et les questions à traiter aux examens, le tout devant être soumis à l'appréciation du conseil d'instruction, et règlent enfin le service des professeurs adjoints, d'après les prescriptions approuvées par ce même conseil.

Professeurs adjoints.

Les professeurs adjoints secondent les professeurs dans les travaux pratiques, et autres exercices ayant rapport à l'instruction de la chaire, ou du groupe de chaires auquel ils appartiennent, et dans la direction des cabinets d'étude, des musées et des laboratoires; ils prennent part aux séances du conseil d'instruction, quand ils remplacent le professeur respectif en cas d'empêchement de ce dernier, ou quand ils professent un des cours auxiliaires; ces cas étant donnés, ils font partie des jurys d'examens, et exercent tout autre service dont ils sont chargés par le commandant de l'École ou par le même conseil. Au professeur adjoint de la 3.e chaire, est commis l'enseignement de l'hippologie.

Instructeurs.

Les instructeurs sont chargés de l'enseignement de l'équitation, de l'escrime et de la gymnastique, chacun selon sa spécialité, et d'après les programmes approuvés par le conseil d'instruction; ils ont le devoir de veiller à ce que le manège, le gymnase et la salle d'armes soient maintenus en bon état, et ils exercent d'autres services scolaires, conformément à leurs aptitudes et aux ordres du commandant, ou bien aux délibérations du même conseil.

Médecin.

Le médecin de l'École a à sa charge le service de santé du personnel attaché à cet établissement, l'exécution du programme des leçons d'hygiène militaire, formulé par le conseil d'instruction, lui étant également confiée; il doit inspecter tous les jours les élèves et les soldats malades; faire tous les mois une inspection médicale à chacun des élèves de la 1.ère année des cours militaires, rendre compte, par écrit, au commandant, du résultat de cette inspection, et donner toutes les indications qu'il jugera convenables au sujet du régime et du travail, auxquels sont soumis ces élèves; visiter les casernes et autres dépendances de l'École et proposer au commandant les mesures à prendre en vue de l'hygiène; examiner les denrées alimentaires destinées à l'ordinaire des élèves et des soldats des détachements; et s'acquitter de tout autre service concernant sa spécialité, qui lui sera supérieurement ordonné.

Secrétaire.

Au secrétaire de l'École, chargé du service du bureau et de celui du conseil d'instruction, ainsi que de la direction et de la surveillance de la lithographie, appartient également de dresser et de signer les actes d'inscription des élèves sur la matricule, et ceux de réception de pétitions des candidats aux concours; d'organiser les listes mensuelles de présence de tout le personnel attaché à l'École, et les listes des absences des élèves, ces listes devant être présentées au conseil d'instruction à la séance ordinaire de chaque mois; de préparer les actes d'examens devant être remplis par les jurys; de tenir ou de faire tenir ceux des livres du bureau de l'École, dont le soin n'appartiendra pas à d'autres officiers; de délivrer les certificats autorisés par le commandant; de veiller à la bonne disposition des archives du bureau; et finalement, de faire distribuer par les professeurs, professeurs adjoints et instructeurs, des copies de l'ordre du jour relatif au service de l'École [1].

Commandant de la compagnie d'élèves.

Le commandant de la compagnie d'élèves, auquel l'administration, la police et la discipline de ces derniers sont spécialement confiées, a pour devoir : d'observer et de faire observer, dans les services dont il est chargé, tous les règlements et ordres généraux et spéciaux concernant ces mêmes services, et ceux qu'il recevra du commandement de l'École; de veiller avec un intérêt particulier à l'éducation militaire des élèves, leur enseigner les devoirs qu'ils ont à remplir, et tâcher de leur inspirer le sentiment du devoir et de l'honneur, ainsi que les habitudes du respect, de l'ordre et de la ponctualité, caractéristiques de la vie militaire; de veiller, directement ou par l'intermédiaire des subalternes de la compagnie, à ce que les élèves se présentent en rigoureux uniforme, aussi bien aux services scolaires qu'ailleurs, dans des endroits publics, où ils sont tenus de montrer toujours la plus parfaite correction; de faire connaître au commandant en second toute pétition ou représentation faite par les militaires soumis à son commandement, en y joignant les informations nécessaires; de déterminer les différents services devant être exécutés par le personnel faisant partie des détachements casernés à l'École, et de faire présenter les soldats de ces détachements qui lui seront réclamés, pour le service de l'instruction des élèves, par le personnel d'enseignement, avec l'autorisation du commandant en second; et de veiller à la conservation et à la propreté des casernes et de leurs dépendances, ainsi que des dépôts d'armement et de matériel pour les exercices militaires des élèves.

Subalternes de la compagnie d'élèves.

Les subalternes de la compagnie d'élèves secondent le capitaine commandant de la même compagnie, et sont plus spécialement chargés de veiller à l'administration, à la police et à la discipline du peloton placé sous leurs ordres; de donner aux élèves du cours du génie civil et de mines l'instruction tactique qui leur sera désignée par le commandant de la compagnie; de faire le service d'officier d'inspection à l'École; d'administrer, à tour de rôle, l'ordinaire des soldats des détachements de troupe casernés à l'École; et d'exécuter tout autre service conformément aux déterminations du commandant de la compagnie.

Officier de l'administration militaire.

L'officier de l'administration militaire remplissant les fonctions de trésorier du conseil économique de l'École et du conseil administratif de la compagnie d'élèves, a pour mission, en dehors des attributions inhérentes à sa charge, d'administrer, aidé d'un sous-officier, l'ordinaire des élèves, et d'exécuter les services qui pourront lui être supérieurement ordonnés.

Annuaires de l'École de l'armée.

[1] Le secrétaire actuel de l'École, le lieutenant-colonel d'infanterie, Julio Cesar G. de Magalhães a élaboré, depuis 1894-1895, d'excellents *Annuaires de l'École de l'armée* comprenant : le calendrier scolaire, le compte-rendu de la séance solennelle d'inauguration des travaux de l'année, la législation relative à l'École, les tableaux d'évaluation des travaux scolaires, la distribution des heures de travail, l'énumération des travaux dans les salles d'étude, et d'autres travaux pratiques, les programmes des matières des chaires, les listes du personnel et des élèves de l'École, la statistique scolaire, la mention des publications acquises pour la bibliothèque, et encore d'autres renseignements très utiles.

Secrétaire du conseil économique.

Le secrétaire du conseil économique de l'École exerce, outre les fonctions de sa charge, celles de secrétaire du conseil administratif de la compagnie d'élèves, et il a aussi le devoir d'exécuter tout autre service d'administration dont il sera chargé par le commandement de l'École.

Officier de la bibliothèque.

L'officier de la bibliothèque est chargé, sous la direction du bibliothécaire, de l'organisation du catalogue, de la garde et de la conservation des livres et du matériel de la bibliothèque, et aussi de la police devant y être exercée.

Appointements du personnel de l'École.

Les appointements du personnel en service permanent à l'École sont ceux que l'on trouvera indiqués plus loin au tableau n.° 1.

Le commandant en second, les professeurs et professeurs adjoints des 3.e 7.e et 9.e chaires, l'instructeur d'équitation, et les officiers subalternes de l'arme de cavalerie appartenant à la compagnie d'élèves, ont droit à un cheval et à une ordonnance. Les autres officiers de la même compagnie ont également droit à une ordonnance.

Dispositions disciplinaires

Sanction pénale militaire.

Les officiers et tout le personnel militaire en service à l'École sont soumis à la sanction pénale militaire, pour les délits ou transgressions de la discipline qu'ils puissent commettre, selon les termes du code de justice militaire et du règlement disciplinaire de l'armée.

Dispositions spéciales concernant les professeurs et les professeurs adjoints militaires.

Les dispositions spéciales, dont nous donnons l'indication ci-après, sont également applicables aux professeurs et aux professeurs adjoints militaires :

1.° — Le professeur ou professeur adjoint, condamné en conseil de guerre, est destitué de l'exercice du professorat ;

2.° — L'application des punitions de non-activité temporaire et de prison correctionnelle entraîne la suspension des fonctions du professorat[1] ;

Punitions de non-activité et de prison correctionnelle pour les officiers.

[1] La punition de non-activité temporaire consiste dans le changement de situation, avec séjour obligatoire à une place de guerre de première classe, la durée de cette punition pouvant être d'un à douze mois. L'officier puni descend, dans la liste d'ancienneté, autant de numéros que ceux qui sont désignés par la valeur de x de la formule $x = n\frac{m}{12}$, dans laquelle n représente la moyenne de la promotion, pendant les dernières dix années civiles, relative au grade et à l'arme dans laquelle aura servi l'officier, et n le nombre de mois que dure la punition. La punition de non-activité entraîne également le changement de l'officier à une autre division militaire, et empêche qu'il soit placé, pendant les trois années suivantes, à la division, et, pendant six ans, au régiment et à la localité, où la punition lui aura été appliquée, la durée de celle-ci étant déduite, pour ce qui concerne la retraite, du temps de service de l'officier. (*Règlement disciplinaire de l'armée,* approuvé par le décret ayant force de loi du 12 décembre 1896, articles 7, 13, 14 et 41). La prison correctionnelle jusqu'à trente jours consiste dans la détention dans une chambre ou maison appropriée à cet effet dans une place de guerre, et entraîne aussi le changement à un régiment d'une autre division militaire, l'officier restant privé d'être placé pendant les deux années suivantes à la division, et, pendant trois ans, au régiment dans lequel il aura été puni. (*Même règlement, articles 13 et 40).*

3.° — Le professeur ou professeur adjoint ne peut être destitué de l'exercice du professorat, sauf dans les cas que nous venons de citer, qu'après qu'on lui aura exigé une exposition par écrit sur les sujets de l'inculpation, dont il aura été l'objet, et moyennant l'avis affirmatif du conseil supérieur de justice militaire, et il ne peut être éloigné de ce même exercice que par suite d'une punition, ou bien du moment qu'il accepte une autre commission de service.

Dispositions spéciales relatives aux professeurs et professeurs adjoints appartenant à la classe civile.

Les professeurs et les professeurs adjoints appartenant à la classe civile sont soumis, par suite de délits ou de transgressions qu'ils puissent commettre comme fonctionnaires, à la sanction pénale suivante:

1.° — Admonition du commandant de l'École, en particulier;
2.° — Réprimande du commandant en séance du conseil d'instruction;
3.° — Réprimande portée sur le bulletin de l'armée;
4.° — Suspension des fonctions du professorat, ordonnée par le ministre de la guerre, accompagnée d'une déclaration dans le bulletin de l'armée;
5.° — Démission.

Les punitions sont graduées et appliquées d'après la gravité des transgressions ou délits.

La suspension des fonctions du professorat peut durer d'un mois à un an, et entraîne la perte d'un tiers du traitement; elle n'est appliquée, qu'après que l'inculpé a présenté, par ordre du ministre de la guerre, une exposition écrite sur les faits qui se rapportent à l'inculpation dont il aura été l'objet, et sans préalable avis motivé de l'auditeur du conseil de guerre de la 1.ère division militaire territoriale.

A la punition de démission est applicable ce que nous avons indiqué concernant la punition analogue pour les professeurs militaires.

Le professeur adjoint de la classe civile, qui aura subi une des plus graves punitions, établies dans la loi pénale, ou bien la punition correctionnelle pour certains crimes, est également destitué de ses fonctions, sans droit à aucun appel.

CHAPITRE III

Divers conseils de l'École

Conseil d'instruction

Le conseil d'instruction est composé du commandant de l'École, président, et du commandant en second et des professeurs, membres, le secrétaire de l'École remplissant, sans voter, les fonctions de secrétaire du conseil. [1] Composition du conseil d'instruction.

En cas d'absence du commandant, ou du secrétaire, la présidence sera occupée, et les fonctions de secrétaire seront remplies, par ceux qui les suppléeront dans les autres services de l'École. (V. page 95).

Le président et les membres du conseil ont voix délibérative.

Les professeurs de nomination temporaire ne peuvent pas assister aux séances du conseil, dans lesquelles il sera question de la nomination définitive de l'un de ces professeurs.

Le conseil peut fonctionner en deux sections, l'une de sciences militaires, dont font partie les professeurs des chaires I à XI et l'autre de sciences de constructions, dont font partie les professeurs des autres chaires. Division du conseil en sections.

Le professeur de la 11.e chaire peut faire partie de cette dernière section, dans le cas où elle aura à traiter d'une question d'enseignement sur laquelle son avis sera nécessaire.

Les sections sont présidées respectivement par le professeur de plus haut grade de chacune de ces sections, et, si les professeurs de la section sont du même grade, par le plus ancien dans l'armée. Le professeur le moins gradé ou le moins ancien remplit les fonctions de secrétaire.

---

[1] D'après les dispositions de la deuxième des deux lois du 13 mai 1896, les professeurs adjoints, auxquels se rapporte la note de la page 95, font également partie du conseil d'instruction.

Assistance éventuelle des professeurs adjoints au conseil.

Les professeurs adjoints peuvent être appelés à prendre part aux séances du conseil ou de ses sections, ayant voix consultative, quand il s'agira de sujets concernant leur service.

Séances ordinaires et extraordinaires.

Le conseil s'assemble, par convocation de son président, ou de celui qui le remplace, en séance ordinaire l'un des jours de la première semaine de chaque mois pendant l'année scolaire, et extraordinairement, aussi souvent que le commandant le jugera nécessaire.

Votations.

Toutes les questions soumises à la délibération du conseil sont résolues d'après la pluralité absolue de voix, les abstentions n'étant point permises.

Les votations sont faites par scrutin secret dans les cas de nominations de professeurs ou de professeurs adjoints, et dans tout autre cas pour lequel le conseil jugera à propos d'adopter ce genre de votation. Dans les autres cas, les votations seront nominales, toutes les fois que l'un des membres du conseil en fera la requête, si sa demande est accordée par le conseil.

En cas de partage des voix, le président devra voter une deuxième fois pour les départager.

Tout membre du conseil peut faire porter la déclaration de son vote sur le compte-rendu de la séance, excepté dans les cas de scrutin secret, alors même que ce vote — qu'il peut motiver par écrit — se rapporte à une séance à laquelle le même membre n'ait pas assisté.

Consultations du conseil.

Les consultations adressées au ministère de la guerre doivent être signées par tous les membres du conseil présents à la séance, ou aux séances dans lesquelles on décidera les sujets de ces mêmes consultations; tout membre étant libre d'y joindre sa déclaration de vote, motivée ou non.

Si les délibérations du conseil ne fournissent pas, suivant l'avis du même conseil, matière à une consultation spéciale, elles peuvent être communiquées au ministère de la guerre simplement par une note du commandant.

Exécution des délibérations du conseil.

Les résolutions prises par le conseil ont une exécution immédiate, pourvu qu'elles soient dans ses attributions, et ne dépendent pas d'une approbation supérieure.

Comptes-rendus des séances.

Les comptes-rendus des séances indiquent, en forme de conclusions, les sujets sur lesquels on a délibéré, et les déclarations de vote, et, intégralement, les justifications de vote et les propositions présentées, ainsi que la désignation des votations qui auront eu lieu.

Le compte-rendu de chaque séance est lu à la séance suivante, et, après avoir été approuvé, il est numéroté, porté sur un livre spécial, et signé par le président et par le secrétaire, ou, en leur absence, par leurs suppléants.

Il en est de même pour les comptes-rendus des séances des sections.

Séance publique annuelle.

Le conseil d'instruction s'assemble en séance publique le 12 octobre de chaque année, pour l'ouverture des travaux de l'année scolaire.

A la séance publique, un des membres du conseil, antérieurement choisi à cet effet, prononce un discours se rapportant à la solennité, et on proclame les élèves désignés pour recevoir des prix, dont la distribution est faite aussitôt après. [1]

Séance de clôture de l'année scolaire.

La séance de clôture de l'année scolaire se réalise dans l'un des trois jours qui suivent le dernier jour des examens de la première époque. A cette séance on traite de différentes questions, telles que le service des examens en octobre, l'horaire pour l'année scolaire suivante, l'organisation des programmes des classes de l'enseignement pratique et des exercices militaires, la distribution de la dotation par les divers services de l'École, et d'autres sujets concernant le bon fonctionnement du service scolaire.

Attributions du conseil.

Au conseil d'instruction incombe toute l'administration scientifique de l'École, et, en dehors des attributions déjà mentionnées concernant les concours de professeurs et l'admission d'élèves, ainsi que d'autres qui seront opportunément indiquées, il a encore à sa charge les attributions suivantes: formuler et soumettre à l'appréciation du gouvernement les projets relatifs au budget scolaire, aux règlements et instructions touchant l'enseignement et l'administration intérieure de l'École, et tout ce qu'il jugera nécessaire pour l'utilité de l'enseignement; donner son avis sur les sujets relativement auxquels il sera consulté par le ministère de la guerre; choisir les professeurs qui doivent remplir les fonctions de membre du conseil économique et de bibliothécaire, et le professeur adjoint chargé des archives des épreuves scolaires; approuver l'acquisition de livres et de cartes pour la bibliothèque, d'appareils et de modèles pour les divers cabinets d'étude et autres dépendances de l'École; autoriser les frais de conservation du matériel destiné à l'enseignement, à des essais et à des expériences, et finalement pourvoir opportunément, dans la partie non prévue au règlement scolaire, à tout ce qui regarde le régime de l'École, ainsi que la police des classes et des dépendances de l'établissement.

Délégués du conseil d'instruction.

Dans le but de faciliter l'organisation des programmes de l'enseignement pratique, et de rendre efficace et utile leur complète exécution, le conseil nomme annuellement comme ses délégués deux professeurs, appartenant chacun à l'une de ses sections, et ayant spécialement à leur charge les devoirs suivants:

1.°—Présenter au conseil, et après consultation préalable des professeurs, un projet de distribution soit des travaux à exécuter dans les salles d'étude soit des autres travaux pratiques, organisé en vue des exigences des chaires et des préceptes réglementaires.

2.°—Veiller à ce que les programmes des divers travaux soient opportunément distribués aux élèves, et à ce que ces travaux soient strictement exécutés dans les délais fixés d'avance.

3.°—Communiquer au conseil toute circonstance extraordinaire apportant des altérations aux programmes, pour que le même conseil prenne les mesures nécessaires à cet égard.

---

[1] Les séances solennelles ont été présidées par Sa Majesté le Roi, et, en son absence du royaume, par Sa Majesté la Reine Régente.

4.°—Prendre, conformément aux buts de la mission qui leur incombe, les mesures extraordinaires qu'ils jugeront à propos, et qu'ils communiqueront opportunément au conseil.

La nomination des deux délégués a lieu à la dernière séance de chaque année scolaire, afin qu'ils puissent remplir leur mission dès le commencement des travaux de la suivante année scolaire.

Conseil de discipline

Composition du conseil de discipline.

Le conseil de discipline est composé des trois officiers de plus haut grade, à l'exclusion du commandant, ou, en égalité de grade, des plus anciens, en service à l'École le jour où ils seront nommés.

Attributions.

Le conseil s'assemble, par ordre du commandant, seulement pour prononcer sur les faits constituant une inculpation, de laquelle puisse résulter pour l'élève inculpé le renvoi temporaire ou définitif de l'École, ou toute autre punition pouvant également entraîner le renvoi.

Votations.

Les délibérations du conseil sont prises par majorité de votes nominaux.

L'avis du conseil, dûment motivé, est adressé, accompagné de l'information du commandant de l'École, au ministre de la guerre, duquel dépend l'application des punitions dont on vient de parler.

Conseil économique de l'École

Composition du conseil économique de l'École.

Le conseil économique est composé du commandant de l'École, président; d'un professeur nommé annuellement par le conseil d'instruction, contrôleur; du trésorier, et du secrétaire du conseil, sans droit de voter.

Séances.

Le conseil économique commence à fonctionner le 1.er juillet et s'assemble ordinairement deux fois par mois, et extraordinairement quand le président l'ordonne.

Votations

Les délibérations du conseil sont prises par majorité de voix.

Comptes-rendus des séances.

Les comptes-rendus des séances du conseil sont portés sur un livre spécial, et signés par tous les membres et par le secrétaire. La signature, sans déclaration de vote, signifie l'approbation des délibérations du conseil.

Coffre.

Chacun des trois membres votants du conseil a une clef du coffre contenant les fonds de la dotation scolaire.

Contrôleur.

Le contrôleur du conseil contresigne tous les documents de recette et de dépense.

Attributions.

Le conseil économique est chargé de l'administration économique de l'École, excepté dans ce qui a rapport à la compagnie d'élèves; de veiller à la conservation et à l'emploi convenable des bâtiments et des dépendances de l'Ecole; et de présenter au conseil d'instruction les propositions qu'il jugera utiles, en vue de la bonne administration de l'École.

Conseil administratif de la compagnie d'élèves

Le conseil administratif de la compagnie d'élèves est composé comme il suit: le commandant de la compagnie, président; le subalterne le plus élevé en grade ou le plus ancien, contrôleur; et le trésorier,—le secrétaire du conseil économique remplissant, sans droit de voter, les fonctions de secrétaire. Composition du conseil administratif de la compagnie d'élèves.

Le conseil se réunit en séance ordinaire tous les cinq jours, et extraordinairement toutes les fois que le président l'ordonne. Séances.

Les dispositions indiquées pour le conseil économique, se rapportant aux délibérations, aux comptes-rendus des séances, au coffre, et aux attributions du contrôleur, sont applicables au conseil administratif. Délibérations, comptes-rendus, coffre et contrôleur.

Au même conseil incombe tout ce qui a rapport à l'administration de la compagnie d'élèves, ainsi que le devoir de proposer au commandant de l'École tout ce qu'il jugera utile à cette administration. Attributions.

CHAPITRE IV

Établissements et dépendances de l'École

Il y a à l'École de l'armée les établissements et dépendances que nous indiquons ci-après.

Bibliothèque.

La bibliothèque est destinée à réunir et à fournir aux professeurs, professeurs adjoints et autres officiers en service à l'École, ainsi qu'aux élèves, des livres, des publications spéciales et autres documents graphiques nécessaires à leur instruction professionnelle. Elle est placée sous la direction d'un professeur, nommé annuellement par le conseil d'instruction pour l'exercice des fonctions de bibliothécaire, et confiée à la charge d'un officier de la bibliothèque, nommé par le ministre de la guerre.

Pour le service ordinaire, la conservation et la police, il y a encore un expéditionnaire, sous-lieutenant ou sous-officier en retraite, et le nombre nécessaire de caporaux ou soldats des compagnies de retraités.

Installation et composition.

La bibliothèque est installée dans un beau salon, très-vaste, ayant diverses dépendances, et, quoiqu'elle soit constituée, dans sa plus grande partie, par des ouvrages relatifs aux sciences militaires et de constructions, elle contient aussi un grand nombre de livres sur presque toutes les branches des connaissances humaines, et, spécialement, sur des sciences mathématiques et physico-chimiques, ainsi que sur les sciences historiques, sociales et philosophiques. Elle compte un nombre fort important d'ouvrages anciens d'une grande valeur, provenant des anciens couvents, et possède également quelques manuscrits. [1]

Catalogues.

Il y a à la bibliothèque deux catalogues: l'un par ordre alphabétique d'auteurs, l'autre, analytique. [2]

Livres, cartes, etc., de la bibliothèque.

[1] Le 31 août 1899, la bibliothèque possédait 12:502 ouvrages, comptant en tout environ 50:000 volumes, 320 cartes géographiques et autres, et 67 manuscrits. En fait de publications périodiques, scientifiques et officielles, la bibliothèque en reçoit actuellement 14 à titre gracieux, et 40 par abonnement. (Voir au tableau n.º 5).

[2] Voir *«Annuario da escola do exercito»*, pour l'année scolaire 1895-1896, à la page 206, les bases du catalogue analytique de la bibliothèque.

Tous les ouvrages sont numérotés et les armoires désignées par des lettres alphabétiques, les rayons et les cartons (pour des cartes, des dessins et des brochures) marqués par des numéros; il y a aussi des livres d'inventaire des ouvrages et de leur disposition, d'entrée de publications périodiques, et de registre de prêts, ce qui facilite beaucoup la rapidité du service de la bibliothèque.

Cabinets d'étude et musées.

Il y a à l'École, annexés aux chaires, des cabinets d'étude et des musées d'instruments (topographiques, géodésiques, balistiques, et autres instruments de précision), d'armes, de machines, de matériaux de construction, de modèles de matériel de guerre, de fortification, de géologie et art de mines, de métallurgie, de constructions civiles et militaires, et de cartes murales et dessins, tous ces objets, étant destinés à fournir, les éléments indispensables à l'enseignment,[1] sous la direction et la responsabiilté des professeurs.

Cabinets d'étude et musées d'armes.

Les cabinets d'étude et les musées d'armes sont à la charge des professeurs des chaires 2.e et 3.e, et contiennent une remarquable collection d'armes blanches et d'armes à feu portatives anciennes, ainsi que de celles qui sont actuellement en usage dans presque toutes les armées, avec leurs munitions respectives, buffleteries et équipements, ainsi que des différents harnais en usage dans la cavalerie des principales armées. Quelques-unes de ces armes à feu modernes sont coupées longitudinalement, dans le but de faciliter l'étude de leurs mécanismes.

Cabinets d'étude et musées de fortification.

Les musées et les cabinets d'étude de la fortification sont commis à la direction et responsabilité des professeurs des chaires 4.e et 5.e, et renferment: des reliefs des anciens systèmes de fortification et de défilement, construits par les anciens élèves de l'*Académie royale de fortification et dessin;* des modèles de fortifications modernes, permanentes et passagères, de sapes et de mines militaires, et de ponts militaires, construits par les élèves et par les ouvriers de l'École; des appareils électriques et autres, pour le service des mines militaires; des outils portatifs et de transport des parcs du génie, en usage en Portugal et dans d'autres nations; des modèles de matériel et d'instruments employés dans le service des torpilles; des dessins muraux; et une importante collection de dessins de fortifications, anciens et modernes, exécutés par les élèves de la même *Académie* et de l'École de l'armée.

Cabinets d'étude et musées de matériel de guerre.

Les cabinets d'étude et les musées de matériel de guerre sont à la charge des professeurs des 7.e et 8.e chaires, et contiennent une collection très variée de modèles de l'ancien matériel d'artillerie, et des ma-

Matériel d'enseignement.

[1] Le matériel d'enseignement n'est pas encore aussi complet qu'il serait à désirer, une grande partie de la dotation scolaire, qui devrait être employée à son acquisition, ayant été appliquée à d'autres dépenses plus urgentes, comme celles de l'adaptation du palais de Bemposta au service de l'École, de la construction de nouvelles dépendances, et de la conservation et réparation des bâtiments scolaires, en dehors d'importants subsides spéciaux accordés à cet effet par le gouvernement. On supplée toutefois d'une manière efficace aux défauts qui existent sur ce point par les missions et visites d'étude aux arsenaux et fabriques de matériel militaire, établissements industriels, fortifications, mines, observatoires astronomiques, services géodésiques et géologiques, etc.

chines et ateliers de sa fabrication, de dessins et de photographies de l'artillerie moderne, d'échantillons de poudres et de leurs composants, de projectiles et d'artifices pyrotechniques, etc;

Le cabinet d'instruments topographiques et géodésiques appartient à la 11.e chaire, et contient une nombreuse collection d'instruments de topographie et de dessin, de quelques télémètres, et d'un petit nombre d'instruments géodésiques, parmi lesquels se trouvent une règle expressément construite pour le mesurage de bases dans les régions tropicales, et inventée par le colonel d'artillerie Ferreira de Castro, ainsi que les excellents niveaux de précision du colonel du génie Brito Limpo.

Cabinet d'instruments topographiques et géodésiques.

Les cabinets d'étude et les musées de constructions civiles et de machines, confiés aux soins des professeurs des chaires respectives (12.e à 18.e), renferment des collections très nombreuses de matériaux de construction, de modèles et de dessins muraux relatifs à des constructions civiles, et d'instruments et appareils électro-techniques, ainsi que quelques dessins et modèles de moteurs à vapeur, hydrauliques et électriques.

Cabinets d'étude et musées de constructions civiles et de machines.

Le cabinet d'étude de géologie et d'art de mines est à la charge du professeur de la 19.e chaire, et contient déjà une collection de 2:500 exemplaires de minéraux, de roches, de stratigraphie générale et portugaise, de minerais utilisables directement, on seulement après avoir reçu le traitement chimique ou métallurgique, spécialement de ceux existant dans le sol portugais, et quelques instruments et appareils pour l'étude micrographique des roches.

Cabinet d'étude de géologie et d'art de mines.

Le cabinet de métallurgie et le laboratoire chimique sont commis aux soins du professeur de la 20.e chaire. Le cabinet de métallurgie renferme des exemplaires de minerais et de leurs transformations par suite des procédés métallurgiques, spécialement en ce qui concerne le fer. Le laboratoire, qui a été récemment construit, a des installations où peuvent travailler 16 élèves.

Cabinet de métallurgie et laboratoire chimique.

La station chronographique contient des appareils balistiques de précision, de divers systèmes, spécialement des chronographes électriques.

Station chronographique, et champ de tir.

Le champ de tir, ayant une étendue de 250 mètres, comporte plus d'une ligne de tir; mais actuellement il n'y a qu'une seule ligne en service, en attendant que l'on complète l'exécution des travaux de sûreté nécessaires, fort difficiles à l'égard des armes modernes, les champs de tir étant établis, ainsi qu'il arrive pour celui de l'École, dans le voisinage de maisons d'habitation.

Le champ de tir est destiné à l'instruction du tir élémentaire, de fusil et de carabine, et du tir de revolver, sous la direction du professeur de la 2.e chaire; à la détermination expérimentale de la vitesse des projectiles, et des pressions à l'âme des armes à feu; à l'étude des pénétrations; à la détermination de la justesse et des tables de précision des différentes armes à feu portatives; et à l'étude de toute autre question complémentaire des théories et règles réduites à la 2.e et à la 6.e chaire, la direction de ces travaux étant confiée à l'un ou à l'autre des professeurs de ces deux chaires, selon les cours auxquels appartiennent les élèves à instruire.

Laboratoire pyrotechnique.

Le laboratoire pyrotechnique, destiné à des analyses de poudres, et de matières premières employées dans la fabrication du matériel de guerre, ainsi qu'à des travaux de pyrotechnie militaire, est à la charge du professeur de la 8.e chaire, et, par suite de travaux qu'on a dû faire dans le bâtiment où il fonctionnait avant, ne dispose pas actuellement d'une installation définitive.

Cabinet et laboratoire photographique.

Le cabinet et le laboratoire photographique, placés sous la direction du professeur de la 4.e chaire, sont spécialement destinés à l'enseignement de la photographie aux élèves, quelques travaux photo-lithographiques pour des leçons publiées par l'École ayant déjà été exécutés aussi au laboratoire. Le cabinet de photographie contient une collection fort variée de matériel et d'appareils, et le laboratoire possède les installations indispensables, excepté une galerie d'exposition, que l'on doit encore construire.

Laboratoire de matériaux de construction.

Le laboratoire de matériaux de construction, destiné à l'analyse chimique et mécanique de ces matériaux, n'est pas encore installé, et sera commis à la direction du professeur de la 12.e chaire.

Ateliers de stéréotomie pratique et de modelage.

Les ateliers de stéréotomie pratique et de modelage dépendent du professeur de la 14.e chaire. Ils sont destinés à l'instruction des élèves, ainsi qu'à la fabrication de modèles, qu'on utilise comme matériel d'enseignement. Quelques-uns de ces modèles, sont faits par les élèves possédant pour cela une aptitude spéciale, d'autres par les ouvriers de l'atelier.

Gymnase.

Le gymnase est installé dans une vaste salle d'environ 24 mètres de longueur sur 14 de largeur, formant un bâtiment isolé avec des chevrons et des colonnes de fer soutenant les appareils de gymnastique.

Salle d'armes.

La salle d'armes, destinée à l'enseignement de l'escrime au fleuret et au sabre, a actuellement (1899) une installation provisoire, par suite de travaux qu'on est en train de faire dans le bâtiment respectif.

Manège.

Le manège a 43 mètres de longueur sur 16 de largeur, et est convenablement aéré et éclairé. Il y a deux galeries transversales, dont l'une est destinée au jury des examens d'équitation, l'autre aux visiteurs; sous ces galeries sont installés le cabinet de l'officier instructeur et un petit dépôt d'ustensiles pour le service du manège.

Carrière d'obstacles.

La carrière d'obstacles mesure 130 mètres de longueur sur 4 mètres de largeur. Les obstacles, placés à une distance de 25 mètres les uns des autres, sont les suivants: la barrière mobile, pouvant s'élever jusqu'à une hauteur de 1 mètre; le fossé, ayant une largeur de $0^m,70$ à $1^m,50$ sur $0^m,50$ à $0^m,80$ de profondeur; et la banquette irlandaise, ayant 5 mètres de largeur et une hauteur de $0^m,80$ avec des talus d'inclinaison $\frac{2}{1}$.

Terrain destiné à des exercices et à des travaux pratiques et dépôts d'outils, de matériaux et d'armement.

A côté des bâtiments de l'École, il y a un vaste terrain, destiné à des exercices et à des travaux pratiques, ayant comme annexes des dépôts d'outils et de matériaux employés dans l'enseignement pratique de la 4.e et de la 5.e chaires, à la charge des professeurs respectifs, comprenant l'armement et l'équipement de l'infanterie, de la cavalerie et de l'artillerie, et un petit parc avec des bouches à feu de campagne, de siège et de place, le tout pour l'usage et l'instruction des élèves, et sous la responsabilité du commandant de leur compagnie.

Le bureau de l'École est placé sous la direction d'un officier, secrétaire de l'École, et réparti en deux sections, dont l'une est spécialement destinée à traiter les sujets militaires, l'autre s'occupant des sujets proprement scolaires.

Bureau de l'École.

Sous la dépendance du bureau il existe à l'École un atelier de lithographie, destiné à exécuter des travaux de publication des leçons autographiées des diverses chaires, des programmes des travaux pratiques et des modèles nécessaires au service du bureau, disposant, pour cet effet, d'un lythographe-dessinateur, d'un lithographe-imprimeur, d'un apprenti, et d'un soldat retraité chargé du nettoyage des machines, de deux presses, et d'autre matériel.

Lithographie.

Il est permis d'imprimer à l'atelier lithographique des notes, écrites par les élèves, sur les leçons des chaires, l'exécution de tout autre travail étranger au service de l'École y étant toutefois défendue.

Toute la recette de la lithographie est exclusivement destinée à subvenir aux dépenses du matériel et du personnel respectifs, excepté le traitement du lithographe-dessinateur qui est soldé par l'État.

Il y a à l'École, sous la direction d'un professeur adjoint, nommé annuellement par le conseil d'instruction, des archives spéciales, où l'on conserve tous les travaux scolaires qui existent encore, ayant appartenu à l'ancienne *Académie royale de fortification, artillerie et dessin,* ceux faits à l'École de l'armée pendant les dernières cinq années, et ceux encore, jugés dignes d'être conservés, qui ont été faits depuis l'institution de l'École, en 1837, jusqu'à l'actualité.

Archives des épreuves scolaires.

Ces archives, outre qu'elles représentent historiquement les diverses phases par lesquelles l'instruction militaire en Portugal a passé depuis 1790, année de la création de l'*Académie* ci-dessus mentionnée, offrent encore cet avantage, qu'elles procurent un matériel très important pour l'enseignement.

Une station télégraphique et téléphonique, placée sous la direction du professeur de la 17.e chaire, fournit aux élèves le moyen d'acquérir la pratique des services correspondants.

Station télégraphique et téléphonique.

Les casernes des élèves sont installées en trois bâtiments à deux étages, de construction récente, liés entre eux au moyen de galeries couvertes, ayant différentes dépendances, le tout établi dans les plus parfaites conditions d'hygiène et de modeste confort.

Casernement des élèves.

Les casernes comprennent: le bureau de la compagnie d'élèves, des cabinets de travail pour les officiers de la compagnie et pour l'officier d'inspection, des cabinets d'étude, un salon pour la réception des visiteurs, 84 chambres pouvant contenir 195 à 260 lits, chaque chambre pour trois ou quatre élèves [1], une infirmerie pour les convalescents, des bains, une lingerie et une chambre de consignes.

---

[1] En cas de besoin les cabinets d'étude et ceux des officiers de la compagnie, ainsi que le salon destiné à recevoir les visiteurs, peuvent être convertis en dortoirs, le nombre desquels s'élèvera alors à 72, pouvant loger 288 élèves, quatre dans chaque dortoir, ou 216, trois dans chaque dortoir.

Maximum de capacité des casernes des élèves.

Dans un autre bâtiment est installé un vaste réfectoire avec une cuisine, des depôts pour les vivres, un cabinet pour les écritures relatives au service du *mess* des élèves, et autres dépendances nécessaires.

Aux casernes, placées sous la direction immédiate du commandant de la compagnie d'élèves, sont annexés de vastes jardins, ainsi qu'un champ pour les formations des élèves [1].

Caserne pour les soldats des détachements. Écuries.

L'officier, dont nous venons de parler, a également à sa charge la caserne et ses dépendances, pour les soldats de cavalerie et d'infanterie appartenant aux détachements en service à l'École, ainsi que les écuries pour les chevaux destinés à l'instruction de l'équitation.

Des instructions spéciales règlent le service de chacun des établissements et dépendances de l'École, qu'on vient d'indiquer.

Coût du casernement.

[1] Les frais de construction et mobilier des casernes et leurs dépendances ont monté à 328:280 fr. 44 *(59:090$480 réis)*.

CHAPITRE V

Élèves

Admission a l'inscription

Le nombre de candidats à élèves de l'École de l'armée, voulant devenir officiers des diverses armes et du service de l'administration militaire, doit être déterminé annuellement par deux tiers de la moyenne des places du grade de sous-lieutenant, restées vacantes, pendant les dernières cinq années, dans les armes d'infanterie et de cavalerie, et par la moyenne des places de ce grade, restées vacantes, pendant la même période, aux autres armes et au service ci-dessus mentionné [1].

Nombre d'élèves des cours des diverses armes et de administration militaire.

Les sergents-majors, cadets, munis du cours du Royal collège militaire, peuvent s'immatriculer à l'École, s'ils se destinent aux armes de cavalerie et d'infanterie, indépendamment du nombre fixé pour les autres candidats, et pourvu qu'ils puissent satisfaire aux autres conditions exigées pour l'inscription sur la matricule.

Au cas qu'il y ait à l'une des armes, ou au service de l'administration militaire, des sous-lieutenants surnuméraires, en nombre supérieur aux nombres fixés plus haut, ces nombres peuvent être réduits jusqu'à la moitié. Toutefois quand, dans une année, ces nombres sont supérieurs à ceux des candidats respectifs, on ajoute, l'année suivante, les différences au nombre normal, s'il n'y a pas des sous-lieutenants surnuméraires ou des aspirants à officier aux armes correspondantes et au service de l'administration militaire.

---

[1] Dans les armes d'infanterie et de cavalerie, un tiers des places vacantes du grade de sous-lieutenant appartient aux adjudants sous-officiers et aux sergents-majors ayant le brevet du cours de l'école centrale des sous-officiers, et pouvant présenter des certificats de conduite et de bon service. Actuellement, dans les autres armes et dans le service de l'administration militaire, toutes les places vacantes de sous-lieutenant doivent être remplies exclusivement par des individus possédant les cours respectifs de l'École de l'armée.

Promotion au grade de sous-lieutenant.

La détermination du nombre d'élèves est toujours faite par le ministère de la guerre, et publiée jusqu'au 30 juin de chaque année, pour l'année scolaire suivante.

Concours pour l'admission à l'inscription.

Accompagnées de tous les documents scientifiques et littéraires nécessaires, et de tout autre document pouvant établir la préférence en cas de concours, les pétitions des candidats à l'inscription aux cours des diverses armes, à celui de l'administration militaire, et à celui du génie civil et de mines, seront présentées au bureau de l'École de l'armée jusqu'au 20 août.

Tout candidat appartenant à la classe civile est tenu de présenter, outre les documents dont nous venons de parler, ceux qui suivent: l'extrait de naissance; un certificat, signé par le commandant de la division administrative de recrutement et réserve, prouvant qu'il n'a pas été définitivement exempté du service militaire par les juntes d'inspection sanitaire, s'il a déjà atteint l'âge du recrutement; un extrait du registre criminel de la division administrative à laquelle appartient son pays natal; un certificat de conduite signé par l'autorité administrative ou policière du pays qu'il habite; un certificat de résidence de son père ou de son tuteur, et l'autorisation de l'un ou de l'autre de ces derniers pour l'enrôlement, si le candidat est mineur.

Les pétitions des candidats militaires doivent être envoyées à l'École par les régiments respectifs, et accompagnées de la copie du registre-matricule, et de l'information des commandants de ces régiments au sujet du temps de service et de l'aptitude militaire des pétitionnaires.

Une commission de trois professeurs, nommés par le conseil d'instruction de l'École, examine les documents présentés par les candidats, dans le but de reconnaître si ces derniers sont dans les conditions d'admissibilité voulues.

Dans les cas où le nombre des candidats à l'inscription aux cours des diverses armes et à celui de l'administration militaire serait supérieur au nombre fixé par le ministère de la guerre, la même commission établit le classement des candidats qui se trouvent dans les suivantes conditions de préférence:

1.° —Les meilleurs titres littéraires ou scientifiques, préférant, à l'égard des candidats à l'inscription aux cours de cavalerie et d'infanterie, le diplôme du cours supérieur préparatoire pour les cours des armes spéciales. [1]

2.° — Les fils des officiers de l'armée ou de la marine, formant un groupe dont les premiers numéros appartiennent aux orphelins de père, et encore, parmi ces derniers, la préférence étant accordée aux orphelins, fils d'officiers morts en combat ou par suite de blessures reçues en campagne, ou bien encore de maladies endémiques pendant une expédition coloniale.

Motif de la 1.ère préférence.

[1] Le cours supérieur préparatoire, dont on parle ci-dessus, est aussi exigé pour l'inscription au cours de l'état-major, dans lequel les candidats se destinant aux armes d'infanterie et de cavalerie pourront être admis à l'avenir.

3.º— Les meilleures informations des commandants des régiments sur l'aptitude des candidats pour le service militaire.

4.º — Le plus de temps de service militaire effectif.

5.º — Le plus âgé.[1]

Les candidats appartenant à la classe civile ne sont admis que faute de candidats militaires se trouvant dans les conditions légales.

Le conseil d'instruction s'assemble, l'un des derniers jours du mois d'août, dans le but d'apprécier les travaux de la commission du concours et d'organiser la liste définitive des candidats admissibles à l'inscription, les motifs de préférence devant être indiqués dans cette même liste. Le dernier jour de ce mois, le commandant adresse au ministère de la guerre une copie de cette liste, et en fait afficher une autre à la cour intérieure de l'École. Toute réclamation des candidats pourra être faite dans le délai de trois jours au ministre de la guerre, qui prononce en dernière instance sur la même réclamation.

Inspection des candidats.

Par ordre du ministère de la guerre, les candidats militaires, qui ont été admis, se présentent, le 12 octobre, à l'École, afin d'être soumis à l'inspection d'un jury, qui a pour mission de vérifier s'ils possèdent la force et autres qualités physiques, nécessaires pour la carrière militaire comme officiers.

Ce jury, composé du commandant en second, des professeurs des chaires 2.e, 3.e et 7.e, du commandant de la compagnie d'élèves, du médecin de l'École, et d'un autre médecin militaire, nommé par le ministère de la guerre, commence à fonctionner aussitôt après le jour où se présentent les candidats, et formule chaque jour une liste, qui est présentée au commandant de l'École, de ceux qui ont été inspectés.

Le commandant, à mesure que ces listes lui sont présentées, en adresse une copie au ministère de la guerre, et en fait afficher une autre à la cour intérieure de l'École. Les candidats militaires approuvés par le jury reçoivent l'ordre de se présenter à la compagnie d'élèves à laquelle le même ministère les fait transférer. Les candidats civils admis sont tenus de comparaître à l'École le 10 octobre, et on leur désigne alors le jour où ils seront soumis à l'examen du jury d'inspection, afin de pouvoir s'enrôler, s'ils sont approuvés, dans la compagnie d'élèves.

Un dimanche, désigné par le commandant de l'École, les nouveaux militaires appartenant à cette compagnie font la ratification du serment militaire,[2] avec toutes les formalités réglementaires, tous les officiers en service à l'École étant présents à cet acte.

Conditions exigées pour la première inscription sur la matricule.

Pour la première inscription sur la matricule à l'École de l'armée, on exige les conditions suivantes:

---

[1] Cette préférence provient de ce qu'il y a des limites d'âge, établies pour l'admission à l'inscription aux différents cours, et que tout candidat, approchant la limite, peut ainsi éviter la perte définitive du droit à cette inscription.

Serment militaire.

[2] Le serment militaire est prêté, d'abord sur l'Évangile, à l'occasion de l'enrôlement; et, sur l'épée du commandant, (dans les régiments, sur le drapeau ou étendard respectif) lors de la ratification publique de ce même serment.

Cours d'infanterie ou de cavalerie.

a) Cours d'infanterie, ou de cavalerie:

1.° — Être âgé de moins de 24 ans, le 12 octobre de l'année où l'on doit s'inscrire sur la matricule.

2.° — Être enrôlé dans un corps de l'armée. [1]

3.° — Bonne conduite.

4.° — Avoir l'autorisation de s'immatriculer, accordée par le ministre de la guerre.

5.° — Avoir le brevet du cours du Royal collège militaire, ou du cours équivalent des lycées officiels. [2]

6.° — Le brevet de l'École polytechnique de Lisbonne, de l'Université de Coïmbre, ou de l'Académie polytechnique de Porto, sur les matières suivantes: trigonométrie sphérique, algèbre supérieure, géométrie analytique, géométrie descriptive (1.ère partie), et dessin (1.ère année).

Cours d'artillerie ou du génie militaire.

b) Cours d'artillerie ou du génie militaire:

1.ère à 5.e conditions: *Ut* cours d'infanterie ou de cavalerie.

6.e — Avoir le cours supérieur préparatoire, établi par le décret du 21 septembre 1895, suivi comme élève ordinaire. [3]

Enrôlement des candidats civils.

[1] Les candidats appartenant à la classe civile s'enrôlent à la compagnie d'élèves de l'École de l'armée.

Indications au sujet de l'instruction secondaire en Portugal.

[2] L'instruction secondaire, en Portugal, est professée officiellement dans des lycées nationaux centraux, et dans des lycées nationaux. Des premiers, il en existe un à chacun des chefs-lieux des districts administratifs de Lisbonne, Porto, Coïmbre, Braga Evora et Vizeu. Dans les autres chefs-lieux de district, dans la ville de Lamego et dans la petite ville d'Amarante, il existe un lycée national. L'instruction secondaire est répartie en deux cours: général et complémentaire. Le premier de ces deux cours existe dans tous les lycées, le second seulement dans les lycées centraux.

Le cours général se fait en cinq années d'étude, et comprend: la langue et la littérature portugaises; les langues latine, française et allemande ou anglaise; la géographie et l'histoire, spécialement celle du Portugal; l'arithmétique, l'algèbre et la géométrie plane; des éléments de physique, de chimie et d'histoire naturelle, et le dessin. Le cours complémentaire se fait en deux années, et comprend: la langue et la littérature portugaises; les langues latine et allemande; la géographie et l'histoire; l'algèbre, la géométrie, la géométrie dans l'espace, la trigonométrie plane et la cosmographie élémentaire; la physique, la chimie et l'histoire naturelle; et la philosophie.

Le cours du Royal collège militaire comprend les deux cours, général et complémentaire, des lycées centraux, les élèves du même collège recevant, en plus, l'instruction d'exercices tactiques, de l'équitation, de la gymnastique et de l'escrime.

Cours supérieur préparatoire.

[3] Le cours, auquel se rapporte ce décret, comprend toutes les matières de l'ancien cours préparatoire pour l'arme d'artillerie et aussi, à la 3.e année, la minéralogie et la géologie. Le même décret établit l'équivalence entre les matières de ce cours professé à l'École polytechnique, et celles du même cours professé à l'Université et à l'Académie polytechnique.

Les élèves ordinaires sont ceux qui, s'étant inscrits sur la matricule à ces écoles avec toutes les études préparatoires légales, suivent, d'après l'ordre normal, les études du cours. Il est permis aux élèves volontaires de passer à la classe des ordinaires, dans le cas où ils possèdent les études préparatoires susdites.

7.e — Avoir l'examen de chimie organique des écoles supérieures préparatoires [1].

c) Cours d'administration militaire:

Cours d'administration militaire.

1.ère, 3.e et 4.e conditions: *Ut* cours d'infanterie ou de cavalerie.

2.e — Avoir un an, au moins, de bon service effectif dans les rangs.

5.e — Avoir le grade nominal de sergent-major, cadet, ou, au moins, le grade effectif de sergent ou de maréchal des logis.

6.e — Avoir réussi à l'examen des matières suivantes du cours général des lycées officiels ou du Royal collège militaire: langues portugaise et française; géographie et histoire; arithmétique, algèbre élémentaire et géométrie plane; éléments de physique, de chimie et d'histoire naturelle, et dessin.

7.e Le brevet des matières, indiquées ci-après, des Instituts industriels et commerciaux de Lisbonne ou Porto, ou des matières équivalentes d'autres établissements d'instruction supérieure: économie politique et législation industrielle; chimie générale, industrielle et analytique; botanique et zoologie industrielles; denrées (étude et vérification); comptabilité générale et opérations financières.

d) Cours du génie civil et de mines:

Cours du génie civil et de mines.

1.ère condition.—Les degrés exigés pour la première inscription aux cours d'artillerie ou du génie militaire.

2.e — Avoir la permission du ministère de la guerre de s'inscrire sur la matricule.

3.e — Bonne conduite.

4.e —L'enrôlement provisoire dans la compagnie d'élèves de l'École de l'armée [2].

Élèves du cours d'état-major; leur nombre.

Le ministre de la guerre fait admettre à l'École, pour le cours d'état-major, à des années alternées, 10 officiers d'infanterie, 4 de cavalerie, 4 d'artillerie et 4 du génie [3].

Motif de l'exigence de l'examen de chimie organique.

[1] L'examen de chimie organique fut exigé pour la première fois dans l'organisation scolaire du 13 septembre 1897, cette branche étant jugée indispensable à l'étude des explosifs modernes. Le cours supérieur préparatoire, auquel se rapporte la 6.e condition, avait été établi conformément à l'organisation scolaire de 1894. D'après le décret du 21 avril 1898, la chimie organique se trouve actuellement comprise dans la composition du même cours supérieur préparatoire.

Congé des élèves du génie civil et de mines.

[2] Les élèves du cours du génie civil et de mines reçoivent leur congé de la compagnie d'élèves, aussitôt que, pour un motif quelconque, ils cessent de suivre le cours à l'École, sans préjudice des obligations qui leur incombent de par la loi du recrutement.

Organisation du service de l'état-major.

[3] Le corps spécial d'état-major est, depuis 1894, en voie d'extinction. Son cadre était composé de 6 colonels, 6 lieutenants-colonels, 6 majors, 20 capitaines et 10 lieutenants. Cette dernière classe est presque éteinte. Le service d'état-major appartient aujourd'hui à un cadre pareil à celui-là, provisoirement composé des officiers du corps, et des officiers de toutes armes munis du cours actuel d'état-major; à l'avenir, il sera composé de ces derniers officiers exclusivement.

Conditions.

On exige des candidats au cours d'état-major les conditions suivantes:

1.ère — Le cours de l'une des armes.

2.e — Deux années, au moins, de bon service effectif, comme officier ou aspirant à officier, dans les rangs, une conduite exemplaire et une aptitude militaire reconnue, le tout confirmé par des certificats des commandants des corps dans lesquels aient servi les candidats.

3.e — Avoir satisfait à l'examen d'équitation, passé à l'École de l'armée.

4.e — Avoir un grade non supérieur à celui de capitaine.

5.e — Avoir satisfait aux examens d'anglais et d'allemand [1] passés à l'un des lycées centraux.

Examen d'équitation.

L'examen, auquel se rapporte la 3.e de ces conditions, a lieu publiquement au manège de l'École de l'armée, par-devant un jury composé du commandant, des professeurs des chaires 3.e, 9.e et 10.e, et de l'instructeur d'équitation.

Afin d'être en état de subir cet examen, les candidats pourront, s'ils en font opportunément la sollicitation au ministère de la guerre, être envoyés pendant quatre mois à l'école pratique de cavalerie, ou bien pratiquer l'équitation au manège d'un régiment à cheval, caserné dans la localité où servent les candidats [2].

Concours.

Les pétitions, accompagnées de documents, des candidats à l'inscription au cours de l'état-major, doivent être présentées au bureau de l'École jusqu'au 20 août.

Un jury, composé des professeurs et du professeur adjoint des chaires 9.e et 10.e, ou, en cas d'absence ou d'empêchement de l'un d'eux, d'officiers supérieurs munis du cours de l'état-major, nommés pour ce service par le ministre de la guerre, examine les documents des candidats, afin d'exclure ceux qui ne se trouvent point dans les conditions légales, et de

---

On garantit aux officiers d'infanterie et de cavalerie, qui suivirent les cours de leurs armes ayant le brevet préalable du cours supérieur préparatoire, exigé d'après les organisations scolaires de 1894 et de 1896, l'inscription au cours d'état-major indépendamment du nombre, en cas qu'ils puissent satisfaire aux conditions exigées des autres candidats à l'inscription à ce même cours.

Indications concernant les examens d'anglais et d'allemand.

[1] Les examens d'anglais et d'allemand, passés aux instituts d'instruction secondaire, n'étaient pas exigés antérieurement pour l'inscription aux cours des diverses armes. Aujourd'hui la langue allemande appartient au cours complémentaire des lycées officiels comme branche obligatoire, et l'étude de la langue anglaise est facultative dans le cours général des mêmes établissements d'instruction.

École pratique de cavalerie.

[2] L'École pratique de cavalerie, établie à Villa-Viçosa, a pour but d'unifier et de développer dans cette arme l'instruction de l'équitation, de l'escrime et du tir, en formant des instructeurs pour ces spécialités; d'étudier pratiquement tout ce qui concerne l'armement, l'équipement, les uniformes, les harnais, les services privatifs et les règlements de l'arme; de dresser les jeunes chevaux destinés au service militaire, et de soumettre à de nouveaux procédés d'éducation ceux que, dans les régiments, on tiendra pour rebelles au dressage; de fournir ou développer l'instruction, en ce qui concerne la topographie, les reconnaissances militaires, la télégraphie, les services et travaux de campagne; de compléter l'instruction militaire pratique, spécialement l'instruction d'équitation des élèves, qui terminent le cours de cavalerie à l'École de l'armée, etc.

classer numériquement ceux qui auront ces conditions, dans le cas où, à l'une des armes, leur nombre serait supérieur au nombre normal.

Dans cette hypothèse les préférences sont établies de la manière suivante:

1.ère — Les candidats qui, appartenant aux armes d'infanterie ou de cavalerie, étaient déjà munis du cours supérieur préparatoire, l'année où ils commencèrent à suivre les cours de leurs armes respectives.

2.e — Les meilleures preuves d'aptitude militaire.

3.e — Le plus grand nombre de préparatoires.

4.e — Le plus de temps de service aux régiments.

Quand il manque des candidats de l'une des armes, cette lacune est remplie par les candidats dépassant le nombre fixé pour les autres armes, les conditions de préférence ci-dessus indiquées étant également observées.

Toute réclamation des candidats, au sujet des listes d'admission et de classement, peut être adressée, dans un délai de trois jours, au ministre de la guerre, de la manière indiquée pour les concours des autres élèves.

Inscription immédiate.

Les candidats qui obtiennent l'indispensable autorisation du ministère de la guerre, et qui possèdent déjà le cours supérieur préparatoire, dont nous avons parlé plus haut, peuvent s'immatriculer aussitôt au cours d'état-major.

Ceux qui, étant officiers d'artillerie, n'ont pas encore été reçus dans la chaire de minéralogie et de géologie (non exigée pour l'arme susdite avant 1894), étudieront cette chaire à l'École polytechnique, en même temps que la 1.ère année du cours d'état-major à l'École de l'armée, le brevet des mêmes matières étant indispensable à l'inscription à la 2.e année de ce cours.

Inscription ajournée.

Les candidats, officiers d'infanterie ou de cavalerie, n'ayant pas encore le cours supérieur préparatoire, iront étudier, dans un délai non supérieur à trois ans, et fixé par le ministère de la guerre, les matières qui leur manquent et qui sont exigées pour l'inscription à la 1.ère année du cours d'état-major, qu'ils suivent plus tard.

Matières de l'École de l'armée étudiées simultanément avec celles du cours d'état-major.

Les officiers de toutes armes, celle du génie exceptée, immatriculés au cours d'état-major, étudient, simultanément avec ce cours, et comme élèves libres, les suivantes matières de l'École de l'armée: *Les officiers de cavalerie et d'infanterie:* fortification permanente (partie descriptive), son attaque et sa défense, et application de la fortification à la défense des États (5.e chaire); matériel d'artillerie (partie descriptive) (7.e chaire); géodésie (11.e chaire); télégraphie (17.e chaire); chemins de fer, excepté leur construction (18.e chaire); et des notions d'hippologie (3.e chaire), seulement pour les officiers d'infanterie;—*les officiers de l'artillerie:* les matières indiquées des chaires 5.e, 11.e, 17.e, et 18.e [1].

Uniformité des degrés de capacité exigés des officiers se destinant au service de l'état-major.

[1] Les matières indiquées pour les officiers de cavalerie et d'infanterie sont toutes comprises dans la composition du cours du génie militaire, et aussi, celles des chaires 5.e, 11.e, 17.e et 18.e exceptées, dans celle du cours d'artillerie. La loi exige des degrés de capacité identiques des officiers se destinant au service de l'état-major, quelle que soit l'arme à laquelle ils appartiennent.

Les mêmes officiers, quand ils sont munis des cours de leurs armes respectives, dans des conditions différentes de celles établies dans l'organisation scolaire actuelle, sont également tenus d'étudier, comme élèves libres, et simultanément avec le cours d'état-major, les matières qui leur manquent pour obtenir le brevet, équivalent à celui qui se trouve prescrit par la même organisation.

Compagnie d'élèves

Compagnie d'élèves de l'École de l'armée.

Les élèves militaires de l'École, et ceux appartenant au cours du génie civil et de mines, qui sont provisoirement enrôlés dans l'armée, constituent une compagnie spéciale ayant la désignation de «Compagnie d'élèves de l'École de l'armée».

La compagnie est casernée à l'École; tous les individus, qui en font partie, sont soumis au régime et à la discipline militaires, et portent un uniforme spécial.

Dispenses de l'internat.

Toutes les fois que la caserne de la compagnie manquera de la capacité nécessaire pour le logement de tous les élèves du cours du génie civil et de mines, les élèves excédants pourront être dispensés de l'internat par le commandant de l'École, d'après les règles suivantes:

1.° — On commence par accorder les dispenses généralement aux élèves des dernières années des cours, ceux d'entre eux dont la famille réside à Lisbonne, ayant la préférence.

2.° — Les élèves dispensés restent soumis au même régime et à la même discipline militaires que les autres élèves non dispensés, et sont tenus de comparaître à toutes les formations de la compagnie, celles des repas et de la retraite exceptées.

3.° — Les dispenses ne peuvent être accordées qu'aux élèves ayant bonne conduite, et on les retire à ceux qui ne se conduisent pas de manière à s'en montrer dignes. Les élèves mariés sont toujours dispensés de l'internat.

Division de la compagnie.

La compagnie d'élèves est divisée en quatre sections, constituées respectivement par les élèves des cours du génie militaire et de l'artillerie, de cavalerie et d'infanterie, de l'administration militaire, et du génie civil et de mines.

Chefs de section.

Chaque section a pour chef celui d'entre tous les élèves dont elle se compose, qui, lors de son entrée à la compagnie, avait le plus haut grade dans l'armée; à grade égal, on préfère celui qui est le plus ancien dans le grade; en cas d'égale ancienneté, celui qui est depuis le plus longtemps sous les drapeaux, et finalement le plus âgé.

Division en pelotons.

Pour la bonne exécution du service, de l'administration et de la police, les sections sont groupées en deux pelotons, placés sous le commandement des officiers subalternes les plus anciens de la compagnie.

Adjoints à la compagnie.

Les militaires, détachés à l'École en un service qui ne se rapporte pas au régime spécial des études, restent adjoints, pour tous les effets, à la compagnie d'élèves. Les chevaux, destinés à l'instruction des élèves, ainsi que ceux appartenant aux officiers en service à l'Ecole, sont sous la dépendance de la même compagnie.

Armement et matériel.

La compagnie a à sa charge les dépôts d'armement et de matériel pour les exercices militaires, ainsi que le dépôt des harnais.

Chefs de dortoir Les jeux sont formellement défendus.

Les dortoirs (chacun pour trois ou quatre élèves) sont distribués, autant que possible, par cours, ou bien de manière que le même cours soit logé en chambres contiguës. Chaque dortoir a un chef, choisi à cet effet, parmi les élèves qui y sont logés, par le commandant de la compagnie. Cet élève a le devoir de veiller à la discipline et à la propreté du dortoir, et de n'y permettre aucun jeu, de quelque nature qu'il soit.

Mobilier et habillement des élèves.

Le mobilier de chaque dortoir, des cabinets d'étude et d'autres dépendances de la compagnie, est fourni par l'École. Le linge de lit et l'habillement réglementaire sont acquis par les élèves, pouvant toutefois leur être fournis par le conseil administratif de la compagnie, et payés comptant, ou bien moyennant des escomptes faits sur leur traitement.

Services journaliers.

Pour le service général de l'École sont nommés chaque jour : deux officiers (subalternes de la compagnie d'élèves) ; un élève ; un corps de garde (un caporal et trois soldats) ; un trompette et deux soldats-ordonnances, dont l'un de cavalerie et l'autre d'infanterie.

Officiers et élève de service.

Aux officiers de service incombent les devoirs qui, d'après le règlement général pour le service des corps de l'armée, appartiennent aux officiers d'inspection, et ceux qui leur seront désignés par des instructions spéciales. L'élève de service est l'auxiliaire de ces officiers. Des instructions spéciales règlent également le service intérieur de la compagnie, celui des militaires d'infanterie et de cavalerie détachés à l'École, le service de la distribution de la paye aux élèves, celui du réfectoire, et tous les autres services nécessaires au maintien de l'ordre, à la police et à la discipline.

Dans ces instructions on suit, autant que possible, les règlements en vigueur aux corps de l'armée, en y introduisant les modifications exigées par ce genre spécial de service.

Formations militaires.

Tous les actes de service, qu'il soit intérieur de la compagnie ou bien scolaire, sont précédés d'une formation, annoncée aux élèves au moyen des sonneries de trompette réglementaires, et s'effectue en présence de l'un des officiers de service.

Pour tous les actes de nature proprement scolaire, les élèves se forment par cours, ayant pour chef l'élève le plus ancien de chaque cours. Ce chef fait l'appel, et communique ensuite à l'officier de service les numéros des élèves absents, ceux-ci étant mentionnés sur une note que l'élève-chef présente au professeur, ou à un autre officier dirigeant le service auquel les élèves se destinent.

Heures de présence obligatoire des élèves à l'École.

Les élèves ne peuvent sortir de la caserne, et, en général, de l'enceinte de l'École, que pendant l'espace de temps compris entre le dîner et l'appel de retraite ; et, les dimanches et autres jours de congé, depuis dix heures du matin jusqu'à un quart d'heure avant celle marquée pour le dîner, et, après ce repas, jusqu'à l'heure de la retraite.

Service religieux.

Le service religieux de la compagnie d'élèves est fait par un aumônier militaire à l'église attenante au corps principal de l'édifice de l'École. Les élèves assistent à la messe les jours sanctifiés, et observent le précepte du carême.

Dispenses.

En dehors des dispenses déjà mentionnées ailleurs, on peut accorder aux élèves qui, par leur conduite exemplaire et leur bonne application aux études, l'aient mérité — s'ils ont des parents à Lisbonne, ou bien dans le cas où ils présenteront quelque autre raison digne d'attention—des dispenses de toutes ou de quelques-unes des formations, y compris celles des repas, la veille de jours de congé, les élèves qui obtiennent ces dispenses étant toutefois tenus de rentrer à la caserne jusqu'à une heure du matin, si la dispense accordée comprend aussi la formation de la retraite.

Les dispenses de cette dernière formation peuvent varier entre une par quinzaine et deux par semaine, selon que les moyennes d'application pendant ces périodes-là varieront entre 10 points et 15 ou plus. Aux élèves ayant des moyennes de 8 à 10 points, on n'accorde la dispense de la formation de la retraite, que la veille des jours de congé, et ceux qui ont une moyenne inférieure à 8 points n'obtiennent aucune dispense. Il ne peut y avoir chaque soir plus de dix dispenses, et elles ne peuvent en aucun cas être accordées aux élèves dont la conduite est irrégulière.

Congés accordés aux élèves.

Pendant les vacances générales, tout élève, ayant, à la première époque, réussi dans tous ses examens, a un congé, dont il peut jouir dans son pays natal, ou bien dans n'importe quel autre endroit du pays, sans perte de traitement. Ces congés peuvent être accordés aussi aux autres élèves, mais sans traitement.

Situation des élèves pendant leurs études à l'École

Grade et traitement des élèves de la 1.ère année des cours des diverses armes et de l'administration militaire.

Les élèves inscrits à la 1.ère année des cours des diverses armes, et à celui de l'administration militaire, ont le grade nominal de sergent-major, cadet, et touchent le traitement de 1fr66 *(300 réis)* par jour, si, par leur grade effectif, ils n'ont pas droit à un autre traitement plus élevé.

Appréciation de l'aptitude militaire des élèves.

Les élèves de la 1.ère année des cours militaires sont soumis, avant de passer leurs examens annuels, à l'appréciation d'un jury, chargé de juger s'ils possèdent les qualités physiques, morales et intellectuelles nécessaires pour suivre les carrières auxquelles ils se destinent.

Le jury est constitué par le commandant et le commandant en second, par les professeurs des chaires 2.e, 3.e, 4.e et 7.e, et par le commandant de la compagnie d'élèves.

Prenant en considération la conduite de chaque élève, les épreuves scolaires fournies pendant l'année et l'information du commandant de la compagnie, et après avoir examiné les appréciations mensuelles que le médecin de l'École doit formuler pendant la même période, le jury vote, par scrutin secret, sur l'aptitude militaire de l'élève pour les grades d'officier.

On accorde aux élèves, qui ont été jugés dépourvus de cette aptitude, le congé du service actif, ou bien le licenciement pour la réserve, selon leur enrôlement et leur temps de service, conformément à la législation correspondante au recrutement de l'armée.

Les élèves chez lesquels on reconnaît l'aptitude militaire, font les examens des chaires qu'ils ont suivies, dans le cas où ils puissent satisfaire aux autres conditions exigées.

Élèves de la 1.ère année des cours militaires, renvoyés de l'École.

Les élèves, dont le temps de tolérance légale finit sans qu'ils aient terminé la 1.ère année (commune) des cours d'infanterie et de cavalerie, ou d'artillerie et du génie militaire, ou bien encore de l'administration militaire, retournent aux régiments des armes auxquelles ils appartenaient lors de leur première inscription sur la matricule à l'École, ou à ceux d'infanterie, au cas que leur enrôlement ait été fait à la compagnie d'élèves, avec le grade qu'ils avaient à l'occasion de la même inscription, la catégorie de cadets leur étant cependant conservée.

Classement des élèves de la 1.ère année des cours des diverses armes.

Les élèves, qui terminent la 1.ère année des cours des diverses armes, sont classés numériquement, d'après les épreuves scolaires de cette même année, en deux groupes, dont un comprend les élèves se destinant aux armes d'infanterie et de cavalerie, l'autre ceux qui se destinent aux armes de l'artillerie et du génie.

Option des élèves pour l'arme qu'ils veulent suivre.

Ce classement publié, le 11 octobre, les élèves déclarent par écrit, et par ordre de classement à chaque groupe, quelle est l'arme qu'ils choisissent, le nombre préalablement fixé pour chacune des armes lors de l'inscription à la 1.ère année ne pouvant être dépassé.

L'option des élèves est réglée par les préceptes suivants:

1.°—Dans le groupe d'élèves d'infanterie et de cavalerie, ceux d'entre eux qui sont munis du cours du Royal collège militaire, et qui ont obtenu, aux épreuves d'équitation, une cote de mérite égale ou supérieure à 14 points, peuvent opter, sans dépendance du nombre fixé, pour la dernière des deux armes susdites.

2.°—Les autres élèves du même groupe, satisfaisant à la même condition à l'égard des épreuves d'équitation, peuvent opter pour l'arme de cavalerie, jusqu' à ce que le nombre préalablement fixé soit complet; tous les autres élèves du groupe ne peuvent continuer à suivre que le cours d'infanterie.

3.°—Dans le groupe d'élèves de l'artillerie et du génie militaire, ceux qui auront obtenu aux épreuves d'équitation une cote de mérite inférieure à 10 points sont transférés au cours d'infanterie, et inscrits à la 2.e année de ce cours, et, des élèves restants, ceux qui, après l'option, dépasseront le nombre fixé à l'arme du génie, ne peuvent continuer leurs études qu'au cours de l'artillerie.

4.°—Dans chaque groupe, les élèves, ajournés l'année antérieure, sont les derniers à choisir l'arme qu'ils désirent suivre.

Les élèves de la 1ère année (commune) des cours de cavalerie et d'infanterie, qui, pendant cette même année, déclarent qu'ils renoncent au droit d'option pour l'arme de cavalerie, peuvent être dispensés de l'enseignement de l'équitation.

Promotion des élèves munis de la 1ère année des cours des diverses armes.

Le classement respectif publié, les élèves, ayant terminé la 1ère année des cours des diverses armes, sont promus au grade de sergent-major, cadet, avec le traitement de 2fr 22 *(400 réis)* par jour, si par leur grade effectif dans l'armée il ne leur appartient pas un traitement supérieur.

Sergents-majors cadets renvoyés de l'École.

Les sergents-majors cadets qui, après avoir épuisé l'année de tolérance, ne terminent pas le cours de l'arme à laquelle ils se destinaient, conservent le même grade, et sont placés dans les corps de cette arme; ils sont mis en parallèle, pour ce qui concerne leur accès, aux sergents-majors munis du cours de l'école centrale, leur ancienneté dans le service étant réglée par la date de leur promotion à sergents-majors cadets, et entre ceux dont la promotion a eu lieu à la même date, par l'ordre de classement obtenu la 1ère année de leurs cours respectifs, si, par un droit antérieurement acquis, il ne leur appartient pas une plus grande ancienneté.

Les sergents-majors cadets, en conditions identiques à celles dont nous venons de parler, se destinant aux armes de l'artillerie ou du génie, peuvent, s'ils le demandent avant de quitter la compagnie d'élèves, obtenir leur transfèrement aux régiments des armes d'infanterie ou de cavalerie, dans le cas où le ministre de la guerre en accordera la permission, leur ancienneté de grade étant alors réglée par la date du transfèrement; ils ont alors la préférence sur les sergents-majors cadets d'infanterie ou de cavalerie, placés dans des conditions analogues et à la même date aux régiments de ces armes, sans préjudice d'une plus grande ancienneté appartenant à ces derniers par un droit antérieur.

Déductions faites au traitement des élèves pour les frais de nourriture et d'habillement.

Aux élèves non officiers des cours militaires, ceux dispensés de l'internat exceptés, on fait la déduction de 0fr.83 *(150 réis)* par jour à leur traitement, pour les frais de nourriture, et, à tous ces élèves sans exception, celle de 0fr.27 *(50 réis)* pour les frais d'habillement, ainsi que pour la constitution d'un crédit de 33fr.33 *(6$000 réis)*. La déduction pour les frais d'habillement est de 0fr.56 *(100 réis)* pour les élèves touchant un traitement égal ou supérieur à 2fr.22 *(400 réis)*[1].

Grade, pension, et contributions payées par les élèves du génie civil et de mines.

Les élèves du cours du génie civil et de mines ont le grade nominal de sergents-majors, cadets, tant qu'ils sont à l'École; mais ils n'ont droit à aucun traitement.

Ces élèves sont tenus de payer tous les mois au coffre de l'École la pension de 66fr.66 *(12$000 réis)*, excepté aux mois d'août et septembre, si, pendant ce temps de vacances, ils ne veulent ni demeurer à l'internat, ni continuer à prendre part à l'*ordinaire* de l'École, cette pension étant destinée à payer les frais d'habillement, et de contribution pour

---

Indications sur le mess des élèves.

[1] En dehors des sommes que l'on déduit du traitement des élèves pour les frais de nourriture, le gouvernement alloue le subside maximum de 1fr.528 *(275 réis)* par jour à chaque élève, afin que la nourriture soit bonne et abondante. L'*ordinaire* se compose de trois repas: le déjeuner, composé d'un plat, et de café, de lait, de pain et de beurre; le dîner, de potage, deux plats, dessert, vin (une ration modique), et de pain; le souper, de thé, de pain et de beurre. Quand il y a un intervalle de plus de trois heures, ainsi qu'il arrive en général, entre le commencement du premier service scolaire et le déjeuner, on sert aux élèves du café et des biscuits. Le subside journalier pour l'*ordinaire* des élèves, dépensé par le gouvernement, a été, pour chaque élève de: *214 réis*, en 1895; *201 réis*, en 1896; *156 réis*, en 1897; *178 réis*, en 1898; et de *242 réis*, l'année courante de 1899, ce qui donne la moyenne générale d'environ *180 réis* (*1* franc) par jour, pour chaque élève.

l'*ordinaire*. Les frais d'habillement sont calculés en 0^fr.555 *(100 réis)* par jour, et ceux de l'*ordinaire* en 1^fr.665, également par jour. Toutefois, si l'élève n'a point de dette d'habillement, et s'il a constitué déjà un crédit de 33^fr.33 *(6$000 réis)*, la pension qu'il doit payer est réduite à 50^fr. *(9$000 réis)*. En cas qu'il soit dispensé de prendre part à l'*ordinaire* des élèves il paye seulement la pension mensuelle de 16^fr.66 *(3$000 réis)*, jusqu'à ce qu'il ait acquitté sa dette d'habillement et constitué un crédit de 33^fr.33 *(6$000 réis)*.

Les élèves du génie civil et de mines doivent garantir, lors de leur inscription annuelle sur la matricule, par un répondant, le payement de leurs pensions mensuelles ou de toute autre dette à l'École, leur diplôme respectif ne leur étant livré, lorsqu'ils finissent le cours, qu'après qu'ils ont soldé leurs comptes avec le conseil administratif de la compagnie, et qu'ils sont quittes envers la bibliothèque de l'École.

Officiers du cours d'état-major: leurs traitements pendant la durée des études du même cours, etc.

Les officiers inscrits au cours de l'état-major conservent et les traitements qui correspondent au service effectif aux corps des armes auxquelles ils appartiennent et la monture à leur service, s'ils en avaient une au régiment lors de leur inscription sur la matricule à l'École. Dans le cas où ils ne tiennent pas un cheval de l'État, le gouvernement leur fournira éventuellement des chevaux, d'après les dispositions du règlement de la remonte [1].

Les officiers qui, en raison d'une circonstance quelconque, ne peuvent terminer, dans le délai normal de deux ans, le cours d'état-major auquel ils se sont inscrits; ceux qui, à un examen de la 9.e ou de la 10.e chaire de l'École de l'armée, ont une cote inférieure à dix points, et ceux encore que, par suite de leur irrégularité à suivre le cours, le conseil d'instruction reconnaîtra en état de ne pouvoir terminer le cours dans le délai cité, sont forcés de rentrer aussitôt au service de leurs armes.

Devoirs des élèves [2]

Devoirs généraux des élèves.

Outre les devoirs généraux, obligatoires pour tout militaire, prescrits dans le règlement général pour le service des corps de l'armée, et les préceptes établis dans le règlement disciplinaire de l'armée, les élèves sont tenus d'observer spécialement les devoirs suivants:

Indications au sujet du règlement de la remonte.

[1] D'après le règlement ci-dessus mentionné, les officiers ayant droit à être remontés, le sont à titre gratuit ou à titre onéreux. Les premiers (officiers montés des régiments de n'importe quelle arme, généraux, officiers d'ordonnance et aides de camp, officiers du corps de l'état-major, et officiers des diverses armes en des services déterminés) tiennent leur cheval de l'État (les officiers supérieurs de cavalerie en ont deux), chacun de ces chevaux devenant la propriété de l'officier, six ans après que celui-ci l'a reçu. Les officiers remontés à titre gratuit peuvent aussi acheter directement leur monture, et reçoivent pour cet effet de l'État une somme égale au prix moyen, fixé l'année économique antérieure pour les chevaux fournis par l'État, ce prix étant, en ce cas, augmenté de 40 pour cent.

Aux officiers ayant droit à une monture, s'ils n'en ont pas, ou bien en cas d'empêchement de la leur, on fournit éventuellement un autre cheval. Les officiers exerçant temporairement une commission de service à cheval ont droit à la même concession.

[2] Transcription textuelle du règlement scolaire.

Devoirs spéciaux des élèves.

1.°—Vouer au service et à l'étude toute leur aptitude et toute leur intelligence, et tâcher d'acquérir, par une application méthodique et assidue, les connaissances professionnelles nécessaires à leur carrière future.

2.°—Chercher le plus possible à acquérir les qualités qui doivent distinguer tout militaire, et surtout l'officier: le sentiment du devoir, de la loyauté et de l'honneur; l'esprit militaire; la fermeté et la correction dans l'attitude; l'habitude d'accomplir scrupuleusement tous les devoirs du service; le respect pour les principes de subordination et de discipline; la pratique de toutes les manifestations de respect, et l'habitude de l'ordre et de la ponctualité.

3.°—Tâcher de connaître les préceptes du régime scolaire et militaire, afin de s'y soummettre le plus exactement possible.

4.°—Se comporter, aussi bien à l'École qu'ailleurs, de la manière la plus correcte, faisant honneur à la corporation à laquelle ils appartiennent, et ayant surtout le plus grand soin de ne pas fréquenter des endroits, qui puissent nuire au prestige, dont doit toujours être revêtue la profession des armes.

5.°—Vivre en bonne intelligence avec leurs camarades, cherchant à affermir les bases de l'harmonie qui doit régner entre tous, et qui sera toujours la plus sûre garantie de la confraternité militaire.

Dispositions disciplinaires

Compétence disciplinaire des officiers de l'École. Punitions applicables aux élèves.

Les officiers en service à l'École ont la compétence correspondante aux fonctions qu'ils y exercent, fixée par le règlement disciplinaire de l'armée [1].

Les peines disciplinaires pouvant être infligées aux élèves sont celles établies dans le règlement ci-dessus mentionné, et encore celles de renvoi temporaire ou définitif de l'École [2].

Effet de la peine supérieure à celle de censure pour les élèves du cours d'état-major.

L'application, aux élèves du cours d'état-major, de toute peine supérieure à celle de censure, entraîne le renvoi définitif de l'École.

Compétence militaire inhérente aux commandements, et générale.

[1] D'après le règlement cité ci-dessus, ce sont les militaires exerçant le commandement qui ont, en règle, la compétence d'imposer des punitions disciplinaires, et cette compétence comprend à peine les individus placés sous leurs ordres immédiats. Tout militaire peut, néanmoins, appliquer verbalement, ou par écrit, la peine d'admonition à n'importe quel individu appartenant à une catégorie militaire inférieure. De même, dans les cas extraordinaires, prévus dans le règlement dont nous venons de parler, tout supérieur peut intimer à l'inférieur l'ordre de prison ou de détention, et employer même les moyens de violence qu'il jugera absolûment indispensables au maintien de la discipline, en en faisant immédiatement part à son chef.

La compétence disciplinaire du commandant de l'École de l'armée est égale à celle des commandants des divisions militaires territoriales, et celle du commandant de la compagnie d'élèves à celle des commandants de compagnie des régiments.

[2] Les punitions établies dans ce règlement sont les suivantes:

Peines disciplinaires.

Pour les officiers: admonition; censure (en présence de tous les officiers du régiment, dont le grade ne soit pas inférieur à celui de l'officier puni); la réclusion disciplinaire jusqu'à dix jours (au domicile de l'officier, ou à un lieu spécialement destiné à cet effet); la prison correctionnelle jusqu'à trente jours; l'inactivité de un à douze mois (le ministre de la guerre, seul, peut appliquer cette punition); l'exclusion du service, par suite de laquelle l'officier est rayé pour toujours des cadres actifs de l'armée,

L'application, aux élèves non officiers, des punitions de prison correctionnelle, de rétrogradation et de renvoi temporaire ou définitif de l'École, ne peut être prononcée que par le conseil de discipline. La première de ces punitions entraîne, au moins, le renvoi temporaire de l'École, la seconde entraîne toujours le renvoi définitif.

Effets de quelques-unes des peines appliquées aux élèves non-officiers.

L'application de toute punition entraînant le renvoi de l'École, dépend toujours de la confirmation du ministre de la guerre.

La punition de censure peut être infligée aux élèves non-officiers, en présence des officiers de la compagnie, ou bien en présence de toute la compagnie.

Peine de censure.

La peine de détention est subie à l'École même, et est compatible avec tous les services scolaires.

Peine de détention.

La prison disciplinaire consiste dans la réclusion de l'élève, dans une salle spécialement destinée à cet effet. L'élève sort de la prison pour prendre part aux services scolaires, et y rentre aussitôt ces services terminés.

Peine de prison disciplinaire.

Placement des élèves dans l'armée

Les sergents-majors cadets, munis des cours d'infanterie ou de cavalerie, sont promus au grade d'aspirant à officier pour les corps des armes auxquelles ils se destinent, aussitôt après la publication, au bulletin militaire, du classement final des cours.

Élèves munis des cours d'infanterie ou de cavalerie; promotion au grade d'aspirant à officier.

Le grade d'aspirant à officier est immédiatement supérieur à celui d'adjudant-sous-officier et inférieur à celui de sous-lieutenant, et donne droit, quand il est obtenu moyennant le cours dont nous venons de parler, au traitement de 4fr.44 *(800 réis)* par jour.

Les aspirants à officier des armes d'infanterie ou de cavalerie sont promus à sous-lieutenants dans la proportion de deux tiers des places vacantes de ce grade, indépendamment du temps de service réglementaire, préalablement fait à l'école pratique respective; mais ils sont tenus, cependant, de compléter ce temps de service, avant d'être définitivement placés, dans le grade de sous-lieutenant, aux régiments de leurs armes. [1]

Promotion à sous-lieutenant.

---

touchant un traitement égal à celui auquel lui donnerait droit la retraite par incapacité physique, et étant privé du droit de porter des uniformes, distinctifs, ou insignes militaires (cette punition ne peut être appliquée que par le ministre de la guerre, d'après l'avis conforme du conseil supérieur disciplinaire de l'armée).

Pour les sous-officiers: l'admonition; la censure; des jours de garde, dite de punition, dont le nombre peut s'élever jusqu'à six; la détention jusqu'à vingt jours; la prison disciplinaire jusqu'à trente jours; la prison correctionnelle jusqu'à soixante jours; la rétrogradation.

[1] L'école pratique d'infanterie est une institution analogue à celle de l'école pratique de cavalerie. L'enseignement de la gymnastique et celui de la vélocipédie y sont donnés ou développés, et on y fait également des exercices de tactique appliquée, et l'étude expérimentale des armes à feu portatives, des munitions et méthodes de tir adoptés à l'étranger, des effets des feux d'infanterie, etc. Cette école se trouve installée dans l'ancien couvent de Mafra, ayant à côté un très vaste parc, où l'on a fait récemment (septembre 1899), pour la première fois en Portugal, des exercices d'armes combinées, en employant le tir de guerre avec des projectiles.

École pratique d'infanterie.

Élèves munis des cours de l'artillerie et du génie militaire.

En temps de paix, s'il n'y a pas assez d'aspirants à officier pour les places vacantes du grade de sous-lieutenant d'infanterie ou de cavalerie, ces places demeurent vacantes, celles du tiers auquel ont droit les adjudants-sous-officiers des deux armes étant toutefois remplies. En temps de guerre, et ce même cas étant donné, toutes les places vacantes sont remplies par des individus appartenant à cette dernière classe.

Les sergents-majors cadets, qui terminent les cours de l'artillerie et du génie militaire, sont promus à sous-lieutenants pour les corps de ces armes, où ils sont dès lors considérés surnuméraires, dans le cas où il n'y ait pas de places vacantes, et, l'année suivante, ils vont faire, aux écoles pratiques respectives, le temps de service prescrit dans les règlements de ces mêmes écoles [1].

Élèves munis du cours de l'administration militaire.

Les élèves, qui terminent le cours de l'administration militaire sont promus à aspirants à officier du corps chargé de ce service, et ont droit au traitement de 3fr.89 *(700 réis)* par jour.

Les mêmes aspirants sont envoyés servir, aussitôt après leur promotion à ce grade, aux corps de l'armée, où ils font, comme stage, le service suivant:

1.º—Pendant trois mois ils s'exercent pratiquement aux écritures et comptabilité des compagnies ou batteries, où ils sont placés;

2.º—Ils servent ensuite pendant six mois dans les conseils administratifs: trois mois comme secrétaires, et trois autres comme trésoriers;

3.º—Ce temps écoulé, ils sont envoyés à l'école pratique d'une des armes, où, pendant trois mois, ils servent d'auxiliaires aux officiers chargés des services administratifs de la même école, et s'exercent aux services de campagne concernant leur spécialité.

Leur service de stage fini, ils sont distribués par les corps des différentes armes, où ils exercent les fonctions de secrétaire du conseil administratif, jusqu'à ce qu'il leur appartienne, par droit d'ancienneté, d'être promus au grade de sous-lieutenant du corps d'officiers de l'administration militaire, et ce n'est qu'alors qu'ils peuvent être employés à d'autres services privatifs du même corps d'officiers [2].

Élèves munis du cours du génie civil et de mines.

Les élèves ayant terminé le cours du génie civil et de mines peuvent être promus à sous-lieutenants du génie de la réserve, quand ils en font la demande. Ils peuvent aussi concourir aux places vacantes d'ingénieurs aspirants du corps d'ingénieurs de travaux publics et de mines, et à toute

---

Écoles pratiques du génie et de l'artillerie.

[1] Les écoles pratiques du génie et de l'artillerie, établies, la première à Tancos, la dernière à Vendas-Novas, ont des buts analogues à ceux des autres écoles pratiques, et servent aussi comme polygones pour les études et exercices expérimentaux, se rapportant aux deux armes.

Les élèves ayant complété les cours des diverses armes sont tous tenus de prendre part à la première période des travaux qui s'effectuent à l'école pratique respective.

Cadre du corps d'officiers de l'administration militaire.

[2] Le cadre du corps d'officiers de l'administration militaire est composé comme suit: 1 colonel; 8 lieutenants-colonels; 10 majors; 30 capitaines; 34 lieutenants et 50 sous-lieutenants. L'accès dans ce cadre a lieu par droit d'ancienneté, sans dépendance d'épreuves ou examens. La promotion à lieutenant est aussi obtenue après dix années de service au grade de sous-lieutenant.

autre place publique, pour laquelle on n'exige point d'autre préparation spéciale.

Les officiers qui terminent le cours d'état-major continuent à appartenir aux cadres de leurs armes, et vont faire, dans les régiments d'artillerie de campagne, de cavalerie ou d'infanterie, une année de service, six mois à chacune des armes auxquelles ils n'appartiennent pas, ceux du génie ne servant pas dans l'infanterie. Ensuite ils sont employés pendant un an au service de l'état-major, et peuvent dès lors être nommés pour les places venant à rester vacantes au cadre de ce service. Élèves munis du cours d'état-major.

Ces officiers portent les aiguilletes de l'uniforme de l'ancien corps d'état-major, ils ont toujours droit à être remontés à titre gratuit, et perçoivent, lorsqu'ils sont appelés à exercer des commissions de service de l'état-major, la gratification correspondante à leur grade dans l'arme du génie.

Les places venant à rester vacantes dans le cadre du service de l'état-major, pour lesquelles ne pourront être nommés des officiers de l'ancien corps destiné à ce service, seront remplies, au moyen d'une proposition faite à ce sujet par le directeur général du service de l'état-major, par des officiers des différentes armes, ayant un grade égal, et possédant le brevet du nouveau cours d'état-major.

Ces propositions devront être fondées sur un avis favorable de la commission de perfectionnement du service de l'état-major, l'aptitude des officiers pour cette spécialité, les services qu'ils aient rendu, et la classification obtenue à leur cours respectif étant pris en considération.

Les officiers des différentes armes, faisant partie du cadre du service de l'état-major, continuent à être promus dans leurs armes, aux cadres desquelles ils restent attachés. Quand la promotion leur appartient jusqu'au grade de colonel, ils retournent au cadre de ces mêmes armes, devant servir pendant un an à leur nouveau grade; ce temps écoulé, ils sont employés, pendant six mois, au service de l'état-major, dans le cas où ils continuent à être jugés aptes à remplir les fonctions de ce service.

Sauf en cas de promotion [1], ce n'est que par l'assentiment du minis-

---

[1] Les futurs colonels des différentes armes munis du cours d'état-major tireront encore de ces dispositions un certain avantage pour la promotion au grade de général de brigade. Promotion au grade de général de brigade.

Le nombre de ces généraux est de vingt, et ils sont distribués par les groupes suivants:

1.er—Un du cadre du service de l'état-major, un de l'arme du génie, deux de l'arme de cavalerie, et sept de l'arme d'infanterie;

2.e—Deux des armes du génie et de l'artillerie, et deux des armes de cavalerie et d'infanterie;

3.e—Trois, indistinctement, du cadre du service de l'état-major.

La promotion aux places vacantes du 1.er groupe se fait par ordre d'ancienneté dans le grade de colonel dans les cadres respectifs. Les places vacantes des 2.e et 3.e groupes sont remplies par les colonels qui, étant les premiers à leurs cadres respectifs, seront aussi les plus anciens, à partir de la date de leur inscription sur la matricule à la première année des cours supérieurs préparatoires, après qu'on en ait déduit le temps

tre de la guerre, accordé d'après la sollicitation dûment motivée de l'intéressé, ou bien par suite d'une proposition fondée sur des raisons du service de l'état-major, qu'un officier du cadre de ce service pourra rentrer dans l'arme à laquelle il appartient.

---

d'étude infructueuse, ou d'interruption des mêmes cours, et après qu'on y ait fait les corrections nécessaires, afin que la situation relative des officiers, dont il s'agit, à leurs cadres respectifs ne soit point altérée. Dans la nouvelle organisation de l'armée, décrétée le 7 septembre 1899, on fixe les préceptes nécessaires pour régler l'ancienneté de cours, en tenant compte des différentes réorganisations de l'École de l'armée et du Royal collège militaire. On y prescrit également que les colonels de cavalerie et d'infanterie, provenant de la classe des sous-officiers, soient considérés égaux en ancienneté aux officiers munis du cours respectif, qui leur soient immédiatement supérieurs en rang, à l'égard de leur entrée au cadre de l'arme.

En cas qu'il n'y ait aucun colonel de l'ancien corps d'état-major dans des conditions à être promu aux places vacantes du 1.er des groupes dont nous avons parlé, la place vacante sera remplie par le colonel qui, possédant le cours d'état-major, aura le plus d'ancienneté d'inscription sur la matricule au cours de l'arme, à laquelle il appartienne. Les colonels se trouvant dans ces conditions pourront, par conséquent, avoir un plus rapide accès au généralat, que les colonels des mêmes armes non munis de ce cours spécial.

CHAPITRE VI

Régime de l'enseignement

Distribution de l'enseignement

Parties de l'enseignement: Enseignement théorique et enseignement pratique.

L'enseignement est donné en :

a) Leçons, répétitions et mémoires aux chaires ;

b) Exercices pratiques d'administration, de comptabilité et d'écritures militaires ;

c) Travaux dans les salles et cabinets d'étude, dans les laboratoires et autres dépendances de l'École, comprenant : des dessins, la rédaction de mémoires, la résolution de problèmes, des projets de constructions civiles et militaires, et d'exploitation de mines, des analyses de matériaux de construction et de fabrication, de minerais et de poudres, des travaux photographiques, etc., le tout se rapportant aux sujets les plus importants, indiqués ou développés aux chaires ;

d) Missions et visites d'étude aux divers établissements, fortifications, ateliers, écoles pratiques des diverses armes et écoles des torpilles, mines, édifices civils et militaires, et voies de communication, et excursions géologiques ;

e) Travaux sur le terrain, relatifs aux sujets professés aux chaires ;

f) Reconnaissances militaires, résolution, sur le terrain, de problèmes tactiques, et voyages d'état-major ;

g) Exercices militaires comprenant l'instruction tactique du service en campagne, de tir, d'équitation, et d'escrime et gymnastique ;

h) Leçons d'hygiène militaire.

Année scolaire.

L'année scolaire commence le 12 du mois d'octobre, et comprend les périodes suivantes :

1.ère période d'instruction : classes, salles d'étude, laboratoires, etc., et exercices militaires.

1.° — La période comprise entre l'ouverture des classes et autres travaux scolaires et le 10 mai, spécialement destinée à l'enseignemsnt théorique et aux travaux indiqués ci-dessus aux *alineas b) c)* et *g)*;

2.e période: travaux sur le terrain, missions, visites d'étude, etc.

2.° — La période comprise entre le 11 mai et le 30 juillet, spécialement destinée à des travaux sur le terrain, dans l'enceinte même de l'École et ailleurs, et aux travaux mentionnés à l'*alinea f)*. Dans cette même période se réalisent aussi d'autres travaux qui, par leur nature et leur étendue, ne peuvent être exécutés, sans préjudice de l'enseignement théorique, durant la première période, le plus de développement et d'intensité possibles étant donnés, pour les élèves de la première année des cours militaires, aux travaux pratiques de la topographie, dans l'enceinte de l'École et sur un terrain accidenté;

3.e période: examens.

5.° — La période à partir du 8 juillet, destinée à des examens, et terminant lors de leur conclusion.

Du 1.er au 8 juillet, on classe les élèves d'après les épreuves fournies pendant l'année scolaire, on fait la clôture des inscriptions sur la matricule, et du 1.er au 9 octobre il y a une seconde époque d'examens et d'autres épreuves autorisées par le règlement scolaire.

Jours de congé et vacances générales.

Les jours de congé sont: les dimanches et les jours saints, les jours de fête ou de deuil national, et ceux compris entre le 20 décembre et le 6 janvier, entre le samedi de carnaval et le mercredi des cendres, et entre le dimanche de Rameaux et le lundi de Pâques, tous inclusivement. Pendant le temps qui s'écoule depuis le dernier jour fixé pour les examens de la première époque jusqu'au 30 septembre il y a des vacances générales.

Règles pour la distribution de services.

Le conseil d'instruction est chargé de faire la répartition des divers services par les périodes de l'année scolaire, ainsi que les tableaux indiquant les heures de travail qui s'y rapportent, le tout étant publié quelque temps avant le commencement des travaux scolaires, et après avoir été approuvé par le ministre de la guerre. Pour l'organisation de cette répartition et de ces tableaux, le même conseil doit observer les préceptes suivants:

Durée et nombre minimum de leçons orales.

1.° — Les leçons orales ont la durée d'une heure et demie, leur nombre minimum étant de trois par semaine à chaque chaire;

Durée des leçons pratiques et des répétitions.

2.° — En général, les leçons pratiques, aussi bien que les répétitions, ont lieu à l'heure et aux jours de leçon orale, leur durée pouvant toutefois dépasser une heure et demie, du moment qu'il n'en résulte point de préjudice pour les autres services scolaires, les répétitions devant être annoncées dans l'ordre de l'École trois jours, au moins, avant celui fixé pour leur réalisation;

Enseignement simultané ou successif des différentes parties de chaque chaire.

3.° — Les matières des différentes parties, dont se composent les chaires, peuvent être professées consécutivement ou parallèlement, selon les exigences de l'enseignement, et d'après les déterminations du conseil d'instruction;

Exercices militaires pendant la 2.e période.

4.° — Les exercices militaires de la seconde période de l'année scolaire doivent se réaliser de manière à ne point entraver la complète exécution des autres travaux de la même période.

Présence obligatoire des élèves.

La présence des élèves est obligatoire à tous les services scolaires qui leur sont désignés.

Absences des élèves.

On marque une absence générale aux élèves manquant de comparaître à tous les services qui leur aient été fixés pour un jour de travail.

Tout élève comptant, pendant la première et la seconde période, vingt absences générales, perd l'année d'étude. L'élève du cours d'état-major qui, pendant ce temps-là, compte dix absences générales non justifiées, perd également l'année, ainsi que le droit à une nouvelle inscription sur la matricule à l'École de l'armée. Perte, par suite d'absences, de l'année d'étude.

Les absences, générales ou partielles, non justifiées, de n'importe quel service, sont punies disciplinairement. Punition des absences.

Tous les travaux scolaires sont exécutés d'après des programmes organisés par les professeurs respectifs, et approuvés par le conseil d'instruction. Programmes des travaux scolaires.

Travaux pratiques

Les salles d'étude sont destinées à l'exécution des travaux pratiques des diverses chaires, à la rédaction de mémoires, et à d'autres applications des matières professées à l'École. Salles d'étude.

L'exécution des travaux dans les salles d'étude, se rapportant à chaque chaire, est dirigée par le professeur respectif, aidé d'un professeur adjoint, ce dernier demeurant aux salles pendant le temps fixé au tableau des heures de service, afin de donner aux élèves les explications nécessaires. Direction des travaux dans les salles d'étude.

Pour chacun de ces travaux on distribue préalablement aux élèves un programme, contenant, outre les indications que le professeur respectif jugera convenables, la désignation du jour où ces travaux devront être livrés, ce programme ne pouvant subir des altérations sans l'expresse autorisation du conseil d'instruction. Programmes des travaux des salles d'étude.

Toutes les fois que l'intérêt de l'enseignement l'exigera, les élèves du cours d'état-major pourront, aux heures des travaux dans les salles d'étude, ou à toute autre heure qui ne soit pas remplie par des services marqués aux horaires pour ces élèves, être chargés de travaux extérieurs préparatoires pour l'exécution du programme qui leur ait été distribué, sans altération du délai marqué pour l'exécution du travail, auquel ce même programme se rapporte. Travaux extérieurs préparatoires à des travaux de salles, pour les élèves de l'état-major.

On considère nuls les travaux qui, devant être faits par l'élève, aient eu une collaboration étrangère, ceux qui n'aient pas été exécutés, en partie ou totalement, pendant les heures réglementaires, et ceux encore qui ne soient pas livrés dans le délai fixé au programme respectif. Travaux invalidés.

Pendant le temps passé aux salles d'étude, il est défendu aux élèves de s'occuper de sujets étrangers au programme distribué, sauf le cas où ils aient déjà terminé leur travail, en l'ayant fait savoir au professeur ou professeur adjoint, chargé de la direction de ce travail. Emploi du temps aux salles d'étude.

Il est également défendu aux élèves de demeurer aux salles d'étude, en dehors des heures fixées dans le tableau respectif, excepté en service d'instruction, et sous la surveillance immédiate du professeur chargé de cette instruction.

Demande de livres et de cartes pour les salles d'étude.

Pendant l'exécution des différents travaux, les élèves peuvent faire à la bibliothèque la demande des livres ou cartes qu'ils voudront consulter aux salles d'étude, et qu'ils rendront le jour même, sous leur responsabilité, aussitôt la séance de travail finie.

Discipline dans les salles d'étude.

L'ordre est rigoureusement maintenu dans les salles d'étude, où il n'est pas non plus permis de fumer.

Instructions spéciales.

Des instructions spéciales règlent la distribution des élèves aux salles d'étude, ainsi que les places qu'ils doivent occuper, les ustensiles de dessin qu'ils sont tenus de posséder, les dimensions et la qualité du papier pour les travaux de dessin, et pour les mémoires, ainsi que les formalités à observer pour la présentation des travaux, etc.

Travaux dans les cabinets d'étude, dans les laboratoires et sur le terrain ; visites et missions d'étude ; reconnaissances militaires et problèmes tactiques ; voyages d'état-major

Travaux dans les cabinets d'étude et dans les laboratoires.

Les travaux dans les cabinets d'étude et dans les laboratoires sont exécutés sous la direction des professeurs, secondés par les professeurs adjoints. Les professeurs sont chargés de régler les travaux relatifs à leurs chaires, conformément aux programmes correspondants, de fixer les heures de travail, et de prendre toutes les dispositions qu'ils jugeront utiles à la bonne exécution des travaux.

Visites et missions d'étude.

Les visites et missions d'étude sont dirigées par les professeurs ou par les professeurs adjoints, et ont pour but de développer l'instruction des élèves sous le point de vue qui puisse offrir le plus d'intérêt selon le cours qu'ils suivent. Ces visites et missions d'étude sont exécutées d'après des programmes, distribués aux élèves, et ceux-ci en font le rapport, conformément aux indications du professeur de la chaire respective.

Dans ces rapports ou mémoires, les élèves doivent, en général, employer des esquisses ou des croquis, qu'ils aient exécutés eux-mêmes à main levée, de préférence à des dessins en échelle, soit originaux, soit copiés.

Aux élèves, qui manqueront d'exécuter les travaux ou bien de livrer les mémoires aux jours fixés, on donne la note de zéro.

Travaux sur le terrain.

Les travaux sur le terrain sont destinés à procurer aux élèves la pratique et l'application immédiate des matières professées aux chaires, aussi bien sur le terrain annexe à l'École, qu'à tout autre local approprié à cet effet. Ces travaux sont dirigés par les professeurs adjoints des chaires qu'ils concernent, sous l'inspection supérieure du professeur respectif, auquel il appartient d'interroger les élèves, d'organiser les programmes, et de donner aux professeurs adjoints les instructions et explications nécessaires.

Ces travaux peuvent être exécutés individuellement ou par groupes, comme il conviendra le mieux à la nature des travaux, et conformément aux délibérations du conseil d'instruction, ou aux instructions données par le professeur directeur.

Quand le même conseil le jugera nécessaire et utile, on pourra confier la direction de travaux sur le terrain aux professeurs adjoints de chaires différentes de celles auxquelles ces travaux se rapportent, selon le temps dont puissent disposer ces professeurs et aussi selon leurs aptitudes spéciales.

On fournit aux élèves, sous leur responsabilité, les instruments, appareils et matériaux nécessaires pour l'exécution de ces travaux.

Reconnaissances militaires et problèmes tactiques, sur le terrain.

Les reconnaissances militaires, et les problèmes tactiques, sur le terrain, sont exécutés et résolus par les élèves, sous la direction des professeurs ou professeurs adjoints.

Voyages d'état-major.

Les voyages d'état-major sont réalisés par les élèves de la 2.e année du cours d'état-major, collectivement ou en groupes, sous la direction de l'un des professeurs de la 9.e ou de la 10.e chaire, secondé par le professeur adjoint respectif.

Enseignement pratique pour les élèves du cours d'état-major.

L'enseignement pratique de la topographie, et celui de l'exploitation militaire des chemins de fer, sont donnés aux élèves du même cours, sous la direction du professeur de la 9.e chaire, ou du professeur adjoint respectif; et celui de la photographie et de la télégraphie par les professeurs ou professeurs adjoints des chaires 4.e et 17.e, respectivement.

Manœuvres et exercices de cadres.

Les élèves du cours d'état-major assistent aux manœuvres qu'on exécute dans les divisions militaires territoriales, et accompagnent les exercices de cadres, dont ils sont tenus de présenter ensuite les rapports qui leur aient été exigés.

Absence des élèves aux travaux pratiques.

L'absence de l'élève aux travaux sur le terrain, aux visites et missions d'étude, aux reconnaissances militaires et aux voyages d'état-major, ainsi qu'à tout autre travail ordonné par le conseil d'instruction, entraîne l'application de la note zéro à tout le travail, si l'absence est complète, ou à une partie du travail, fixée pour le jour où cette absence a eu lieu, outre la punition disciplinaire, qui lui sera infligée dans le cas où il ait manqué sans un motif justifié.

Allocations aux professeurs et élèves pour les travaux extérieurs

Le conseil d'instruction fixe annuellement une indemnité extraordinaire, tirée de la dotation de l'École, aux élèves, pour les travaux exécutés à un local d'où ils ne puissent revenir le jour même à la caserne, outre les allocations et subsides auxquels les élèves auront droit, d'après leurs grades, conformément aux lois et règlements en vigueur.

Aux professeurs et professeurs adjoints, qui accompagnent et dirigent les travaux extérieurs, on alloue l'indemnité pour frais de route, appartenant aux officiers de toutes armes, chargés de reconnaissances militaires, de levés topographiques ou d'autres services analogues, et aussi le transport en chemin de fer [1].

---

[1] L'indemnité journalière pour les officiers est fixée à 5fr.56 *(1$000 réis)*, et l'indemnité de transport à 3fr.33 *(600 réis)*, si les travaux sont exécutés à une distance égale ou supérieure à 15 kilomètres du lieu d'installation de la commission ou régiment où sert l'officier. Les officiers ont droit au passage en chemin de fer, en 1.ère classe, et au transport, gratuit, de 120 kilogrammes de bagage les officiers supérieurs, de 70 les capitaines, et de 50 les officiers subalternes (lieutenants et sous-lieutenants).

Les élèves non-officiers voyagent en 2.e classe, et ont droit au transport gratuit de 30 kilogrammes de bagage. Quant ils sont en marche ils ont droit aussi à *80 réis (10*

Les élèves qui manqueront aux travaux pratiques, ceux qui ne présenteront pas leurs rapports, mémoires ou pièces graphiques exigées dans les programmes, et ceux encore qui, par leurs travaux présentés, obtiendront une cote inférieure à sept points, perdent le droit à l'indemnité extraordinaire, et sont forcés d'en restituer le montant, en cas que cette somme leur ait déjà été distribuée.

Exercices militaires

Les exercices militaires comprennent :

Exercices militaires. 1.º—L'instruction tactique et l'instruction élémentaire de service de campagne.

2.º—L'instruction de tir.

3.º—L'équitation.

4.º—L'escrime et la gymnastique.

Instruction tactique. L'instruction tactique est subordonnée aux préceptes suivants:

a) Les élèves de la 1.ère année des cours militaires, ceux de l'état-major exceptés, reçoivent, pendant la première période de l'année scolaire, l'instruction tactique de l'infanterie et de la cavalerie, donnée respectivement par les professeurs adjoints des chaires 2.e et 3.e, un exercice d'infanterie et un autre de cavalerie ayant lieu, au moins, une fois par semaine.

b) Les élèves de la 2.e année des cours d'infanterie et de cavalerie reçoivent l'instruction tactique de leurs armes avec les élèves de la 1.ère année des cours militaires, ceux-là étant spécialement instruits aux services des grades jusqu'à ceux de subalterne, et la mission d'instructeur leur étant confiée de préférence; on leur donne aussi, dans la même période, l'instruction élémentaire sur le service de campagne, et il y a, au moins, un de ces exercices chaque semaine, pour chacun des deux cours.

c) Les élèves de la 2.e année du cours d'artillerie reçoivent l'instruction tactique de leur arme, donnée par le professeur adjoint de la 7.e chaire. Ce professeur donne l'instruction élémentaire du service de campagne aux élèves de la 3.e année du même cours.

d) Les élèves de la 2.e et de la 3.e année du cours du génie militaire sont groupés avec ceux de la 2.e année du cours d'infanterie, pour l'instruction tactique de cette arme, et ceux de la 4.e année reçoivent l'instruction sur le matériel de leur arme, et ses règlements respectifs.

e) Les élèves du cours de l'administration militaire forment un groupe avec ceux de la 2.e année du cours d'infanterie pour l'instruction prati-

---

réis équivalent à 0fr.056) de gratification dite de marche, *35 réis* de pain, *75 réis* de subside pour les frais de nourriture, et *150 réis* de gratification extraordinaire. On leur alloue en plus, en payement anticipé, *150 réis,* que l'on déduit ensuite de leur traitement, destinés aussi aux frais d'alimentation pendant la durée du service extérieur. Aux professeurs, aux professeurs adjoints et aux élèves on fournit des chevaux appartenant à l'École, pour l'exécution de quelques services relatifs à l'instruction, cette concession étant toutefois supprimée, aussitôt ces services finis.

que de cette arme, et pour l'instruction élémentaire du service de campagne.

f) Les élèves de la 1.ère année du cours du génie civil et de mines reçoivent deux fois par semaine, des officiers de la compagnie d'élèves, l'instruction de la tactique d'infanterie, jusqu'à l'école de peloton inclusivement.

g) Dans la seconde période ont lieu des exercices militaires, dits de complément, avec la force d'une compagnie d'infanterie, d'un escadron de cavalerie, ou d'une batterie d'artillerie à cheval, la réquisition du nombre de soldats, de chevaux, de mulets, et de voitures d'artillerie, nécessaires pour compléter les unités ci-dessus mentionnées, étant adressée au ministère de la guerre. Ces exercices, dont le but spécial est d'habituer les élèves de la dernière année des cours des diverses armes au commandement des fractions qui composent les unités dont nous venons de parler, peuvent avoir une durée de trois heures.

h) Pendant la seconde période, on destine le plus grand nombre d'exercices, qui soit compatible avec les autres travaux, à l'exécution de reconnaissances militaires, et à la résolution, sur le terrain, de problèmes tactiques, pour les élèves de la dernière année des cours des diverses armes.

i) Aux mois de mars et d'avril, on fait également la réquisition de matériel, de chevaux de trait et d'animaux de bât, nécessaires à l'instruction tactique des élèves du cours respectif.

Instruction du tir.

L'instruction du tir est donnée, au champ de tir de l'École, par le professeur adjoint de la 2.e chaire, sous la direction supérieure du professeur respectif, et se divise en deux parties: tir élémentaire pour les élèves des cours des diverses armes, de l'administration militaire et des 2.e et 3.e années du génie civil et de mines; et tir de revolver, pour les élèves du cours d'état-major, et pour tous les autres élèves, inscrits à la dernière année de leurs cours.

Concours de tir

Il y a tous les ans, aux derniers jours du mois de juin, deux concours de tir: un de fusil et de carabine, l'autre de revolver, pour tous les élèves de la dernière année des cours scolaires. A chaque concours, on accorde un prix à chacun des trois élèves ayant obtenu les premiers numéros au classement de tir, ces prix consistant en différentes pièces d'armement pour officier, ou bien en objets d'usage fréquent dans le service des officiers en campagne.

Équitation.

L'enseignement de l'équitation est réglé par les préceptes suivants:

a) Pour ce qui concerne les élèves de la 1.ère année des cours des diverses armes, cet enseignement a pour but d'apprécier leur aptitude physique, et leur disposition pour cet exercice, de manière qu'on puisse choisir plus facilement ceux qui pourront se destiner aux troupes à cheval, et, spécialement à la cavalerie, et pour cette raison on donne à cette instruction, pour les mêmes élèves, le développement à peine indispensable à cet effet.

b) Pour les élèves du cours de cavalerie, on donne le plus de développement possible à la pratique de l'équitation, non seulement au manège, mais encore à la carrière d'obstacles et sur des terrains accidentés.

c) Pour les élèves des cours du génie militaire et d'artillerie, la progression de l'enseignement de l'équitation est réglée par le nombre d'années de durée du cours de chacune de ces armes.

d) En ce qui concerne les élèves du cours d'administration militaire, l'enseignement de l'équitation a seulement pour but de les rendre aptes à l'exécution du service, auquel ils se destinent.

e) Aux élèves du cours d'état-major on tâche de conserver l'habitude de l'équitation, en les instruisant surtout à l'équitation extérieure.

Escrime. L'instruction de l'escrime est donnée de manière que les élèves de la 1.ère année des cours des diverses armes et de l'administration militaire exécutent correctement tous les mouvements du fleuret, jusqu'à l'assaut exclusivement, le reste de l'enseignement étant réglé pour les autres élèves, d'après le nombre d'années de leurs cours, et de manière qu'ils reçoivent également l'instruction de l'escrime de sabre.

Gymnastique. L'enseignement de la gymnastique est donné progressivement, et d'après les préceptes du manuel respectif, à l'usage des corps de l'armée.

Épreuves partielles et examens

Tableaux d'évaluation des travaux scolaires. Le conseil d'instruction organise, chaque année scolaire, des tableaux d'évaluation des travaux des différents cours.

Épreuves et groupes d'épreuves. Pour la composition de ces tableaux, toutes les épreuves fournies par les élèves sont distribuées par les groupes et sous-groupes suivants:

A — Leçons, répétitions et mémoires, aux chaires;

B — Enseignement pratique, comprenant;

- *a)* Travaux dans les salles d'étude;
- *b)* Travaux sur le terrain, aux cabinets d'étude, aux laboratoires et autres dépendances des chaires, à l'exception de ceux indiqués au groupe C;
- *c)* Visites et missions d'étude;
- *d)* Reconnaissances militaires, voyages d'état-major, rapports sur des exercices de cadres et d'armes combinées, problèmes tactiques, sur le terrain, et exploitation militaire des chemins de fer;
- *e)* Administration, écritures et camptabilité militaires (exercices pratiques);
- *f)* Hygiène militaire.

C — Exercices militaires, comprenant:

- *a)* Instruction tactique et instruction militaire de service de campagne;
- *b)* Instruction du tir;
- *c)* Escrime et gymnastique;
- *d)* Équitation.

D — Examens.

Pour les élèves du cours d'état-major, les travaux topographiques et la pratique de la photographie et de la télégraphie forment un sous-groupe spécial du groupe B.

Le conseil d'instruction fixe des coefficients relatifs pour les groupes et les sous-groupes d'épreuves indiqués ci-dessus, ainsi que pour les divers travaux ou épreuves isolées. Coefficients relatifs.

Les épreuves scolaires sont évaluées au moyen d'une cote de mérite de zéro à vingt points. Aux évaluations on fait l'aproximation jusqu'aux dixièmes, ne tenant pas compte du chiffre des centièmes, si ce chiffre est inférieur à 5, et en ajoutant une unité à celui des dixièmes, toutes les fois qu'il soit égal ou supérieur à 5. Cotes de mérite.

On obtient la cote de mérite de chaque sous-groupe, en multipliant la cote de mérite de chaque épreuve scolaire par son coefficient relatif, et en divisant la somme des produits ainsi obtenus par la somme des coefficients.

On obtient égalment la cote de mérite de chaque groupe, en multipliant les cotes de mérite de chaque sous-groupe par son coefficient relatif, et en divisant la somme des produits par la somme des coefficients.

Le produit de la cote de mérite de chaque groupe par son coefficient relatif constitue, pour ce même groupe, l'évaluation définitive. Évaluations définitives.

Les leçons, répétitions et mémoires, aux chaires, sont évalués par le professeur respectif, ou par le professeur adjoint qui régit ces chaires; les travaux dans les salles d'étude et les missions, par le professeur et le professeur adjoint de la chaire, à laquelle ces travaux appartiennent; l'épreuve finale d'hygiène militaire, par un jury composé de deux professeurs, nommés par le conseil d'instruction, et par le médecin de l'École; les épreuves finales d'équitation, d'escrime et de gymnastique par un jury composé du commandant en second de l'École, des professeurs des chaires 3.ᵉ et 9.ᵉ, du professeur adjoint de la 3.ᵉ chaire, et de l'instructeur respectif; les examens annuels, par un jury de trois professeurs, nommés par le conseil d'instruction, dans le nombre desquels est compris le professeur de la chaire à laquelle se rapporte l'examen; toutes les autres épreuves sont évaluées par les professeurs ayant la direction immédiate des travaux respectifs. Jurys et individus, auxquels il appartient d'évaluer les épreuves scolaires.

Les élèves sont tenus de répondre à toute question sur la matière des leçons et des répétitions, ainsi qu'à tout autre interrogatoire que les professeurs, ou les professeurs adjoints, jugeront utile de leur adresser, sur les doctrines qu'ils exposent, ou dont ils font l'application. Leçons, répétitions et interrogatoires sur d'autres epreuves.

Le nombre minimum de leçons et de répétitions, orales ou par écrit, que les professeurs doivent exiger de chaque élève, est fixé annuellement par le conseil d'instruction.

Les répétitions par écrit peuvent être données à tous les cours, collectivement ou par groupes, au choix des professeurs.

Les évaluations des leçons et répétitions, ainsi que celles de toutes les autres épreuves scolaires, sont envoyées au bureau de l'École aux termes fixés dans le règlement, et tout de suite publiées.

Évaluations des travaux sur le terrain, visites et missions d'étude.

Pour l'évaluation des travaux sur le terrain, on tient compte de l'assiduité et de l'application dont l'élève aura fait preuve, de son aptitude spéciale, et de ses absences pendant le travail, ainsi que de l'importance des services auxquels il ait manqué de comparaître. On observe le même système pour ce qui concerne les visites et les missions d'étude; quand les élèves ne sont pas accompagnés dans ces travaux par un professeur ou par un officier de l'École, on prend pour base de l'évaluation, non seulement l'importance du rapport ou mémoire présenté par l'élève, mais aussi l'information fournie par les chefs des services, où la mission ait eu lieu.

Évaluations des exercices tactiques, de tir, et de service en campagne, et épreuves finales de ces exercices.

Les professeurs adjoints des chaires 2.e, 3.e, 5.e et 7.e, envoient, jusqu'au 5 de chaque mois, au professeur respectif, les notes d'application des élèves dans les sous-groupes «instruction tactique et instruction élémentaire du service de campagne», et «instruction du tir», se rapportant au mois antérieur, en y faisant mention des jours d'exercice et de l'emploi du temps, ainsi que des absences des élèves et de toute occurrence extraordinaire. Ces notes, avec le visa des professeurs, sont adressées par ceux-ci au bureau de l'Ecole.

Les élèves des cours des diverses armes qui, à la dernière année de leurs cours, auront, dans les notes d'application de l'un des deux sous-groupes ci-dessus mentionnés, une moyenne inférieure à 10 points, seront soumis, au mois d'octobre de cette même année, à une épreuve par-devant un jury, auquel présidera le commandant en second, et qui sera composé des professeurs des chaires 2.e, 3.e, 5.e et 7.e

L'élève qui obtiendra, à cette épreuve, une cote inférieure à 10 points, doit rester encore à l'École, si toutefois il a droit à la tolérance accordée par la loi, afin d'être soumis à une nouvelle épreuve, l'année suivante, étant tenu de prendre part aux exercices militaires, et à tous les autres services, qui lui seront désignés par le conseil d'instruction.

Épreuve finale d'escrime et de gymnastique.

Au sous-groupe «escrime et gymnastique» il y a annuellement, du 1.er au 10 mai, une épreuve d'application des élèves à cette instruction, subie par-devant le jury déjà indiqué ailleurs. Les élèves qui obtiendront une cote inférieure à 10 points à cette épreuve fournie à la dernière année de leurs cours respectifs, sont tenus de répéter cette même épreuve en octobre, les points obtenus en mai leur étant seuls comptés pour le résultat final des travaux de l'année.

Ces élèves sont soumis, pendant le mois d'août, à une instruction spéciale, donnée par l'instructeur d'escrime et de gymnastique, d'après les règles établies par le conseil d'instruction.

Les élèves qui, à l'épreuve répétée en octobre, obtiennent encore une fois une cote inférieure à 10 points, demeurent à l'École, dans les conditions que nous avons indiquées à l'égard des épreuves finales des exercices tactiques.

Épreuves d'équitation.

Les épreuves d'aptitude en équitation sont fournies par les élèves dans la période comprise entre le 1.er et le 10 mai. Les élèves de la dernière année des cours d'artillerie et du génie militaire, obtenant à cette épreuve une cote inférieure à 10 points sont tenus de répéter l'épreuve en octobre, par-devant le jury indiqué pour les épreuves des exercices militaires, et demeurent à l'École dans les conditions ci-dessus indiquées, dans le cas où, à l'épreuve répétée, ils n'obtiendront pas encore le minimum de 10 points.

A chaque chaire il y a un examen, qui se réalise à la 3.ᵉ période, et aux jours désignés par le conseil d'instruction. Examens.

On n'admet point aux examens les élèves ayant obtenu à l'un des groupes A et B d'épreuves, une cote inférieure à 10 points. Ces élèves perdent leur année d'études. Élèves qui ne sont pas admis aux examens.

Les sujets à traiter aux examens sont préalablement approuvés par le conseil d'instruction d'après la proposition du professeur respectif, et tirés au sort, 24 heures avant l'examen, en présence de l'un des membres du jury. Ces sujets sont individuels, ou organisés pour des groupes d'élèves, et ne doivent pas contenir plus de la matière correspondant à 15 leçons. Sujets à traiter aux examens.

Aux examens des parties isolées des chaires, comprenant moins de 15 leçons, il n'y a point de sujet spécial tiré au sort préalablement, l'examen portant sur toute la matière professée. Examens vagues.

Les élèves sont toujours interrogés, en dehors de la matière du sujet spécial tiré au sort, s'il y en un, sur les généralités de toute la matière à laquelle se rapporte l'examen. Les travaux des missions d'étude sont aussi compris dans la partie vague des examens. Partie vague des examens.

L'approbation à tout examen est obtenue moyennant une cote de mérite égale ou supérieure à 10 points. Condition d'approbation aux examens.

On admet aux examens en octobre les élèves ayant été refusés à la 1.ère époque, si, toutefois, le nombre de résultats défavorables des examens de ces élèves, se rapportant aux différentes chaires dont ils aient étudié les matières, n'est pas supérieur à celui des approbations qu'ils aient obtenu. On admet également les élèves ayant manqué, à la 1.ère époque, au tirage au sort du sujet de l'examen, ou bien à l'examen même, par suite de maladie constatée par le médecin de l'École, ou par une raison de force majeure, justifiée par-devant le conseil d'instruction. Quand ils sont approuvés, et pour les effets de classement, on compte, cependant, aux premiers seulement les points obtenus à l'examen auquel ils ont été réfusés à la 1.ère époque, et aux derniers, la cote de mérite 10, alors même qu'ils en aient obtenu une supérieure aux examens passés à la 2.ᵉ époque. 2.ᵉ époque d'examens.

Les élèves qui, à l'un des examens de la 2.ᵉ époque, obtiennent une cote inférieure à 10 points, perdent leur année d'études. Perte de l'année d'études des élèves refusés à un examen de la 2.ᵉ époque.

Classement des élèves—Prix—Diplômes de cours

Les examens de la 2.ᵉ époque finis, et dans la période comprise entre le 9 et le 11 octobre, le conseil d'instruction s'occupe, pour tous les cours, du classement annuel des élèves ayant réussi à tous les examens des chaires qu'ils ont suivies. Classement annuel des élèves.

Ce classement est fait, en chaque année de cours, d'après la moyenne obtenue, en divisant la somme des évaluations définitives de tous les groupes du tableau d'évaluation des épreuves scolaires par le résultat de l'addition des coefficients relatifs à chacun de ces groupes.

Préférences.

Quand il se trouve des élèves ayant une moyenne annuelle égale, celui d'entre eux qui a obtenu le plus grand nombre de points à l'addition des évaluations définitives des divers groupes d'épreuves, a la préférence pour le classement; en cas que ces additions soient égales, on préfère celui qui n'ait pas été ajourné l'année antérieure; et finalement, en cas d'égalité de toutes ces conditions, on préfère le plus ancien au service militaire.

La moyenne annuelle des élèves du cours d'état-major est obtenue, en tenant compte uniquement des épreuves relatives aux chaires, et à celles de l'enseignement pratique, spéciales à ce cours, sans intervention des épreuves relatives aux chaires, qu'ils suivent comme élèves libres.

Classement final des élèves.

Le même conseil s'occupe du classement final des élèves à la dernière année de leurs cours, en additionnant les moyennes annuelles, et en divisant le résultat de l'addition par le nombre d'années de la durée normale du cours; le quotient constitue dès lors, pour chaque élève, la cote de mérite définitive de son cours. La cote de mérite définitive de la 1.ère année des cours des diverses armes, sert à régler les droits des élèves à l'option pour le cours spécial de l'arme qu'ils désirent suivre. La cote de mérite définitive, obtenue par les élèves à la fin des mêmes cours, et à celui de l'administration militaire, est publiée au bulletin de l'armée, et règle leur droit d'ancienneté aux armes et au service, auxquels ils se destinent.

Préférences.

Au cours de l'administration militaire, la cote de mérite définitive est celle de la moyenne obtenue dans l'année unique de ce cours; et, en cas d'égalité de cotes de mérite, les préférences sont réglées d'après les préceptes antérieurement indiqués en rapport avec les classements annuels.

Aux autres cours, quand il y a des élèves dont les cotes de mérite définitives sont égales, on donne la préférence à celui d'entre eux qui compte un plus grand nombre de points à la somme des évaluations définitives des divers groupes d'épreuves dans toutes les années du cours; en cas d'égalité de ces points, on préfère celui des élèves ayant terminé le cours en moins d'années; à égalité de cette circonstance, on donne la préférence au plus ancien au service militaire; et finalement, en cas d'égalité du temps de service, on préfère le plus âgé.

Prix accordés aux élèves.

Pour chaque année des cours professés à l'École, excepté celui de l'état-major, il y a un prix pécuniaire et des prix honorifiques.

Les prix pécuniaires pour les différents cours sont les suivants:

Administration militaire: *40$000 réis* [1].

Infanterie et cavalerie: *50$000 réis;*

[1] *1$000 réis* équivalent à 5 fr. 56.

Génie civil et de mines: *60$000 réis;*
Artillerie: *70$000 réis;*
Génie militaire: *80$000 réis;*

Pour la 1.ère année, commune, des cours d'infanterie et de cavalerie, il y a un seul prix pécuniaire de *50$000 réis;* et pour la 1.ère année, commune, des cours de l'artillerie et du génie militaire il y a aussi un seul prix pécuniaire de *70$000 réis.*

On accorde des prix aux élèves qui n'aient pas été ajournés l'année précédente, et qui, ayant obtenu, à la 1.ère époque, l'approbation dans tous les examens des chaires qu'ils ont suivies, atteignent une moyenne égale ou supérieure à 15 points au total des cotes de mérite des groupes A, B et D des épreuves scolaires.

Préférences.

Parmi les élèves ayant droit à des prix, celui dont la moyenne est supérieure reçoit le prix pécuniaire, et les autres, en suivant l'ordre des moyennes obtenues, reçoivent des prix honorifiques (1.er, 2.e, etc.). En cas d'égalité de moyennes, on préfère l'élève ayant obtenu le plus de points à la somme des évaluations définitives des groupes d'épreuves indiquées ci-dessus; en cas d'égalité de cette somme on donne la préférence à celui qui a le plus grand nombre de points à l'évaluation définitive du groupe D; et à égalité de nombre de ces points, on classe les élèves *ex-æquo*, en divisant également entre eux le prix pécuniaire, si l'égalité de circonstances a lieu entre les élèves ayant obtenu la classification supérieure.

Diplômes de prix.

A tous les élèves ayant obtenu des prix, on confère des diplômes qui en indiquent la graduation.

Distribution des prix

Le classement spécial pour la concession des prix est fait par le conseil d'instruction aussitôt les examens de la 1.ère époque terminés, et publié au bulletin de l'armée, la distribution des prix ayant lieu à la séance solennelle et publique de l'ouverture des cours de l'année scolaire suivante.

Diplômes de cours.

Les élèves qui complètent les cours de l'École reçoivent leurs diplômes respectifs, dans lesquels sont mentionnés, et la cote de mérite du classement final, et les prix obtenus à l'École de l'armée et aux écoles supérieures préparatoires.

Élèves suivant les cours avec distinction.

Quand la cote de mérite définitive, obtenue par l'élève, est égale ou supérieure à 15, on déclare dans le diplôme respectif que le même élève a fait son cours avec distinction.

CHAPITRE VII

Dispositions diverses

Il y a à l'École deux détachements, l'un de cavalerie, l'autre d'infanterie, sous les ordres immédiats du commandant de la compagnie d'élèves, ainsi que 40 chevaux destinés au service d'instruction d'équitation des élèves. Détachements d'infanterie et de cavalerie, et chevaux en service à l'École.

Le détachement de cavalerie se compose d'un sous-officier, trois caporaux, quarante soldats, un maréchal-ferrant et un apprenti maréchal-ferrant. Effectifs des détachements.

Le détachement d'infanterie comprend le nombre de caporaux et de soldats nécessaire aux services généraux de la caserne et des autres dépendances de l'École, et aussi deux trompettes.

Le personnel du détachement de cavalerie est spécialement destiné au pansage des chevaux, au nettoyage des harnais, aux services d'instruction tactique sur le terrain et d'équitation au manège, et au service de la garde à la caserne, et il ne peut être employé dans d'autres services qu'en des circonstances exceptionnelles. Services des détachements.

Les caporaux et les soldats d'infanterie sont affectés au service de la compagnie d'élèves, au nettoyage de la buffleterie et de l'armement employés dans les exercices militaires, et à tout autre service qui leur soit supérieurement ordonné.

Les chevaux destinés à l'instruction d'équitation sont choisis parmi ceux appartenant à l'École pratique de cavalerie, ou bien, quand il n'y en aura pas à la même école, parmi ceux des régiments de la même arme, et leur substitution se fait annuellement, dans la proportion de la cinquième partie de leur nombre à l'École de l'armée. Choix des chevaux.

Les chevaux reçus annuellement doivent être âgés de 6 à 8 ans, bien conformés et vigoureux, suffisamment dressés, et exempts de vices ou défauts qui les rendent incapables du service auquel ils sont destinés.

Le service du traitement des solipèdes dans leurs maladies est commis au vétérinaire de l'un des régiments en garnison à Lisbonne. Vétérinaire.

Lieutenant de cavalerie détaché à l'École.

Il y a à l'École un lieutenant de cavalerie, spécialement chargé de seconder le commandant de la compagnie d'élèves dans tout ce qui concerne la direction du pansage des chevaux, et du nettoyage et conservation du harnachement, ainsi que dans ce qui se rapporte à la police et à la discipline des militaires de cavalerie détachés à l'École. Cet officier a aussi à sa charge, à tour de rôle avec les subalternes de la compagnie d'élèves, l'administration de l'*ordinaire* du personnel des détachements.

La durée du service de détachement à l'École est d'un an pour le lieutenant de cavalerie, qui doit satisfaire aux conditions suivantes: avoir, au moins, trois ans de bon service effectif comme officier subalterne, et présenter des informations de bonne conduite. Il a droit à tous les appointements des officiers incorporés dans les régiments, et, en cas qu'il n'appartienne pas à un régiment en garnison à la capitale, il reçoit également le subside dit de résidence éventuelle, tant qu'il demeure à l'École [1].

Distribution de règlements aux élèves.

Au commencement de l'année scolaire on distribue aux élèves, inscrits pour la première fois sur la matricule, des exemplaires des règlements de service intérieur de l'École, ces règlements devant être restitués, à l'occasion de la conclusion des cours, au commandant de la compagnie d'élèves.

Acquisition obligatoire des leçons lithographiées.

Pour tous les élèves, l'acquisition d'un exemplaire des leçons lithographiées des chaires de leurs cours respectifs est obligatoire, quand il y aura de ces leçons publiées à l'École avec l'autorisation du conseil d'instruction. La recette obtenue par ce moyen est exclusivement destinée aux dépenses de la lithographie.

Coût de l'inscription sur la matricule, des diplômes et des certificats.

Les sommes devant être payées par les élèves comme coût des inscriptions sur la matricule, des diplômes et des certificats, des différents cours de l'École, sont indiquées à l'annexe n.° 2.

Le payement de la somme représentant le coût de l'inscription sur la matricule se fait en deux termes, dont le premier à l'occasion même de l'inscription, l'autre avant les examens annuels. Ces sommes constituent une recette exclusive de l'État.

Conférences publiques.

En dehors de l'enseignement obligatoire, le gouvernement peut donner son autorisation, moyennant une proposition du conseil d'instruction, à ce qu'il y ait à l'École des conférences publiques, faites par les officiers ou par les professeurs civils en service à l'École, ou bien par des individus étrangers à cet établissement, sur des sujets importants, relatifs aux sciences militaires ou de constuctions civiles et de mines.

Élèves libres.

On considère élèves libres tous ceux qui, afin de compléter des cours spéciaux d'autres écoles — ainsi que ceux du cours d'état-major, dans les

---

Appointements des lieutenants de cavalerie.

[1] Les appointements d'un lieutenant de cavalerie, incorporé dans un régiment, sont: 183 fr. 48 *(33$000 réis)* de traitement mensuel, et 27 fr. 8 *(5$000 réis)* de gratification. Le subside dit de résidence éventuelle est de 2 fr. 22 *(400 réis)* par jour, pour les lieutenants.

circonstances déjà indiquées — doivent étudier les matières de certaines chaires de l'École de l'armée, et y obtenir l'approbation [1].

Les élèves libres sont soumis à l'étude et aux épreuves scolaires de la chaire ou des chaires qu'ils suivent, ayant pour chacune de ces chaires un tableau spécial d'évaluation, et ne pouvant être admis à l'examen, s'ils obtiennent, aux travaux respectifs de chacun des groupes A et B d'épreuves, une cote inférieure à 10 points.

Tout élève libre de n'importe quelle chaire perd l'année d'étude, du moment qu'il ait 20 jours d'absence de la classe et d'autres services relatifs à cette même chaire. Quand l'élève n'étudie qu'une partie de l'une des chaires, le nombre de jours d'absence donnant lieu à ce qu'il perde l'année d'étude est fixé, avant l'ouverture des classes, par le conseil d'instruction.

Il n'y a point de classement final relatif pour les élèves libres, les certificats d'assiduité et d'examens leur étant toutefois livrés sur leur demande.

Les élèves libres sont dispensés de l'internat, ainsi que de prendre part aux exercices militaires. Ils ne peuvent s'immatriculer sans l'autorisation du ministère de la guerre. Pour les élèves du cours d'état-major l'inscription sur la matricule se fait dans les conditions qu'on a déjà indiquées antérieurement.

Il y a, au bureau de l'École, un registre spécial pour l'inscription des élèves libres.

---

[1] Les cours spéciaux, dont il est question dans le texte, sont actuellement réduits à celui d'ingénieurs hydrographes, car le cours d'ingénieurs de constructions navales, qui dépendait aussi de l'étude de quelques classes de l'École de l'armée, et qui était professé à l'École navale, fut supprimé par une loi récente, d'après laquelle le gouvernement accorde un subside à des élèves (ingénieurs civils ou militaires ou officiers de la marine de guerre), qui seront envoyés étudier le génie naval aux meilleures écoles et aux meilleurs arsenaux maritimes de l'étranger.

Indications sur les cours d'ingénieurs hydrographes et d'ingénieurs de constructions navales.

Les élèves du cours du génie civil ont étudié aussi, comme élèves libres, quelques-unes des branches militaires dans la période de 1886-1887 à 1891-1892. (Voir le *nota* de la page 35).

ANNEXES

ANNEXE N.° 1

Appointements annuels assignés au personnel employé à l'École de l'armée

(540 réis = 3 francs)

Désignation du personnel	Solde, ou traitement	Gratifications
Commandant..................	La solde de son grade...	960$000 réis, ou 1.080$000 réis, s'il est général de division.
Commandant en second........	Idem	Gratification de son grade [1].
Professeur, officier de l'armee...	Idem	600$000 réis.
Professeur, ingénieur civil [2]. ...	Traitement de catégorie.	Idem.
Professeur adjoint, officier de l'armée	La solde de son grade...	480$000 réis.
Professeur, ingénieur civil [3].....	Traitement de catégorie.	Idem.
Instructeur d'équitation.........	La solde de son grade...	300$000 réis.
Instructeur d'escrime et gymnastique	Idem..................	Idem.
Médecin	Idem..................	360$000 réis.
Secrétaire de l'École...........	Idem..................	300$000 réis.
Commandant de la compagnie d'élèves....................	Idem	Idem.
Subalterne de la compagnie d'élèves	Idem	180$000 réis.
Trésorier.....................	Idem	Idem.
Secrétaire du conseil économique.	Idem	Idem.
Officier de la bibliothèque......	Idem	Idem.
Portier	Paye de son grade dans la compagnie de retraités.	108$000 réis.
Garde	Idem	72$000 réis.

[1] Voir gratifications des officiers des différentes armes : note de la pag. 38.

[2] et [3].—Le traitement de catégorie de ces professeurs et professeurs adjoints, appartenant au cadre du corps d'ingénieurs de travaux publics et de mines, est payé par le ministère des travaux publics.

ANNEXE N.° 2

Sommes devant être payées par les élèves pour leur inscription sur la matricule, pour les diplômes et certificats des examens et des prix des différents cours de l'École

(180 réis=1 franc)

Désignation	Cours	Taxe.	Percentage de 36 pour cent sur la taxe (loi du 28 mai 1888)	Percentage de 6 pour cent sur le montant des deux sommes antérieures (loi du 27 avril 1882)	Percentage de 6 pour cent sur la somme antérieure (loi du 30 juin 1890)	Percentage de 5 pour cent sur le montant de la taxe et des impositions additionnelles des certificats (loi du 25 juin 1898)	Imposition du timbre.	Parchemin, ruban et boîte pour le sceau scolaire des diplômes des cours.	Total.
Inscription sur la matricule, (ouverture ou clôture de chaque année de cours).	Infanterie, cavalerie et administration militaire.	5$280	1$900	$430	$025	—	—	—	7$635
	Artillerie, génie militaire, état-major et génie civil et de mines....	7$920	2$851	$646	$038	—	—	—	11$455
Diplômes des cours....	Infanterie, cavalerie et administration militaire.	1$800	$648	$146	$008	—	10$000	1$286	13$888
	Artillerie, génie militaire, état-major et génie civil....	7$200	2$592	$587	$035	—	10$000	1$286	21$700
Certificats des examens de l'année....	Tous les cours....	$500	—	$030	$001	$026	—	—	$557
Diplômes des prix....	Tous les cours....	—	—	—	—	—	1$000	—	1$000
Élèves libres									
Inscription sur la matricule (ouverture ou clôture de l'inscription, à chaque chaire)....		2$640	$950	$215	$012	—	—	—	3$817
Certificats des examens (pour chaque année)....		$500	—	$030	$001	$026	—	—	$557

ANNEXE N.° 3

Budget des dépenses de l'École, pour l'exercice de 1899-1900

(1$000 réis=5 fr.555)

PERSONNEL

État-major

1 commandant, général de division — gratification [1]	1.080$000	
1 aide de camp, capitaine d'artillerie [2]	$	
1 commandant en second, colonel d'artillerie — gratification	480$000	
1 secrétaire, lieutenant-colonel d'infanterie — gratification	300$000	
1 secrétaire du conseil économique, capitaine d'infanterie — gratification	300$000	
1 trésorier, capitaine du corps d'officiers de l'administration militaire [2]	$	
1 officier de la bibliothèque, capitaine d'infanterie — gratification	180$000	
1 médecin, capitaine du corps de médecins militaires [2]	$	
		2.340$000

Personnel enseignant

19 professeurs, officiers de toutes armes et de différents grades — gratifications à raison de *600$000 réis* chacun — total	11.400$000	
1 professeur, ingénieur de 2.e classe du corps d'ingénieurs des travaux publics: traitement de catégorie ... 720$000; gratification ... 600$000	1.320$000	
11 professeurs adjoints, officiers de toutes armes et de différents grades — gratifications à raison de *480$000 réis* chacun — total	5.280$000	18.000$000
A reporter		20.340$000

[1] Ayant le grade de général de brigade, la gratification annuelle est de *960$000 réis*.

[2] Appointements (solde et gratification) compris aux chapitres du budget général des dépenses du ministère de la guerre, où sont décrits les cadres respectifs; de même pour les soldes de tous les officiers en service à l'École.

Report		20.340$000
1 professeur adjoint, ingénieur subalterne de 1.ère classe du corps d'ingénieurs des travaux publics et de mines — gratification [1]	480$000	
1 instructeur d'équitation, major de cavalerie — gratification	300$000	
1 maître d'armes et de gymnastique......	600$000	
		1.380$000

Professeur retraité

1 professeur, lieutenant-colonel, retraité — gratification........................		450$000

Compagnie d'élèves

1 commandant de la compagnie, capitaine d'infanterie — gratification	300$000	
4 subalternes de la compagnie, lieutenants de cavalerie ou d'infanterie — gratifications de *180$000 réis*, chacun — total.	720$000	
Élèves :		
84 sergents-majors, cadets, possédant la 1.ère année du cours respectif, traitement de *400 réis* par jour chacun, — total.....	12.264$000	
2 sergents-majors, cadets, possédant la 1.ère année du cours respectif, — prêt	197$100	
102 sergents-majors, cadets, inscrits à la 1.ère année du cours respectif, traitement de *300 réis* par jour chacun, — total...	11.169$000	
9 sergents-majors, cadets, inscrits à la 1.ère année du cours respectif, — prêt	782$925	
Gratification de rengagement, pour 11 élèves.	313$900	
		25.746$925

Divers services

Gratifications aux expéditionnaires du bureau, gardes des classes et des salles d'étude, des laboratoires et des ateliers.......	2.808$000	
Gratification au portier, caporal retraité.....	108$000	
Prix pécuniaires pour les élèves............	820$000	3.736$000
A reporter		51.652$925

[1] Le traitement annuel est compris dans le budget général des dépenses du ministère des travaux publics, où cet ingénieur exerce une commission de service.

Report..............		51.652$925

Dépenses du matériel, et autres

Prime d'assurance des bâtiments de l'École..	100$000	
Travaux pratiques et missions d'étude des élèves..............................	1.500$000	
Frais d'entretien du manège, et service de l'équitation.........................	60$000	
Achat de livres pour la bibliothèque, et reliures............................	1.000$000	
Fournitures du bureau et de la lithographie.	600$000	
Dépenses d'entretien et de réparation des bâtiments...........................	800$000	
Cabinets d'instruments et appareils, laboratoires, station chronographique, champ de tir et atelier de stéréotomie.......	2.000$000	
Frais d'entretien d'ameublement général, et autres dépenses non qualifiées........	620$000	
		6.680$000

Compagnie d'élèves

Fonds pour des dépenses différentes........	700$000	
Éclairage des bâtiments..................	2.000$000	
		2.700$000

Frais de nourriture

Frais de nourriture des élèves.............	17.797$400	
Rations de pain, pour 11 soldats...........	148$555	
Rations de fourrages pour 41 chevaux destinés à l'instruction d'équitation...........	4.040$550	
		21.986$505

Frais d'habillement

3 soldats, subside de *30 réis* par jour chacun, — total........................	32$850	
8 soldats, subside de *25 réis* par jour chacun, — total........................	73$000	105$850
Total (459:307 fr. 11)....		83.125$280

ANNEXE N.° 4

Publications périodiques existant à la Bibliothèque de l'Ecole [1]

Annales (Nouvelles) de la construction.
Annales des mines.
Annales des ponts et chaussées.
Arms and explosives.
(*) *Boletim Militar do Ultramar* (Portugal).
(*) *Boletim official da administração geral das alfandegas* (Portugal).
(*) *Boletim da propriedade industrial* (Portugal).
(*) *Boletim da Sociedade de geographia de Lisboa.*
Bulletin de la Commission internationale du congrès des chemins de fer.
Comptes-rendus hebdomadaires des séances de l'Académie des sciences.
Diario das camaras dos dignos pares do reino e deputados da nação portugueza.
Diario do Governo (Portugal).
France (La) militaire.
Génie (Le) civil.
Giornale militare ufficiale.
(*) *Historia e memorias da Academia real das sciencias de Lisboa.*
Italia (L') militare e marina.
(*) *Jornal das sciencias mathematicas* (de l'Académie royale des sciences de Lisbonne).
Journal militaire officiel.
Journal des sciences militaires.
Medicina (A) militar (Portugal).
Mémoires et comptes-rendus des travaux de la Société des ingénieurs civils de France.
Memorial de artilleria.
Memorial de ingenieros del ejercito.
Mittheilungen über Gegenstände des Artillerie-und-Genie Wesens Wien.
(*) *Ordens da armada* (Portugal).
(*) *Ordens do commando geral de artilheria* (Portugal).
(*) *Ordens do exercito* (Portugal).
Revista cientifico-militar.
Revista de engenheria militar (Portugal).
(*) *Revista do exercito e da armada* (Portugal).
Revista de infanteria (Portugal).
(*) *Revista militar* (Portugal).

[1] Les publications marquées du signe (*) sont reçues à la bibliothèque à titre de don. Toutes les autres sont acquises par abonnement.

(*) *Revista de obras publicas e minas* (Portugal).
(*) *Revista portugueza colonial e maritima.*
Revista tecnica de infanteria y caballeria.
(*) *Revue (La) illustrée du Portugal.*
Revue de l'armée belge.
Revue d'artillerie.
Revue de cavalerie.
Revue du cercle militaire.
Revue générale des chemins de fer.
Revue des deux mondes.
Revue du droit international.
Revue du génie militaire.
Revue (La) d'infanterie.
Revue militaire de l'étranger.
Revue militaire suisse.
Revue du service de l'intendance militaire.
Revue universelle des mines.
Revue (La nouvelle).
Rivista di artiglieria e genio.
Rivista militare italiana.
Spectateur militaire.

STATISTIQUE

TABLEAU N.° 1

Académie Royale de fortification, artillerie et dessin

Années scolaires	Élèves inscrits sur la matricule					Élèves ayant terminé les cours		
	1.ère année	2.e année	3.e année	4.e année	Total	De 4 années	De 3 années	Total
1789–1790	44	—	—	—	44	—	—	
1790–1791	19	33	—	—	52	—	—	
1791–1792	15	14	30	—	59	—	23	23
1792–1793	28	15	11	—	54	—	8	8
1793–1794	26	17	10	—	53	—	8	8
1794–1795	17	17	17	—	51	—	16	16
1795–1796	13	13	17	—	43	—	16	16
1796–1797	5	11	9	—	25	—	6	6
1797–1798	4	—	9	—	13	—	8	8
1798–1699	7	3	—	—	10	—	—	—
1799–1800	13	5	2	4	24	4	—	4
1800–1801	15	11	3	2	31	2	3	5
1801–1802	35	8	7	—	50	3		3
1802–1803	36	20	6	2	64	1	3	4
1803–1804	27	28	18	2	75	2	3	5
1804–1805	20	17	23	13	73	13	2	15
1805–1806	22	17	18	19	76	19	3	22
1806–1807	16	16	16	15	63	12	4	16
1807–1808	18	14	12	10	54	4	2	6
1808–1809	6	8	6	3	23	—	—	—
1809–1810 [1]	6	1	—	—	7	—	—	—
1810–1811	—	—	—	—	—	—	—	—
1811–1812	10	1	—	—	11	—	—	—
1812–1813	14	6	1	—	21	—	—	—
1813–1814	15	9	5	1	30	—	2	2
1814–1815	6	12	7	—	25	—	6	6
1815–1816	6	6	14	—	26	—	8	8
1816–1817	22	6	6	14	48	6	2	8
1817–1818	25	15	5	4	49	4	1	5
1818–1819	23	23	12	4	62	4	1	5
1819–1820	20	18	20	11	69	5	19	24
1820–1821	33	16	21	7	77	1	10	11
1821–1822	32	25	16	12	85	8	4	12
1822–1823	47	24	18	8	97	8	10	18
1823–1824	29	35	24	6	94	3	6	9
1824–1825 [2]	54	25	34	7	120	30	6	36
1825–1826 [3]	57	33	22	11	123	11	12	23
1826–1827 [4]	21	33	36	10	100	6	10	16
1827–1828 [5]	48	31	22	8	109	5	11	16
1828–1829	40	32	18	2	92	1	9	10
1829–1830	22	24	26	1	73	1	16	17
1830–1831	40	16	20	8	84	7	13	20
1831–1832	37	26	20	8	91	5	3	8
1832–1833	26	22	15	8	71	4	5	9
1833–1834 [6]	—	—	—	—	—	—	—	—
1834–1835	27	20	22	6	75	2	9	11
1835–1836	21	17	21	13	72	10	13	23
1836–1837	34	13	15	5	67	—	—	—
Total...	1:101	756	634	224	2:715	181	281	462

[1] Du 21 mars 1809 à la fin de l'exercice de 1810–11, les classes restèrent fermées, presque tous les professeurs étant employés en service militaire hors de l'Académie.— [2] Outre ces élèves, 3 élèves volontaires ont aussi suivi les classes.— [3] Id., id., 8.— [4] Id., id., 9.— [5] Id., id., 1. Des élèves inscrits, 2 de 1.ère année, 7 de 2.e et 6 de 3.e furent rayés de l'Académie, par détermination ressortant de l'avis du 10 novembre 1828.— [6] Il n'y eut pas de matricules, et les classes restèrent fermées.

Note.— L'octroi de diplômes des cours ne commenc a que depuis 1834 (arrêté du 16 octobre 1834). Jusqu'alors les élèves prouvaient leurs degrés par certificats, passés séparément, concernant chaque chaire de l'Académie de fortification, artillerie et dessin.

TABLEAU N.° 2

École de l'armée

Elèves ayant effectué leur première inscription à chacune des années scolaires écoulées depuis 1837-1838 jusqu'en 1863-1864, et élèves ayant términé les cours pendant cette même période, d'après le régime scolaire, établi par le décret du 12 janvier 1837.

Années scolaires	Élèves inscrits sur la matricule							Élèves ayant terminé les cours						
	Génie militaire.	Artillerie.	État-major.	Génie civil.	Cavalerie.	Infanterie.	Total.	Génie militaire.	Artillerie.	État-major.	Génie civil.	Cavalerie.	Infanterie.	Total.
1837-1838	5	2	—	—	1	—	8	7	—	—	—	1	—	8
1838-1839	2	2	4	—	2	4	14	17	1	—	—	—	1	19
1839-1840	6	4	7	—	—	4	21	5	1	1	—	—	1	8
1840-1841	5	8	7	—	—	4	24	—	4	5	—	—	3	12
1841-1842	6	3	5	—	1	3	18	10	2	9	—	—	1	22
1842-1843	3	3	2	—	1	8	17	5	7	4	—	—	4	20
1843-1844	5	5	5	1	1	11	28	3	4	—	—	1	4	12
1844-1845	6	1	7	—	1	6	21	2	3	4	—	—	6	15
1845-1846	6	4	1	—	—	7	18	3	2	—	—	2	1	8
1846-1847[1]	—	—	—	—	—	—	—	—	—	—	—	—	—	—
1847-1848	9	3	1	—	2	2	17	3	—	1	—	—	—	4
1848-1849	9	2	1	—	—	6	18	4	1	—	—	—	1	6
1849-1850	9	3	3	1	2	2	20	3	6	2	—	3	2	16
1850-1851	14	2	6	—	4	20	46	13	2	—	—	2	16	33
1851-1852	5	9	3	—	—	19	36	12	4	9	—	—	18	43
1852-1853	15	12	3	—	5	20	55	12	1	—	—	1	7	21
1753-1854	11	5	9	—	2	14	41	6	1	5	—	2	2	16
1854-1855	2	2	3	2	4	14	27	9	5	4	—	5	8	31
1855-1856	3	6	—	—	6	16	31	9	3	4	1	4	12	33
1856-1857	1	2	4	—	1	11	19	2	4	—	—	3	14	23
1857-1858	3	3	—	2	3	15	26	5	3	3	—	3	12	26
1858-1859	2	5	—	2	5	11	25	2	5	1	—	4	21	33
1859-1860	5	6	—	—	4	18	33	1	6	—	1	5	9	22
1860-1861	1	8	1	1	8	21	40	4	2	—	1	2	21	30
1861-1862	—	4	—	3	8	26	41	1	8	1	2	6	21	39
1862-1863	—	3	—	4	8	22	37	3	4	—	2	5	13	27
1863-1864	2	11	3	5	1	13	35		4	1	1	6	19	31
Total	135	118	75	21	70	297	716	141	83	54	8	55	217	558

[1] Les classes restèrent fermées.

Notes. — Outre les élèves immatriculés, dont on fait mention au tableau n.° 2, il y en eut qui fréquentèrent des classes isolées, comme complément des cours non militaires, à savoir: 2 en 1838-1839, 1 en 1843-1844, 1 en 1845-1846, 1 en 1854-1855, 1 en 1856-1857, 2 en 1861-1862, et 2 en 1863-1864.

Dans le nombre des élèves, qui ont terminé des cours, on compte ceux qui sont insérés dans le tableau suivant, et qui, ayant effectué leur matricule sans être tenus d'exhiber leur brevet d'une ou plus d'une des matières préparatoires, n'obtinrent le diplôme respectif que dans les années subséquentes, et après avoir présenté le brevet sus-mentionné :

Années scolaires	Génie militaire	Artillerie	État-major	Génie civil	Cavalerie	Infanterie	Total
1839-1840	—	—	—	—	—	1	1
1840-1841	—	1	3	—	—	—	4
1841-1842	3	1	1	—	—	—	5
1842-1843	1	2	1	—	—	3	7
1843-1844	—	2	—	—	1	2	5
1845-1846	—	—	1	—	—	—	1
1848-1849	—	—	—	—	—	1	1
1849-1850	—	—	—	—	—	1	1
1850-1851	1	—	—	—	2	11	14
1851-1852	—	—	—	—	—	4	4
1852-1853	1	—	—	—	—	3	4
1853-1854	1	—	1	—	—	—	2
1854-1855	1	—	1	—	—	—	2
1859-1860	—	—	—	1	—	—	1
1861-1862	—	—	—	2	—	—	2
Total	8	6	8	3	3	26	54

TABLEAU N.° 3

Élèves ayant effectué leur première matricule dans chacune des années scolaires écoulées depuis 1864-1865 jusqu'en 1890-1891, et élèves ayant terminé les cours pendant cette même période, d'après le régime scolaire, établi par le décret du 24 décembre 1863.

Années scolaires	Élèves inscrits sur la matricule							Élèves ayant terminé les cours						
	Génie militaire.	Artillerie.	État-major.	Génie civil.	Cavalerie.	Infanterie.	Total.	Génie militaire.	Artillerie.	État-major.	Génie civil.	Cavalerie.	Infanterie.	Total.
1864-1865 ...	—	6	1	3	8	17	35	—	9	4	2	3	7	25
1865-1866 ...	—	9	1	2	8	8	28	2	6		3	1	8	20
1866-1867 ...	1	8	—	3	11	15	38	—	12	1	2	7	9	31
1867-1868 ...	4	7	1	3	11	39	65	—	7		2	8	7	24
1868-1869 ...	4	9	6	1	9	32	61	1	4	5	4	7	32	53
1869-1870 ...	4	11	1	2	11	22	51	4	11	2	1	13	38	69
1870-1871 ...	8	14	—	1	14	61	98	4	9		2	4	20	39
1871-1872 ...	6	10	—	6	11	51	84	5	12	1	1	12	46	77
1872-1873 ...	10	12	1	2	18	55	98	8	8		6	5	37	64
1873-1874 ...	14	12	1	5	22	68	122	5	10	1	2	18	43	79
1874-1875 ...	8	7	6	2	21	56	100	9	15	1	4	10	42	81
1875-1876 ...	10	13	—	1	19	41	84	14	3	5	1	21	58	102
1876-1877 ...	10	6	1	2	21	43	83	6	14	1	1	26	48	96
1877-1878 ...	6	10	2	3	12	37	70	10	8	1	1	20	46	86
1878-1879 ...	7	11	—	1	26	52	97	10	9	2	4	16	39	80
1879-1880 ...	12	27	4	2	30	70	145	6	10			23	39	78
1880-1881 ...	8	33	1	1	9	35	87	6	26	4	3	27	75	141
1881-1882 ...	3	26	1	6	22	84	142	12	28		2	10	33	85
1882-1883 ...	6	23	—	5	6	50	90	6	18	1	3	13	47	88
1883-1884 ...	11	18	4	3	3	29	68	3	21	1	7	9	46	87
1884-1885 ...	9	31	5	7	10	44	106	6	16	4	2	1	25	54
1885-1886 ...	7	29	11	14	3	35	99	11	19	5	5	—	25	65
1886-1887 ...	9	17	7	16	6	37	92	7	22	8	13	2	15	67
1887-1888 ...	9	11	3	13	13	52	101	7	16	7	16	2	22	70
1888-1889 ...	8	22	5	8	13	136	192	7	8	3	11	4	30	63
1889-1890 ...	9	18	—	5	15	144	191	7	17	5	5	5	66	105
1890-1891 ...	6	31	—	11	23	90	161	8	18		3	5	75	109
Total...	189	431	62	128	375	1:403	2:588	164	356	62	106	272	978	1:938

Notes.— Outre les élèves immatriculés, dont on fait mention au tableau n.º 3, il y en eut qui fréquentèrent l'École comme externes (article 79.º du règlement scolaire du 26 octobre 1864), savoir: 1 en 1864-1865, 2 en 1868-1869 et 1 en 1870-1871; et comme élèves libres (article 80.º du même règlement): 1 en 1865-1866, 3 en 1866-1867, 2 en 1867-1868, 2 en 1870-1871, 3 en 1874-1875, 2 en 1877-1878, 4 en 1878-1879, 3 en 1881-1882, 1 en 1883-1884, 1 en 1884-1885, 3 en 1885-1886, 2 en 1886-1887, 1 en 1888-1889, 1 en 1889-1890 et 1 en 1890-1891.

Dans le nombre des élèves, qui ont terminé des cours, on compte ceux qui sont insérés dans le tableau suivant, et qui, ayant effectué leur matricule sans être tenus d'exhiber leur brevet d'une ou plus d'une des matières préparatoires, n'obtinrent le diplôme respectif que dans les années subséquentes, et après avoir présenté le brevet sus-mentionné :

Années scolaires	Génie militaire	Artillerie	État-major	Génie civil	Cavalerie	Infanterie	Total
1868-1869	—	—	—	1	—	—	1
1872-1873	—	—	—	1	—	—	1
1877-1878	—	1	—	—	—	—	1
1880-1881	—	—	—	—	—	1	1
1882-1883	—	—	—	—	—	1	1
1883-1884	—	—	—	—	—	1	1
Total	—	1	—	2	—	3	6

TABLEAU N.° 4

Elèves ayant effectué leur première inscription aux années scolaires ci-dessous indiquées, avec désignation du régime scolaire adopté pour chacune de ces années, et élèves qui dans ces mêmes années ont terminé des cours.

Régime scolaire établi par le décret du 28 octobre 1891

Années scolaires	Élèves inscrits sur la matricule								Élèves ayant terminé les cours							
	Cours de guerre.	Génie militaire.	Artillerie.	Cavalerie.	Infanterie.	Administration militaire	Génie civil.	Total.	Cours de guerre.	Génie militaire.	Artillerie.	Cavalerie.	Infanterie.	Administration militaire	Génie civil.	Total.
1891–1892 ..	—	6	41	21	97	—	19	184	—	9	30	8	64	—	9	120

Régime scolaire établi par le décret du 30 octobre 1892

Années scolaires	Élèves inscrits sur la matricule									Élèves ayant terminé les cours								
	Cours de guerre.	Génie militaire.	Artillerie	Cavalerie.	Infanterie.	Administration militaire	Génie civil.	Génie de mines.	Total.	Cours de guerre.	Génie militaire.	Artillerie.	Cavalerie.	Infanterie.	Administration militaire	Génie civil	Génie de mines.	Total.
1892–1893 ..	—	2	10	4	35	—	25	1	77	—	6	37	6	48	—	14		111
1893–1894 ..	—	1	12	3	16		18	—	50	—	6	12	5	32	—	22	1	78
Total...	—	3	22	7	51	—	43	1	127	—	12	49	11	80	—	36	1	189

Régimes scolaires, établis par le décret du 23 août 1894, et par la loi du 13 mai 1896

Années scolaires	Élèves inscrits sur la matricule					Élèves ayant terminé les cours								
	État-major.	Administration militaire	Génie civil et de mines	Cours général (1.ère année, commune aux cours du génie militaire de l'artillerie, de la cavalerie et de l'infanterie.	Total.	État-major.	Génie militaire.	Artillerie.	Cavalerie.	Infanterie.	Administration militaire	Génie civil.	Génie civil et de mines	Total.
1894–1895 ..	4	2	9	62	77	—	2	9	3	13	1	14	—	42
1895–1896 ..	2	8	10	27	47	4	—	—	12	16	8	—	—	40
1896–1897 ..	—	4	10	10	24	1	—	9	9	11	3	—	7	40
Total...	6	14	29	99	148	5	2	18	24	40	12	14	7	122

Régime scolaire établi par la loi du 13 septembre 1897 [1]

Années scolaires	Élèves inscrits sur la matricule						Élèves ayant terminé les cours							
	État-major.	Génie militaire et artillerie (1.ère année, commune à ces deux cours).	Cavalerie et infanterie (1.ère année, commune à ces deux cours).	Administration militaire	Génie civil et de mines	Total.	État-major.	Génie militaire.	Artillerie	Cavalerie.	Infanterie.	Administration militaire	Génie civil et de mines	Total.
1897-1898 ..	7	5	119	7	2	140	—	4	2	2	—	7	9	24
1898-1899 ..	—	6	98	7	5	116	6	2	6	16	52	7	9	98
1899-1900 ..	9	7	110	10	3	139	—	—	—	—	—	—	—	—
Total...	16	18	327	24	10	395	6	6	8	18	52	14	18	122

[1] Les chaires 19.e et 20.e (mines) du régime scolaire établi par la loi du 13 mai 1896 ont été comprises dans le nombre des matières du cours du génie militaire, conformément à la disposition du § 2.e de l'article 10.e des modifications introduites dans l'organisation de l'École de l'armée par la loi du 13 septembre 1897, les élèves qui ont terminél e cours susdit en 1898-1899 ayant déjà acquis ce degré.

Notes. — Outre les élèves immatriculés, dont on fait mention au tableau n.o 4, il y en eut qui fréquentèrent l'École comme élèves libres (article 32.e des instructions réglementaires provisoires du 16 novembre 1891, article 36.e des instructions réglementaires provisoires du 30 novembre 1892, article 265.e du règlement scolaire du 5 octobre 1894, et article 177.e des règlements scolaires du 20 août 1896 et du 26 septembre 1897), savoir: 1 en 1891-1892, 1 en 1894-1895, et 1 en 1897-1898.

Dans le nombre des élèves qui ont terminé le cours d'état-major, l'année scolaire de 1898-1899, on compte cinq qui ne peuvent obtenir le diplôme respectif, qu'en présentant des certificats d'approbation dans la langue allemande, et de ces mêmes cinq élèves il y en a un, qui doit présenter aussi le certificat d'approbation dans la langue anglaise (§ unique de l'article 26.e des modifications introduites dans l'organisation de l'École de l'armée par la loi du 13 septembre 1897).

TABLEAU N.° 5

Élèves munis du cours d'infanterie, qui ont terminé aussi celui de:

État-major (après l'organisation scolaire décrétée en 1894)[1]	3	104
Génie militaire	27	
Artillerie[2]	48	
État-major (avant l'organisation scolaire decrétée en 1894)[3]	12	
Génie civil	14	

Élèves munis du cours de cavalerie, qui ont terminé aussi celui de:

Génie militaire	3	11
Artillerie	3	
État-major (avant l'organisation scolaire décrétée en 1894)	3	
Génie civil	2	

Élèves munis du cours du génie civil, qui ont terminé aussi celui de:

Génie militaire	1	3
Artillerie[4]	1	
État-major (avant l'organisation scolaire décrétée en 1894)	1	

Élèves munis du cours d'état-major (avant l'organisation scolaire décrétée en 1894), qui ont terminé celui du génie militaire 3

Élèves munis du cours d'artillerie, qui ont terminé aussi celui de:

État-major (après l'organisation scolaire décrétée en 1894)[5]	8	14
Génie militaire	3	
Génie civil	3	

---

[1] Un de ces élèves n'ayant pas droit au diplôme de ce cours, faute de préparatoires suffisants. Un autre élève avait aussi terminé antérieurement le cours du génie civil.

[2] Un de ces élèves n'ayant pas droit au diplôme de ce cours, faute d'un préparatoire.

[3] Deux de ces élèves n'ayant pas droit au diplôme de ce cours, faute de préparatoires suffisants.

[4] Il avait aussi terminé antérieurement le cours du génie civil; mais il n'avait pas été soumis à l'examen de sortie dans ce cours, faute de préparatoires suffisants.

[5] Quatre de ces élèves n'ayant pas droit au diplôme de ce cours, faute de préparatoires suffisants.

Élèves ayant obtenu des prix à l'école de l'armée depuis 1837-1838 jusqu'en 1898-1899

Noms	Cours	Années scolaires où les cours furent conclus	Prix obtenus
Joaquim da Costa Cascaes [1]	Génie militaire	1837–1838	1.er prix pécuniaire à la 3.e chaire, et prix pécuniaire à la 6.e chaire.
Francisco Xavier Lopes [2]	»	»	1.er prix pécuniaire à la 1.re partie de la 4.e chaire, et à la 2.e partie de la même chaire, et 2.e prix pécuniaire à la 2.e chaire.
Francisco Adolpho Varnhagem [3]	»	»	1.er prix pécuniaire à la 2.e chaire.
Manoel Luiz Esteves [4]	»	»	2.e prix pécuniaire à la 3.e chaire, et prix honorifique à la 6.e chaire.
Antonio Florencio de Sousa Pinto [5]	»	»	Prix honorifique à la 2.e chaire.
Faustino José de Menna Apparicio	»	»	Prix pécuniaire à la 6.e chaire.
Antonio Maria de Fontes Pereira de Mello	»	»	2.e prix pécuniaire à la 1.re chaire, et prix honorifique à la 2.e partie de la 4.e chaire.
José Candido de Sequeira [6]	»	»	Prix honorifique à la 2.e chaire, et 2.e prix pécuniaire à la 2.e partie de la 4.e chaire.
Joaquim Antonio Dias	»	1839–1840	1.er prix pécuniaire à la 3.e chaire, et prix honorifique aux 1.re et 6.e chaires.
Antonio Pedro Buys	Artillerie	1840–1841	1.er prix pécuniaire à la 2.e chaire, et 2.e prix pécuniaire à la 3.e chaire.
Frederico d'Almeida Portugal Correia de Lacerda	État-major	»	1.er prix pécuniaire aux 2.e et 3.e chaires, et 2.e prix pécuniaire à la 1.re partie de la 4.e chaire.
Silvino Candido d'Almeida Carvalho	»	»	1.er prix pécuniaire à la 1.re partie de la 5.e chaire, et prix honorifique à la 2.e chaire.
Francisco Maria Melquiades da Cruz Sobral [7]	Génie militaire	1841–1842	1.er prix pécuniaire à la 1.re partie de la 4.e chaire.
Frederico Augusto de Novaes Côrte Real e Lemos	»	»	1.er prix pécuniaire à la 3.e chaire.
Augusto Cesar de Vasconcellos	»	»	1.er prix pécuniaire aux 1.re, 3.e et 5.e chaires, à la 1.re partie de la 4.e, et à la 2.e partie de cette même chaire; la moitié du premier prix pécuniaire à la 6.e chaire, la moitié du premier prix pécuniaire à la même chaire (2.e fois), et prix honorifique à la 2.e chaire.
José Maria da Cunha	Artillerie	»	2.e prix pécuniaire aux 2.e et 5.e chaires, à la 1.re partie de la 4.e, et à la 2.e partie de cette même chaire.
Placido Antonio da Cunha e Abreu	État-major	»	2.e prix pécuniaire à la 2.e chaire et prix honorifique à la 1.re chaire.
Antonio Egydio da Ponte Ferreira	Génie militaire	1842–1843	La moitié du 1.er prix pécuniaire à la 6.e chaire, et 1.er prix honorifique à la 5.e chaire.
Philippe José Rodrigues	»	»	1.er prix pécuniaire aux 1.re, 2.e, 3.e et 5.e chaires, et 2.e prix pécuniaire à la 1.re partie de la 4.e chaire.
Francisco da Ponte e Horta	Artillerie	1842–1843	2.e prix pécuniaire à la 2.e partie de la 4.e chaire.
Miguel José Gomes Monteiro	»	»	1.er prix pécuniaire à la 1.re partie de la 4.e chaire, et à la 2.e partie de la même chaire; 2.e prix pécuniaire aux 3.e et 5.e chaires, et 2.e prix honorifique à la 2.e
Antonio da Rosa Gama Lobo [8]	»	»	1.er prix honorifique à la 2.e chaire.

[1] Il avait aussi obtenu des prix à l'examen des trois premiers mois d'étude de la 1.re année, et aux matières théoriques de la 1.re et de la 2.e année, à l'Académie de fortification, artillerie et dessin.

[2] Il avait aussi obtenu des prix à l'examen des trois premiers mois d'étude de la 1.re année, et à celui des matières théoriques de la même année, à l'Académie de fortification, artillerie et dessin.

[3] Il avait aussi obtenu des prix à l'examen des trois premiers mois d'étude de la 1.re année, et à ceux des matières théoriques et de dessin de la même année, à l'Académie de fortification, artillerie et dessin.

[4] Il avait aussi obtenu des prix à l'examen des trois premiers mois d'étude de la 1.re année, et à ceux des matières théoriques de la 1.re et de la 2.e année, et à celui de la 1.re année de dessin, à l'Académie de fortification, artillerie et dessin.

[5] Il avait aussi obtenu un prix à l'examen des trois premiers mois d'étude de la 1.re année, à l'Académie de fortification, artillerie et dessin.

[6] Il avait aussi obtenu des prix à l'examen des trois premiers mois d'étude de la 1.re année, et à celui des matières théoriques de la même année, à l'Académie de for ification, artillerie et dessin.

[7] Il avait aussi obtenu un prix à l'examen des trois premiers mois d'étude de la 1.re année, à l'Académie de fortification, artillerie et dessin.

[8] Il aurait aussi obtenu le 1.er prix pécuniaire à la 2.e partie de la 4.e chaire, s'il n'avait pas manqué de se présenter, quoique pour un motif justifié, à l'examen respectif à l'époque normale.

Noms	Cours	Années scolaires où les cours furent conclus	Prix obtenus
José Diogo Mascarenhas Mousinho d'Albuquerque	Génie militaire	1843-1844	1.er prix honorifique à la 2.e chaire.
Francisco de Assis Feijó...	»	»	1.er prix pécuniaire aux 1.re, 2.e, et 5.e chaires, à la 2.e partie de la 4.e, et à la 6.e chaire (2.e année); et la moitié du même prix à la 6 e chaire. (1.re année).
José Osorio de Castro Cabral e Albuquerque [1]......................	État-major	»	1.er prix pécuniaire à la 1.re partie de la 5.e chaire, et 2.e prix honorifique à la 2.e chaire.
José Joaquim Namorado..	Génie militaire	1844-1845	1.er prix pécuniaire à la 2.e chaire, et 2.e prix pécuniaire à la 5.e chaire.
José Maria Cabral Calheiros..	Artillerie	»	1.er prix pécuniaire aux 3.e, 5.e et 6.e chaires, et à la 1.re partie de la 4.e; et 2.e prix pécuniaire à la 2.e chaire.
José Maria da Ponte e Horta..	»	»	1.er prix pécuniaire à la 1.re chaire, et à la 1.re partie de la 4.e, et 1.er prix honorifique à la 2.e chaire.
Nuno Augusto de Brito Taborda......................................	Génie militaire	1845-1846	1.er prix pécuniaire à la 1.re partie de la 4.e chaire, et 2.e prix pécuniaire aux 3.e et 5.e chaires, et à la 2.e partie de la 4.e
José de Andrade Corvo..	»	»	Prix honorifique à la 1.re partie de la 4.e chaire.
Manoel Rodrigues da Costa..	Artillerie	»	1.er prix pécuniaire aux 1.re, 2.e, 3.e et 5.e chaires, et à la 2.e partie de la 4.e, et 2.e prix pécuniaire à la 1.re partie de la 4.e chaire.
Francisco de Paula Botelho...	»	»	Prix honorifique à la 2.e chaire.
D. Luiz de Azevedo Sá Coutinho.....................................	État-major	»	1.er prix pécuniaire à la 1.re chaire.
José Joaquim de Castro...	Génie militaire	1847-1848	1.er prix pécuniaire aux 3.e et 5.e chaires, à la 1.re partie de la 4.e, et à la 2.e partie de cette même chaire.
José Maria Latino Coelho...	»	»	1.er prix pécuniaire à la 1.re partie de la 4.e chaire, 2.e prix pécuniaire à la 2.e chaire, et prix honorifique à la 2.e partie de la 4.e chaire.
Caetano Alberto de Sori..	»	1848-1849	1.er prix pécuniaire aux 2.e et 3.e chaires, 2.e prix pécuniaire à la 5.e, et à la 2.e partie de la 4.e, et prix honorifique à la 1.re partie de cette même chaire.
Emygdio José Xavier Machado..	Artillerie	»	1.er prix pécuniaire à la 1.re chaire, 2.e prix pécuniaire à la 3.e et à la 1.re partie de la 4.e, et prix honorifique à la 2.e partie de cette même chaire.
Caetano Manoel Roque Alvares.......................................	»	1849-1850	1.er prix pécuniaire aux 1.re, 2.e, 3.e et 5.e chaires, à la 1.re partie de la 4.e, et à la 2.e partie de cette même chaire.
Theodoro José da Silva Freire......................................	»	»	2.e prix pécuniaire à la 2.e chaire.
Francisco Jeronymo Luna..	Génie militaire	1850-1851	1.er prix pécuniaire à la 1.re partie de la 4.e chaire.
José Correia Telles Pamplona.......................................	»	»	2.e prix pécuniaire à la 1.re partie de la 4.e chaire.
Francisco de Menna Apparicio.......................................	»	»	1.er prix pécuniaire aux 1.re, 2.e et 5.e chaires, et 2.e prix pécuniaire à la 1.re partie de la 4.e, et à la 2.e partie de cette même chaire.
João Joaquim de Mattos...	»	»	2.e prix pécuniaire à la 1.re chaire.
Augusto Maria de Almeida Garcia Fidié..............................	»	1851-1852	2.e prix pécuniaire à la 1.re chaire.
José Maria de Almeida Garcia Fidié.................................	»	»	Prix honorifique à la 1.re chaire.
Luiz José de Mello...	»	»	1.er prix pécuniaire à la 1.re partie de la 4.e chaire, et à la 2.e partie de cette même chaire, et 2.e prix pécuniaire à la 1.re chaire.
Conde de Samodães (Francisco)......................................	»	»	1.er prix pécuniaire à la 1.re chaire.
Francisco de Carvalho Morão Pinheiro...............................	»	1852-1853	2.e prix honorifique à la 2.e partie de la 4.e chaire.
Agnello José Moreira...	»	»	1.er prix honorifique à la 2.e chaire.
Bento Fortunato de Moura Coutinho de Almeida d'Eça.................	»	»	4.e prix honorifique à la 3.e chaire.
Domingos Pinheiro Borges...	»	»	3.e prix honorifique à la 3.e chaire.
José Honorato de Campos e Silva....................................	»	»	1.er prix honorifique à la 2.e partie de la 5.e chaire.
José Joaquim de Paiva Cabral Couceiro..............................	»	»	1.er prix pécuniaire à la 3.e chaire et à la 2.e partie de la 5.e chaire.

22

[1] Il avait aussi obtenu un prix à l'examen des matières théoriques de la 1.re année, à l'Académie de fortification, artillerie et dessin.

Noms	Cours	Années scolaires où les cours furent conclus	Prix obtenus
José Vicente Godinho	Génie militaire	1852–1853	2.e prix pécuniaire à la 3.e chaire.
Pedro Alves de Avellar Machado	»	»	2.e prix honorifique à la 3.e chaire.
Antonio Joaquim Pereira	»	1853-1854	1.er prix pécuniaire aux 2.e et 3.e chaires, et 2.e prix pécuniaire à la 1.re partie de la 4.e chaire.
José Augusto Cesar das Neves Cabral	État-major	»	2.e prix pécuniaire à la 2.e partie de la 4.e chaire, et à la 2.e partie de la 5.e chaire.
Antonio Anacleto da Silva Moraes	»	»	1.er prix pécuniaire à la 2.e partie de la 4.e chaire, et 2.e prix pécuniaire à la 2.e chaire et à la 2.e partie de la 5.e
João Baptista Schiappa d'Azevedo	Génie militaire	1854–1855	2.e prix honorifique à la 1.re partie de la 4.e chaire.
José Elias Garcia	»	»	1.er prix pécuniaire aux 1.re, 2.e et 3.e chaires, et à la 1.re partie de chacune des chaires 4.e et 5.e, et 2.e prix pécuniaire à la 2.e partie de la 4.e
Manoel José Ribeiro	»	»	1.er prix honorifique à la 1.re chaire.
Manoel Paulo de Sousa	État-major	»	2.e prix pécuniaire à la 1.re chaire.
Pedro Freire de Almeida	Génie militaire	1855–1856	1.er prix pécuniaire aux 1.re et 3.e chaires, et à la 2.e partie de la 4.e; 2.e prix pécuniaire à la 2.e chaire, et 1.er prix honorifique à la 1.re partie de la 4.e chaire.
Francisco Antonio de Brito Limpo	»	»	1.er prix pécuniaire à la 1.re partie de la 4.e chaire; prix pécuniaire à la 6.e chaire; 2.e prix pécuniaire à la 3.e et à la 2.e parties de la 4.e, et 1.er prix honorifique à la 2.e chaire.
Francisco José da Silva Junior	État-major	»	1.er prix pécuniaire à la 3.e chaire, à la 2.e partie de la 4.e chaire, et à la 2.e partie de la 5.e chaire et son auxiliaire.
José Cabral Gordilho de Oliveira Miranda	»	»	1.er prix pécuniaire à la 3.e chaire, à la 1.re partie de la 4.e, à la 2.e partie de cette même chaire, et à la 1.re partie de la 5.e chaire et son auxiliaire, et distinction à la 3.e année de dessin.
Aniceto Marcolino Barreto da Rocha	Génie militaire	1857–1858	Prix honorifique à la 2.e partie de la 4.e chaire.
Jacintho José Maria do Couto	»	»	1.er prix pécuniaire aux 1.re et 2.e chaires, et prix honorifique à la 2.e partie de la 4.e chaire.
Nuno Caetano Pacheco	»	»	2.e prix pécuniaire à la 2.e chaire.
Adolpho Ferreira de Loureiro	État-major	»	2.e prix pécuniaire à la 2.e chaire.
Joaquim Pires de Sousa Gomes	»	»	1.er prix pécuniaire à la 2.e chaire, et à la 2.e partie de la 5.e chaire.
Adriano Augusto de Pina Vidal	Infanterie	»	2.e prix pécuniaire à la 1.re chaire.
Joaquim Pires de Sousa Gomes	Génie militaire	1858–1859	1.er prix pécuniaire à la 3.e chaire.
Augusto Frederico Pinto de Rebello Pedrosa	Artillerie	»	Prix pécuniaire à la 3.e année de dessin.
Pedro Luiz Machado	»	»	*Accessit* à la 3.e année de dessin.
Augusto Cesar Justino Teixeira	État-major	»	1.er prix pécuniaire à la 1.re chaire, et la moitié du 1.er prix pécuniaire à la 2.e partie de la 4.e chaire.
Frederico Augusto de Avellar Pinto Tavares	Cavalerie	»	Distinction à la 1.re année de dessin.
Antonio Maria Bivar de Sousa	»	»	Distinction à la 1.re année de dessin.
Pedro de Alcantara Gomes	Infanterie	»	*Accessit* à la 1.re année de dessin.
Alfredo Oscar de Azevedo May	»	»	*Accessit* à la 1.re année de dessin.
Jayme Agnello dos Santos Couvreur	»	»	*Accessit* à la 1.re année de dessin.
Joaquim Augusto Monteiro Gomes	»	»	Prix pécuniaire à la 1.re année de dessin.
Francisco Augusto Henriques Achemann	»	»	Distinction à la 1.re chaire et à la 1.re année de dessin.
Joaquim Dias da Silva	Génie militaire	1859–1860	2.e prix pécuniaire à la 2.e partie de la 5.e chaire et son auxiliaire; prix pécuniaire à la 2.e année de dessin; la moitié du 1.er prix pécuniaire à la 2.e partie de la 4.e chaire, et distinction à la 2.e chaire et à la 3.e année de dessin.
Antonio José Pereira d'Antas Guerreiro	Artillerie	»	*Accessit* à la 2.e année de dessin, et distinction à la 3.e année.
Francisco Hygino Craveiro Lopes	»	»	1.er prix pécuniaire à la 1.re chaire; prix pécuniaire à la 3.e année de dessin; la moitié du prix pécuniaire à la 1.re année, et *accessit* à la 3.e année de dessin.

Noms	Cours	Années scolaires où les cours furent conclus	Prix obtenus
Miguel Francisco Morão Pinheiro	Artillerie	1859-1860	1.er prix pécuniaire à la 3.e chaire, et distinction à la 3.e année de dessin.
Lourenço Antonio de Carvalho	Génie civil	»	Distinction à la 2.e année de dessin.
José Virgolino Carneiro	Infanterie	»	2.e prix pécuniaire à la 1.re chaire, et à la 1.re partie de la 6.e chaire.
Miguel Francisco de Mendonça	»	»	1.er prix pécuniaire à la 1.re chaire.
Antonio Cardoso dos Santos	»	»	*Accessit* à la 1.re partie de la 6.e chaire,
Luiz de Castro da Silveira	»	»	1.er prix pécuniaire à la 1.re partie de la 6.e chaire.
João Thomaz da Costa	Génie militaire	1860-1861	1.er prix pécuniaire aux 2.e et 3.e chaires, et à la 2.e partie de la 5.e chaire et son auxiliaire; la moitié du prix pécuniaire à la 3.e année de dessin, et distinction à la 2.e année.
Pedro Eusebio Leite	»	»	2.e prix pécuniaire à la 2.e chaire.
Francisco Augusto Henriques Achemann	»	»	La moitié du prix pécuniaire à la 3.e année de dessin.
Vicente Luiz Correia de Mesquita Pimentel	Artillerie	»	Prix pécuniaire à la 6.e chaire.
João Teixeira de Magalhães	Génie civil	»	Distinction à la 1.re chaire.
Firmino José da Costa	Infanterie	»	Distinction à la 1.re partie de la 6.e chaire.
Antonio Augusto de Sousa e Silva	»	»	2.e prix pécuniaire à la 1.ere partie de la 6.e chaire.
Adriano Augusto de Pina Vidal	Artillerie	1861-1862	1.er prix pécuniaire aux 2.e et 3.e chaires, à la 1.re partie de la 4.e chaire, et à la 2.e partie de cette même chaire, et prix pécuniaire à la 2.e et à la 3.e année de dessin.
Francisco Bernardino de Sá Magalhães	État-major	»	2.e prix pécuniaire à la 2.e chaire, et distinction à la 3.e année de dessin.
João Felix Pereira	Génie civil	»	*Accessit* à la 2.e année de dessin.
Francisco Gonçalves de Sousa Junior	Infanterie	»	Prix pécuniaire à la 1.re année de dessin.
Luciano de Azevedo Monteiro de Barros	»	»	La moitié du 1.er prix pécuniaire à la 1.re chaire.
Octavio Trajano Guedes	»	»	La moitié du 1.er prix pécuniaire à la 1.re chaire.
José de Mattos Cid	Génie militaire	1862-1863	Prix pécuniaire à la 2.e année de dessin et distinction à la 1.re et 3.e année.
Henrique de Lima e Cunha	Artillerie	»	1.er prix pécuniaire à la 1.re partie de la 5.e chaire, et distinction à la 3.e chaire, et à la 2.e et à la 3.e année de dessin.
Antonio Candido Rosado Jara	Cavalerie	»	Distinction à la classe de sabre.
João Gustavo de Azambuja Proença	Infanterie	»	1.er prix pécuniaire à la 1.re chaire.
Francisco de Sousa Barbosa Fraga	»	»	Distinction à la classe de sabre.
Pedro de Alcantara Gomes	Artillerie	1863-1864	Prix pécuniaire à la 2.e année de dessin, et *accessit* à la 3.e année.
Antonio Vasco da Gama Braga	»	»	Prix pécuniaire à la 3.e année de dessin, et distinction à la 2.e année.
Victor Jorge de Pina Vidal	»	»	Distinction à la 3.e année de dessin.
Joaquim José d'Almeida Junior	État-major	»	Distinction à la 2.e année de dessin.
João Verissimo Mendes Guerreiro Castanheirinho	Génie civil	»	La moitié des deux prix pécuniaires à la 1.re partie de la 4.e chaire, et distinction à la 1.re partie de la 5.e chaire et son auxiliaire.
Augusto Eugenio Alves	Cavalerie	»	Distinction à la classe de sabre.
Fernando Candido de Figueiredo	Infanterie	»	Distinction à la classe de sabre.
Julio Carlos de Abreu e Sousa	Artillerie	1864-1865	Distinction à la 2.e année de dessin.
Antonio Augusto de Sousa e Silva	»	»	La moitié des deux prix pécuniaires à la 1.re partie de la 4.e chaire, distinction à la 2.e chaire, et prix honorifique à la 3.e année transitoire du cours.
Antonio Vicente Ferreira Montalvão	»	»	Distinction à la 2.e année de dessin et prix pécuniaire à la 3.e année transitoire du cours.
Eugenio Augusto Cardoso do Amaral	»	»	Prix honorifique à la 3.e année transitoire du cours.
Fernando de Magalhães e Menezes	État-major	»	Prix pécuniaire à la 2.e année transitoire du cours.
Alfredo Augusto Schiappa Monteiro de Carvalho	Artillerie	1865-1866	Prix pécuniaire à la 1.re année du cours.
Guilherme Augusto Tenreiro Ilharco	Cavalerie	»	Distinction à la classe de sabre.
João de Azevedo Vaz Leitão	Infanterie	»	Prix pécuniaire à la 2.e année du cours.
José Victor da Costa Sequeira	»	»	Prix honorifique à la 2.e année du cours.
Antonio José d'Avila Junior	État-major	1866-1867	Prix pécuniaire à la 1.re année du cours.
Joaquim José da Silva	Infanterie	»	Prix pécuniaire à la 1.re année du cours.

Noms	Cours	Années scolaires où les cours furent conclus	Prix obtenus
João Gustavo de Azambuja Proença	Artillerie	1867–1868	Prix pécuniaire aux deux années du cours.
José Mendes da Costa e Silva	Génie civil	»	Prix pécuniaire aux deux années du cours.
José Cecilio da Costa	»	»	Prix honorifique aux deux années du cours.
Ildefonso Porphirio de Mendonça e Silva	Cavalerie	»	2.e prix honorifique à la 2.e année du cours.
José Celestino da Silva	»	»	5.e prix honorifique à la 2.e année du cours.
Joaquim Romão Mendes Grajera	»	»	3.e prix honorifique à la 2.e année du cours.
Antonio Duarte e Silva	»	»	8.e prix honorifique à la 2.e année du cours.
José Antonio de Moraes Sarmento	»	»	6.e prix honorifique à la 2.e année du cours.
Luiz de Sousa Gomes e Silva	Infanterie	»	Prix pécuniaire à la 2.e année du cours.
João Martins de Carvalho Junior	»	»	1.er prix honorifique à la 2.e année du cours.
João Baptista de Bastos	»	»	7.e prix honorifique à la 2.e année du cours.
Carlos Augusto Moraes d'Almeida	Génie militaire	1868–1869	Prix pécuniaire aux trois années du cours.
Francisco de Paula Gomes da Costa	Artillerie	»	Prix pécuniaire aux deux années du cours.
José Manoel de Elvas Cardeira	État-major	»	Prix pécuniaire aux deux années du cours.
José Eduardo Raposo de Magalhães	Génie civil	»	Prix pécuniaire aux deux années du cours.
Joaquim da Silva Carvalho	»	»	2.e prix honorifique à la 2.e année du cours.
Jayme Malaquias de Lemos	Cavalerie	»	5.e prix honorifique à la 2.e année du cours.
José Nicolau Raposo Botelho	Infanterie	»	Prix pécuniaire aux deux années du cours.
Salomão Augusto Cardoso do Amaral	»	»	1.er prix honorifique aux deux années du cours.
Manoel Maria de Brito Fernandes	»	»	4.e prix honorifique à la 2.e année du cours.
José Victorino de Sende e Lemos	»	»	2.e prix honorifique aux deux années du cours.
Guilherme Augusto Victorio de Freitas	»	»	3.e prix honorifique à la 1.re année du cours et 4.e prix honorifique à la 2.e année.

Noms	Cours	Années scolaires où les cours furent conclus	Prix obtenus
Augusto Mathias Guedes	»	»	4.e prix honorifique à la 1.re année du cours.
Godofredo Edmundo Alegro	Génie militaire	1869–1870	Prix pécuniaire aux trois années du cours.
Manoel Raphael Gorjão	»	»	Prix honorifique aux trois années du cours.
Francisco José de Azevedo	Artillerie	»	Prix pécuniaire à la 2.e année du cours.
Sebastião Custodio de Sousa Telles	État-major	»	Prix pécuniaire à la 1.re année du cours.
Francisco do Valle Coelho Cabral	Génie civil	»	Prix pécuniaire à la 1.re année du cours.
Domingos José Correia	Cavalerie	»	8.e prix honorifique à la 2.e année du cours.
Antonio Rodrigues Ribeiro	»	»	5.e prix honorifique à la 2.e année du cours.
Josué Augusto Pereira do Valle	Infanterie	»	Prix pécuniaire aux deux années du cours.
Roque Augusto de Seixas	»	»	3.e prix honorifique à la 2.e année du cours.
Antonio José Mendes	»	»	1.er prix honorifique à la 2.e année du cours.
Ayres Augusto Pereira Dias	»	»	4.e prix honorifique à la 2.e année du cours.
Julio Luiz Ferreira	»	»	9.e prix honorifique à la 2.e année du cours.
João Baptista do Cruzeiro Seixas	»	»	2.e prix honorifique à la 2.e année du cours.
Alexandre Magno de Campos Junior	»	»	7.e prix honorifique à la 2.e année du cours.
Aristides Raphael Nogueira	»	»	6.e prix honorifique à la 2.e année du cours.
Joaquim Luiz Thomaz de Lacueva	»	»	10.e prix honorifique à la 2.e année du cours.
Augusto Cesar Supico	Génie militaire	1870–1871	1.er prix honorifique aux trois années du cours.
José d'Oliveira Garção de Carvalho Campello d'Andrade	»	»	Prix pécuniaire aux trois années du cours.
Rodrigo Mendes Norton	»	»	2.e prix honorifique à la 2.e et à la 3.e année du cours.
Frederico Augusto Borges de Sousa	Génie civil	»	Prix honorifique à la 2.e année du cours.
Antonio Xavier de Almeida Pinheiro	»	»	Prix pécuniaire aux deux années du cours.

Noms	Cours	Années scolaires où les cours furent conclus	Prix obtenus
Eduardo Julio Gomes Callado	Cavalerie	1870-1871	6.e prix honorifique à la 2.e année du cours.
Frederico Tavares Garcia	Infanterie	»	Prix pécuniaire aux deux années du cours.
Pedro de Alcantara da Cunha	»	»	3.e prix honorifique à la 2.e année du cours.
Francisco Felisberto Dias Costa	»	»	4.e prix honorifique à la 2.e année du cours.
Antonio Luiz Gomes Branco de Moraes Sarmento	»	»	1.er prix honorifique aux deux années du cours.
Victor Fortunato Madeira	»	»	4.e prix honorifique à la 1.re année du cours.
Augusto Garcia	»	»	2.e prix honorifique aux deux années du cours.
Alfredo João Francisco da Fonseca	»	»	5.e prix honorifique aux deux années du cours.
José Emilio de Sant'Anna Cunha Castel-Branco	Génie militaire	1871-1872	Prix pécuniaire aux trois années du cours.
José Alves Pimenta de Avellar Machado	»	»	1.er prix honorifique aux trois années du cours.
Carlos Elias Rodrigues dos Santos	Artillerie	»	Prix pécuniaire à la 2.e année du cours.
José Mathias Nunes	»	»	Prix honorifique à la 2.e année du cours.
Antonio Lourenço da Silveira	Génie civil	»	Prix pécuniaire à la 1.re année du cours.
Luiz Carlos Mardel Ferreira	Cavalerie	»	3.e prix honorifique à la 2.e année du cours.
José Teixeira Pona de Castro	»	»	Prix pécuniaire à la 2.e année du cours, et 2.e prix honorifique à la 1.re année.
Manoel Augusto de Carvalho Saraiva	Infanterie	»	1.er prix honorifique à la 1.re année du cours, et 4.e prix honorifique à la 2.e année.
Amilcar Saturio Pires	»	»	2.e prix honorifique à la 2.e année du cours, et 8.e prix honorifique à la 1.re année.
Manoel Cabral da França Arraes Mascarenhas	»	»	3.e prix honorifique à la 1.re année du cours, et 5.e prix honorifique à la 2.e année.

Noms	Cours	Années scolaires où les cours furent conclus	Prix obtenus
Antonio José do Cabo Carvalho	»	»	4.e prix honorifique à la 2.e année du cours.
Eduardo Primo da Cunha Sargedas	»	»	3.e prix honorifique à la 2.e année du cours.
Duarte Xavier Lopes Vieira	»	»	9.e prix honorifique à la 1.re année du cours.
Adrianno Travassos Valdez	»	»	Prix pécuniaire à la 1.re année du cours, et 1.er prix honorifique à la 2.e année.
João Gualberto da Fonseca e Silva	»	»	5.e prix honorifique à la 1.re année du cours.
Augusto da Silva Dias	»	»	6.e prix honorifique à la 1.re année du cours.
Alfredo Augusto de Barros	»	»	7.e prix honorifique à la 1.re année du cours.
Antonio Augusto Duval Telles	Génie militaire	1872-1873	Prix pécuniaire à la 1.re année du cours, et 1.er prix honorifique à la 3.e année.
Diogo Pereira de Sampaio	»	»	Prix pécuniaire à la 2.e et à la 3.e année du cours, et prix honorifique à la 1.re année.
Henrique dos Santos Rosa	»	»	2.e prix honorifique à la 2.e année du cours.
Joaquim José Machado	»	»	3.e prix honorifique à la 2.e année du cours.
José da Paixão Castanheira das Neves	Génie civil	»	Prix pécuniaire aux deux années du cours.
Adriano Augusto da Silva Monteiro	»	»	Prix honorifique à la 2.e année du cours.
José Jayme de Sousa Marques	Infanterie	»	Prix pécuniaire à la 1.re année du cours.
David Xavier Cohen	Génie militaire	1873-1874	Prix pécuniaire à la 2.e année du cours, et 1.er prix honorifique à la 3.e année.
Luiz Augusto Ferreira de Castro	»	»	Prix pécuniaire à la 1.re et à la 3.e année du cours, et 1.er prix honorifique à la 2.e année.
Luiz Antonio de Sousa Vianna	»	»	2.e prix honorifique à la 3.e année du cours et 3.e prix honorifique à la 2.e année.
Jacintho Parreira	»	»	2.e prix honorifique à la 2.e année du cours.
José Carlos Tudella Côrte-Real	»	»	4.e prix honorifique à la 2.e année du cours.
José Eduardo Leitão Junior	Artillerie	»	Prix pécuniaire à la 2.e année du cours.
Raymundo José de Quintanilha	État-major	»	Prix pécuniaire à la 2.e année du cours.
Augusto Maria Fuschini	Génie civil	»	Prix pécuniaire aux deux années du cours.
Alexandre Maria Ortigão de Carvalho	»	»	Prix honorifique aux deux années du cours.
Vicente Antonio Fallé Ramalho	Cavalerie	»	5.e prix honorifique à la 1.re année du cours.
Augusto de Arzilla Fonseca	Infanterie	»	1.er prix honorifique à la 2.e année du cours, et 2.e prix honorifique à la 1.re année.

Noms	Cours	Années scolaires où les cours furent conclus	Prix obtenus
Christovam Adolpho Ribeiro da Fonseca	Infanterie	1873–1874	1.er prix honorifique à la 1.re année du cours, et 2.e prix honorifique à la 2.e année.
Alfredo Augusto Caldas Xavier	»	»	4.e prix honorifique à la 1.re année du cours.
Francisco Maria Cabral da França	»	»	3.e prix honorifique aux deux années du cours.
Francisco Affonso Chedas Sant'Anna	»	»	6.e prix honorifique à la 1.re année du cours.
Joaquim Basilio Cerveira de Sousa Albuquerque e Castro	»	»	Prix pécuniaire aux deux années du cours.
Carlos Roma du Bocage	Génie militaire	1874–1875	1.er prix honorifique à la 3.e année du cours, et prix honorifique à la 2.e année.
João José Pereira Dias	»	»	Prix pécuniaire à la 2.e et à la 3.e année du cours.
Fernando Pereira Mousinho d'Albuquerque	»	»	Prix honorifique à la 3.e année du cours.
João Segundo Adeodato Rolla Lobo	Artillerie	»	Prix pécuniaire aux deux années du cours.
João Martins de Carvalho Junior	État-major	»	Prix pécuniaire aux deux années du cours.
Paulo Benjamim Cabral	Génie civil	»	Prix pécuniaire aux deux années du cours.
D. Affonso de Serpa Leitão Freire Pimentel	»	»	Prix honorifique aux deux années du cours.
Antonio Eugenio Nunes Jorge	Cavalerie	»	Prix honorifique à la 1.re année du cours.
Joaquim José Bragança	Infanterie	»	Prix pécuniaire à la 1.re année du cours.
José Fernando de Sousa	Génie militaire	1875–1876	Prix pécuniaire aux trois années du cours.
Antonio Maria Mimoso de Mello Gouveia Prego	»	»	Prix honorifique à la 2.e année du cours, et 2.e prix honorifique à la 3.e année.
Josino Augusto Pereira do Valle	»	»	3.e prix honorifique à la 3.e année du cours.
Joaquim Lucio Lobo	»	»	1.er prix honorifique à la 3.e année du cours.
José de Oliveira Mattos	»	»	4.e prix honorifique à la 3.e année du cours.
Augusto Salustiano Monteiro de Lima	»	»	6.e prix honorifique à la 3.e année du cours.
Antonio da Costa Freire	»	»	5.e prix honorifique à la 3.e année du cours.
Alfredo Pereira Taveira de Magalhães	État-major	»	Prix pécuniaire aux deux années du cours.
Antonio Rodrigues Ribeiro	»	»	1.er prix honorifique à la 2.e année du cours, et 2.e prix honorifique à la 1.re année.
Alvaro Henriques Pereira	»	»	1.er prix honorifique à la 1.re année du cours, et 2.e prix honorifique à la 2.e année.
Jayme de Castro Lobinho Zuzarte	»	»	Prix honorifique à la 2.e année du cours.
Manoel Marques de Lima Figueiredo	Génie civil	»	Prix pécuniaire aux deux années du cours.
Ambrosio de Brito Vaz Coelho	Cavalerie	»	3.e prix honorifique à la 1.re année du cours.
Francisco Rodrigues Cazaleiro	Infanterie	»	Prix pécuniaire à la 2.e année du cours, et prix honorifique à la 1.re année.
Alexandre José Sarsfield	»	»	1.er prix honorifique à la 2.e année du cours.
João Valente de Almeida	»	»	2.e prix honorifique à la 2.e année du cours.
Tristão Rodrigues de Azevedo	»	»	3.e prix honorifique à la 2.e année du cours.
Joaquim Baptista da Costa	»	»	Prix pécuniaire à la 1.re année du cours, et 4.e prix honorifique à la 2.e année.
Francisco Antonio Potte	»	»	2.e prix honorifique à la 1.re année du cours, et 5.e prix honorifique à la 2.e année.
Antonio Carlos Coelho de Vasconcellos Porto	Génie militaire	1876–1877	Prix pécuniaire à la 2.e et à la 3.e année du cours.
Fernando Eduardo de Serpa Pimentel	»	»	1.er prix honorifique à la 2.e et à la 3.e année du cours.
Antonio Bello de Almeida Junior	»	»	2.e prix honorifique à la 2.e et à la 3.e année du cours.
Pedro Augusto Arnaut de Menezes	»	»	3.e prix honorifique à la 2.e année du cours.
Amilcar Saturio Pires	Artillerie	»	Prix pécuniaire aux deux années du cours.
Antonio Bernardo de Figueiredo	»	»	1.er prix honorifique à la 1.re annee du cours.
Francisco de Salles Ramos da Costa	»	»	2.e prix honorifique à la 1.re année du cours.
Filippe da Costa Quintella	»	»	3.e prix honorifique à la 1.re année du cours.
José Joaquim de Castro	État-major	»	Prix pécuniaire aux deux années du cours.
João da Costa Couraça	Génie civil	»	Prix pécuniaire à la 1.re année du cours.
Luiz Augusto Leitão	Cavalerie	»	2.e prix honorifique à la 1.re année du cours, et 3.e prix honorifique à la 2.e année.
Francisco Affonso da Costa Chaves e Mello	Infanterie	»	Prix pécuniaire à la 2.e année du cours, et 1.er prix honorifique à la 1.re année.
Antonio Emilio de Quadros Flores	»	»	Prix pécuniaire à la 1.re année du cours, et 1.er prix honorifique à la 2.e année.

Noms	Cours	Années scolaires où les cours furent conclus	Prix obtenus
Julio Cesar Leão Cabreira	Infanterie	1876–1877	2.e prix honorifique à la 2.e année du cours.
José Joaquim de Figueiredo	»	»	3.e prix honorifique à la 1.re du cours.
Antonio Varella Duarte	Génie militaire	1877–1878	Prix pécuniaire à la 2.e et à la 3.e année du cours, et 1.er prix honorifique à la 1.re année.
José Gonçalves Pereira dos Santos	»	»	Prix pécuniaire à la 1.re année du cours, et 1.er prix honorifique à la 2.e et à la 3.e année.
Joaquim Narciso Renato Descartes Baptista	»	»	2.e prix honorifique à la 2.e année du cours, et 3.e prix honorifique à la 2.e et à la 3.e année.
Roberto Rodrigues Mendes	»	»	2.e prix honorifique à la 1.re et à la 3.e année du cours, et 3.e prix honorifique à la 2.e année.
Basilio Alberto de Sousa Pinto Junior	»	»	4.e prix honorifique à la 3.e année du cours.
Abel de Almeida Botelho	État-major	»	Prix pécuniaire à la 2.e année du cours
Fernando Larcher	Cavalerie	»	1.er prix honorifique à la 1.re année du cours, et 4.e prix honorifique à la 2.e année.
D. Antonio José de Mello	»	»	1.er prix honorifique à la 2.e année du cours, et 3.e prix honorifique à la 1.re année.
Francisco Nunes da Silva	»	»	4.e prix honorifique à la 1.re année du cours.
José Maria do Rego Lima	Infanterie	»	Prix pécuniaire aux deux années du cours.
Antonio Joaquim Pereira Trancoso	»	»	3.e prix honorifique aux deux années du cours.
João Augusto Lelis do Rego Bayão	»	»	3.e prix honorifique à la 2.e année du cours, et 5.e prix honorifique à la 1.re année.
Antonio Eduardo Villaça	Génie militaire	1878–1879	1.er prix honorifique à la 3.e année du cours, 2.e prix honorifique à la 1.re année, et 3.e prix honorifique à la 2.e année.
Francisco Felisberto Dias Costa	»	»	Prix pécuniaire aux trois années du cours.
Augusto Xavier Teixeira	»	»	1.er prix honorifique à la 2.e année du cours, 2.e prix honorifique à la 3.e année, et 3.e prix honorifique à la 1.re année.
José Jeronymo Rodrigues Monteiro	»	»	4.e prix honorifique à la 2.e année du cours, et 5.e prix honorifique à la 3.e année.

Noms	Cours	Années scolaires où les cours furent conclus	Prix obtenus
Adriano Travassos Valdez	»	»	1.er prix honorifique à la 1.re année du cours, 2.e prix honorifique à la 2.e année, et 3.e prix honorifique à la 3.e année.
Theophilo José da Trindade	»	»	6.e prix honorifique à la 1.re et à la 3.e année du cours.
José da Costa Cascaes	»	»	5.e prix honorifique à la 1.re et à la 2.e année du cours, et 7.e prix honorifique à la 3.e année.
Eduardo Augusto Xavier da Cunha	»	»	4.e prix honorifique à la 1.re et à la 3.e année du cours, et 6.e prix honorifique à la 2.e année.
Joaquim Nunes da Matta	Artillerie	»	Prix pécuniaire à la 2.e année du cours.
Ernesto Augusto Pereira da Silva	»	»	Prix honorifique à la 2.e année du cours.
Guilherme Charters Henriques de Azevedo	État-major	»	Prix honorifique à la 2.e année du cours.
Albino Evaristo do Valle Souto	»	»	Prix pécuniaire à la 2.e année du cours.
Severiano Augusto da Fonseca Monteiro	Génie civil	»	Prix pécuniaire aux deux années du cours.
Antonio Maria de Avellar	»	»	Prix honorifique aux deux années du cours.
Eduardo Frederico Schwalback Lucci	Cavalerie	»	3.e prix honorifique à la 1.re année du cours.
Antonio da Assumpção Pereira da Silva	Infanterie	»	1.er prix honorifique aux deux années du cours.
Eduardo Augusto Pereira da Silva	»	»	Prix pécuniaire aux deux années du cours.
Augusto Cesar Pires Seromenho	»	»	2.e prix honorifique à la 2.e année du cours, et 5.e prix honorifique à la 1.re année.
Luiz Augusto de Sousa Sanches	»	»	3.e prix honorifique à la 3.e année du cours.
Antonio Tiburcio Pinto Carneiro de Vasconcellos	»	»	2.e prix honorifique à la 1.re année du cours.
Julio Angelo Borges Cabral	»	»	6.e prix honorifique à la 1.re année du cours.
José Bernardino de Sousa Romano	»	»	4.e prix honorifique à la 1.re année du cours.
José Maria Cordeiro de Sousa	Génie militaire	1879–1880	Prix pécuniaire aux trois années du cours.
Antonio Luiz Gomes Branco de Moraes Sarmento	»	»	1.er prix honorifique aux trois années du cours.
Antonio Arthur da Costa Mendes d'Almeida	»	»	2.e prix honorifique à la 2.e et à la 3.e année du cours. et 3.e prix honorifique à la 1.re année.

Noms	Cours	Années scolaires où les cours furent conclus	Prix obtenus
Antonio Ismael da Gandra Curty	Génie militaire	1879-1880	2.e prix honorifique à la 1.re année du cours, et 3.e prix honorifique à la 2.e et à la 3.e année.
Victorino Teixeira Larangeira	»	»	4.e prix honorifique à la 2.e et à la 3.e année du cours.
Pedro Antonio Salema Garção	»	»	5.e prix honorifique à la 2.e année du cours.
Arthur de Sousa Tavares Perdigão	Artillerie	»	Prix pécuniaire à la 2.e année du cours.
José Antonio Ferreira Madail	»	»	1.er prix honorifique à la 2.e année du cours.
João Pereira Mousinho de Albuquerque	»	»	2.e prix honorifique à la 2.e année du cours.
Manoel Ignacio da Rocha Teixeira	Cavalerie	»	6.e prix honorifique à la 1.re année du cours, et 8.e prix honorifique à la 2.e année.
Joaquim José da Costa Junior	Infanterie	»	Prix pécuniaire aux deux années du cours.
Antonio Lucio dos Santos	»	»	1.er prix honorifique aux deux années du cours.
Belchior José Machado	»	»	3.e prix honorifique à la 2.e année du cours.
José Diogo Lopes da Costa Theriaga	»	»	2.e prix honorifique à la 2.e année du cours, et 3.e prix honorifique à la 1.re année.
Hermano de Medeiros	»	»	5.e prix honorifique à la 2.e année du cours.
João de Sousa Tavares	»	»	4.e prix honorifique à la 2.e année du cours, et 7.e prix honorifique à la 1.re année.
Antonio Augusto de Mattos Cid	»	»	7.e prix honorifique à la 2.e année du cours.
Francisco Lopes	»	»	6.e prix honorifique à la 2.e année du cours.
Joaquim Augusto Vieira da Costa	»	»	4.e prix honorifique à la 1.re année du cours.
José Augusto Simas Machado	»	»	5.e prix honorifique à la 1.re année du cours.
Domingos Eugenio da Silva Canedo	»	»	2.e prix honorifique à la 1.re année du cours, et 9.e prix honorifique à la 2.e année.

Noms	Cours	Années scolaires où les cours furent conclus	Prix obtenus
Francisco de Figueiredo e Silva	Génie militaire	1880-1881	Prix pécuniaire à la 3.e année du cours, et 1.er prix honorifique à la 1.re et à la 2.e année.
Antonio Francisco da Costa Lima	»	»	Prix pécuniaire à la 1.re et à la 2.e année du cours, et 2.e prix honorifique à la 3.e année.
Antonio Augusto Nogueira de Campos	»	»	1.er prix honorifique à la 3.e année du cours, et 2.e prix honorifique à la 1.re et à la 2.e année.
Manoel Francisco da Costa Serrão	»	»	3.e prix honorifique à la 2.e et à la 3.e année du cours.
Roberto Correia Pinto	»	»	4.e prix honorifique à la 2.e et à la 3.e année du cours.
Francisco Julio Henriques Cortez	Artillerie	»	Prix pécuniaire aux deux années du cours.
José Maria de Oliveira Simões	»	»	1.er prix honorifique aux deux années du cours.
Joaquim Antonio Martins da Silva	»	»	3.e prix honorifique à la 2.e année du cours.
José Rodrigues Lopes de Mendonça e Mattos	»	»	2.e prix honorifique à la 1.re année du cours.
Josué de Oliveira Duque	»	»	2.e prix honorifique à la 2.e année du cours.
Antonio Alfredo Barjona de Freitas	État-major	»	Prix pécuniaire à la 1.re année du cours, et 1.er prix honorifique à la 2.e année.
Gaspar Antonio de Azevedo Meira	»	»	2.e prix honorifique à la 1.re année du cours.
Antonio Jayme Pereira	»	»	Prix pécuniaire à la 3.e année du cours, et 1.er prix honorifique à la 1.re année.
Eduardo Alberto Leão Marrecas Ferreira	»	»	2.e prix honorifique à la 2.e année du cours, et 3.e prix honorifique à la 1.re année.
João Francisco Ramos	Génie civil	»	Prix pécuniaire à la 1.re année du cours, et prix honorifique à la 2.e année.
Thomaz Pereira Dias Malheiro	»	»	Prix honorifique à la 1.re année du cours, et prix pécuniaire à la 2.e année.
Manoel José Ferro de Carvalho	Cavalerie	»	3.e prix honorifique à la 2.e année du cours, et 14.e prix honorifique à la 1.re année.
Antonio Luiz da Silva Monteiro	»	»	13.e prix honorifique à la 1.re année du cours.
Rozendo de Abreu Barbosa Bacellar	»	»	11.e prix honorifique à la 1.re année du cours.

Noms	Cours	Années scolaires où les cours furent conclus	Prix obtenus
Custodio Maria José Barbosa	Infanterie	1880–1881	Prix pécuniaire aux deux années du cours.
David Ferreira da Rocha	»	»	5.e prix honorifique à la 2.e année du cours, et 7.e prix honorifique à la 1.re année.
José Antonio de Castro	»	»	1.er prix honorifique à la 1.re année du cours, et 4.e prix honorifique à la 2.e année.
Domingos Silvestre Soares Branco	»	»	1.er prix honorifique à la 2.e année du cours, et 4.e prix honorifique à la 1.re année.
João Evangelista Pinto de Magalhães	»	»	2.e prix honorifique à la 2.e année du cours, et 6.e prix honorifique à la 1.re année.
João Pedroso Lima	»	»	2.e prix honorifique à la 1.re année du cours.
Antonio Maria de Sousa Soares	»	»	5.e prix honorifique à la 1.re année du cours.
Antonio Ignacio Marques da Costa	»	»	8.e prix honorifique à la 1.re année du cours.
Alfredo Augusto Ferreira	»	»	3.e prix honorifique à la 1.re année du cours.
Antonio José dos Santos Junior	»	»	10.e prix honorifique à la 1.re année du cours.
João Alfredo de Alencastre	»	»	9.e prix honorifique à la 1.re année du cours.
Francisco dos Santos Calado	»	»	2.e prix honorifique à la 1.re année du cours.
Augusto Ferreira	Génie militaire	1881–1882	Prix pécuniaire aux trois années du cours.
Pedro Severino de Carvalho	»	»	1.er prix honorifique à la 1.re et à la 2.e année du cours, et 3.e prix honorifique à la 3.e année.
Alfredo Augusto Freire de Andrade	»	»	1.er prix honorifique à la 3.e année du cours, 4.e prix honorifique à la 2.e année, et 5.e prix honorifique à la 1.re année.
João Severo da Cunha	»	»	6.e prix honorifique à la 3.e année du cours, et 7.e prix honorifique à la 1.re et à la 2.e année.

Noms	Cours	Années scolaires où les cours furent conclus	Prix obtenus
Francisco Maria Esteves Pereira	»	»	2.e prix honorifique à la 1.re et à la 2.e année du cours, et 5.e prix honorifique à la 3.e année.
Antonio Joaquim de Sequeira de Almeida Beja	»	»	2.e prix honorifique à la 3.e année du cours, 3.e prix honorifique à la 2.e année, et 4.e prix honorifique à la 1.re année.
Joaquim Basilio de Cerveira e Sousa Albuquerque e Castro	Génie civil	»	3.e prix honorifique à la 1.re année du cours, 5.e prix honorifique à la 2.e année, et 7.e prix honorifique à la 3.e année.
Antonio Marques Paixão	»	»	4.e prix honorifique à la 3.e année du cours, et 6.e prix honorifique à la 1.re et à la 2.e année.
Antonio Augusto Vaz da Silva	»	»	8.e prix honorifique à la 2.e année du cours.
João Gomes do Espirito Santo	Artillerie	»	Prix pécuniaire à la 2.e année du cours.
João Theophilo da Costa Goes	Génie civil	»	Prix pécuniaire à la 2.e année du cours.
Manoel Belchior Nunes	Cavalerie	»	1.er prix honorifique à la 1.re année du cours.
Alberto Carlos de Carvalhaes Malheiro	Infanterie	»	Prix pécuniaire à la 1.re année du cours.
Luiz Augusto Baptista	»	»	2.e prix honorifique à la 1.re année du cours.
Aleixo da Costa	»	»	Prix pécuniaire à la 2.e année du cours.
Francisco de Paula Azeredo	Génie militaire	1882–1883	Prix pécuniaire aux trois années du cours.
Hermano José de Oliveira Junior	»	»	1.er prix honorifique aux trois années du cours.
Alfredo Augusto de Vasconcellos	»	»	2.e prix honorifique à la 2.e et à la 3.e année du cours.
João Maria de Aguiar	»	»	2.e prix honorifique à la 1.re année du cours, et 3.e prix honorifique à la 2.e année.
José Nunes Gonçalves	Artillerie	»	Prix pécuniaire à la 1.re année du cours.
Diniz Moreira da Motta	Génie civil	»	Prix pécuniaire aux deux années du cours.
Luiz Cabral Teixeira de Moraes	Infanterie	»	Prix pécuniaire aux deux années du cours.
Augusto Cesar Ribeiro de Carvalho	»	»	4.e prix honorifique à la 1.re année du cours.
João Augusto da Costa Cabedo	»	»	1.er prix honorifique à la 1.re année du cours.
Adriano Augusto Trigo	»	»	3.e prix honorifique à la 1.re année du cours.

Noms	Cours	Années scolaires où les cours furent conclus	Prix obtenus
Nicolau Reys	Infanterie	1882–1883	2.e prix honorifique à la 1.re année du cours.
Alfredo Vaz Pinto da Veiga	Génie militaire	1883–1884	Prix pécuniaire à la 1.re année du cours.
Amavel Granger	»	»	Prix honorifique à la 1.re année du cours.
Eduardo Augusto Ferrugento Gonçalves	»	1884–1885	Prix pécuniaire aux trois années du cours.
João Pedro Peixoto	»	»	Prix honorifique à la 3.e année du cours.
Achilles Alfredo da Silveira Machado	»	1885–1886	Prix pécuniaire aux trois années du cours.
Antonio Caetano Pereira Junior	»	»	Prix honorifique à la 2.e année du cours, et 1.er prix honorifique à la 3.e année.
Adriano Abilio de Sá	»	»	2.e prix honorifique à la 3.e année du cours.
João Augusto Veiga da Cunha	»	»	Prix honorifique à la 1.re année du cours.
Frederico Oom	»	1886–1887	Prix pécuniaire à la 1.re année du cours, et 1.er prix honorifique à la 2.e et à la 3.e année.
João Soares Branco	»	»	Prix pécuniaire à la 2.e et à la 3.e année du cours, et 2.e prix honorifique à la 1.re année.
Henrique Cesar da Silva Barahona e Costa	»	»	3.e prix honorifique à la 2.e année du cours, et 4.e prix honorifique à la 3.e année.
Luiz Augusto Leitão	»	»	5.e prix honorifique à la 3.e année du cours.
Arthur Teixeira Bastos	»	»	3.e prix honorifique à la 3.e année du cours.
Manuel Alves de Mattos	»	»	1.er prix honorifique à la 1.re année du cours, et 2.e prix honorifique à la 2.e et à la 3.e année.
José Augusto Victor Queiroz	Artillerie	»	Prix pécuniaire aux deux années du cours.

Noms	Cours	Années scolaires où les cours furent conclus	Prix obtenus
Manuel Maria de Oliveira Bello	Génie civil	»	Prix pécuniaire à la 2.e année du cours.
Antonio Rodrigues Ferreira	Génie militaire	1887–1888	Prix pécuniaire à la 2.e et à la 3.e année du cours.
João Maria de Vasconcellos e Sá	»	»	Prix pécuniaire à la 1.re année du cours, et 1.er prix honorifique à la 3.e année du cours.
Francisco Augusto Ramos Coelho de Sá	Génie civil	»	Prix pécuniaire à la 1.re et à la 2.e année du cours.
Albino José Rodrigues Junior	Génie militaire	1888–1889	Prix pécuniaire aux trois années du cours.
João Evangelista Pinto de Magalhães	»	»	1.er prix honorifique à la 2.e année du cours.
Alfredo Baptista Coelho	Artillerie	»	Prix pécuniaire à la 2.e année du cours.
Victor Augusto da Encarnação	Génie civil	»	2.e prix honorifique à la 2.e année du cours.
José de Tavares Moraes	»	»	1.er prix honorifique à la 2.e année du cours.
Antonio Joaquim Santa Clara Junior	Infanterie	»	Prix pécuniaire aux deux années du cours.
Adriano Augusto Trigo	Génie civil	1889–1890	Prix pécuniaire à la 1.re et à la 2.e année du cours.
Fernando Homem da Cunha Côrte-Real	»	»	Prix pécuniaire à la 2.e année du cours.
Luiz Cabral Teixeira de Moraes	Génie militaire	1890–1891	Prix pécuniaire aux trois années du cours.
Pedro José da Cunha	»	»	Prix honorifique aux trois années du cours.
Herculano Jorge Galhardo	»	1891–1892	Prix pécuniaire aux trois années du cours.
Alfredo Augusto Lisboa de Lima	»	»	1.er prix honorifique à la 2.e année du cours, et 2.e prix honorifique à la 3.e année.
João Ferreira Craveiro Lopes de Oliveira	»	»	Prix honorifique à la 1.re année du cours, 1.er prix honorifique à la 3.e année, et 2.e prix honorifique à la 2.e année.
Domingos de Lacerda Pinto Barreiros	Génie civil	»	Prix pécuniaire à la 2.e année du cours.
Augusto Vieira da Silva	Génie militaire	1892–1893	Prix pécuniaire à la 1.re et à la 3.e année du cours.
Carlos Augusto de Sá Carneiro	»	»	1.er prix honorifique à la 1.re et à la 3.e année du cours.
Pedro Maria Bessone Basto	»	»	2.e prix honorifique à la 1.re et à la 3.e année du cours.
José Francisco Correia Leal	»	1893–1894	1.er prix honorifique à la 3.e année du cours.

Noms	Cours	Années scolaires où les cours furent conclus	Prix obtenus
Antonio dos Santos Viegas	Génie militaire	1893-1894	Prix pécuniaire à la 3.e année du cours.
Manuel José Pinto Osorio	»	»	2.e prix honorifique à la 3.e année du cours.
Viriato Antonio da Silva Franco	Génie civil	»	Prix pécuniaire à la 1.re année du cours.
José Victor Duro Sequeira	»	»	Prix pécuniaire à la 2.e année du cours, et 1.er prix honorifique à la 1.re année.
Augusto Cesar Claro da Ricca	»	»	Prix honorifique à la 2.e année du cours, et 2.e prix honorifique à la 1.re année.
Fernando d'Almeida Loureiro e Vasconcellos	Génie militaire	1894-1895	Prix pécuniaire à la 2.e et à la 3.e année du cours.
Zacharias José de Sant'Anna	Génie civil	»	Prix pécuniaire à la 2.e et à la 3.e année du cours.
Fernando Branco Borges de Sousa	»	»	1.er prix honorifique à la 1.re année du cours, et 2.e prix honorifique à la 2.e année.
Luiz de Mello Correia Pereira Medella	»	»	1.er prix honorifique à la 2.e année du cours, et 2.e prix honorifique à la 1.re année.
Francisco de Paula Geraldes Barba	Infanterie	1895-1896	Prix pécuniaire au cours d'infanterie.
Fernando Augusto Freiria	Artillerie	1896-1897	Prix pécuniaire aux deux années du cours.
José Alberto da Silva Basto	»	»	Prix honorifique à la 2.e année du cours.
Julio Ernesto de Moraes Sarmento	Cavalerie	»	Prix pécuniaire au cours de cavalerie.
Luiz Vasques da Cunha Braamcamp de Mancellos	»	»	1.er prix honorifique au cours de cavalerie.
Antonio Maria de Figueiredo Campos	»	»	2.e prix honorifique au cours de cavalerie.
Antonio Torres	Génie civil et de mines	»	Prix pécuniaire aux trois années du cours.
Carlos de Sousa Bastos	»	»	1.er prix honorifique à la 1.re année du cours, et 1.er prix honorifique, *ex-aequo*, à la 3.e année.
Antonio Pinto de Miranda Guedes	»	»	1.er prix honorifique, *ex-aequo*, à la 3.e année du cours, et 2.e prix honorifique à la 2.e année.
José Emilio dos Santos e Silva	»	»	1.er prix honorifique, *ex-aequo*, à la 3.e année du cours, et 3.e prix honorifique à la 2.e année.
José Ribeiro de Almeida	»	»	2.e prix honorifique à la 3.e année du cours.
João Baptista de Almeida Arez	Génie militaire	1897-1898	Prix pécuniaire aux trois années du cours.

Noms	Cours	Années scolaires où les cours furent conclus	Prix obtenus
Antonio Belard da Fonseca	Cavalerie	»	Prix pécuniaire à la 2.e année du cours.
Eduardo Valerio Augusto Villaça	Génie civil et de mines	»	Prix pécuniaire aux trois années du cours.
Arthur Henrique de Sousa Bual	»	»	2.e prix honorifique à la 2.e année du cours, et 3.e prix honorifique à la 3.e année.
Augusto José da Cunha Junior	»	»	1.er prix honorifique à la 1.re et à la 2.e année du cours.
Antonio Ribeiro de Paiva Morão	»	»	2.e prix honorifique à la 2.e année du cours.
Bernardino Antonio Gomes	»	»	3.e prix honorifique à la 2.e année du cours.
Luiz Vito Veiga da Cunha	Génie militaire	1898-1899	Prix pécuniaire à la 1.re année du cours, et prix honorifique à la 3.e et à la 4.e année.
Antonio Vicente Ferreira	Génie militaire	»	Prix pécuniaire à la 3.e et à la 4.e année du cours, et prix honorifique à la 1.re année.
José Augusto Lobato Guerra	Artillerie	»	Prix pécuniaire à la 3.e année du cours.
D. Luiz da Cunha Menezes	Cavalerie	»	Prix pécuniaire à la 2.e année du cours.
Antonio José Pereira da Costa Luz	Génie civil et de mines	»	Prix pécuniaire à la 2.e année du cours, prix pécuniaire, *ex-aequo*, à la 1.re année, et 1.er prix honorifique à la 3.e année.
Luiz Rodrigues da Silva Ferreira	»	»	Prix pécuniaire à la 3.e année du cours, et prix pécuniaire, *ex-aequo*, à la 1.re année.
Alvaro Eugenio Alves	»	»	Prix honorifique à la 2.e année du cours, et 2.e prix honorifique à la 3.e année.

Nota.—Outre les élèves, qu'on vient de dénombrer, il y en a d'autres encore, qui auraient aussi obtenu des prix aux matières et aux années de cours, qu'on indiquera pour chacun d'eux, s'ils avaient réalisé leur inscription respective à la classe d' «ordinaires»; à savoir:

En 1842-1843—*Alexandre de Sousa Coelho*, 1.er prix honorifique à la 2.e partie de la 4.e chaire; *Carlos Maria da Cunha*, 1.er prix pécuniaire à la 1.re partie de la 5.e chaire; En 1844-1845—*José Maria Cabral Calheiros*, 2.e prix pécuniaire à la 2.e partie de la 4.e chaire; En 1850-1851—*Ladislau Miceno Machado Alvares da Silva*, 1.er prix pécuniaire à la 2.e chaire, et à la 1.re partie de la 4.e chaire; En 1851-1852—*Jacintho Heliodoro da Veiga*, 2.e prix pécuniaire à la 2.e chaire; En 1853-1854—*Luiz Porphirio da Motta Pegado*, 2.e prix pécuniaire à la 1.re partie de la 4.e chaire, et 1.er prix honorifique à la 2.e partie de la même chaire; En 1854-1855—*Joaquim Filippe Nery da Encarnação Delgado*, prix pécuniaire à la 6.e chaire, et 2.e prix pécuniaire à la 2.e partie de la 4.e chaire; *José de Albuquerque*, 1.er prix honorifique à la 1.re chaire; En 1855-1856—*José Maria Couceiro da Costa e Mello*, prix pécuniaire au dessin, 2.e prix pécuniaire à la 1.re partie de la 4.e chaire, et 3.e prix honorifique à la 2.e partie de la 5.e chaire; *Francisco Antonio de Brito Limpo*, 2.e prix honorifique à la 1.re chaire; En 1857-1858—*Aniceto Marcolino Barreto da Rocha*, prix honorifique à la 1.re chaire; *Adolpho Ferreira de Loureiro*, prix honorifique à la 1.re chaire; *Joaquim Pires de Sousa Gomes*, 2.e prix pécuniaire à la 1.re chaire; *Candido Celestino Xavier Cordeiro*, 1.er prix pécuniaire à la 2.e partie de la 4.e chaire, et prix pécuniaire à la 2.e année de dessin; En 1864-1865—*Eugenio Augusto Cardoso do Amaral*, prix pécuniaire à la 2.e année de dessin; *Marino João Franzini*, prix honorifique à la 2.e année du cours transitoire d'état-major; En 1868-1869—*José Manuel de Elvas Cardeira*, prix à la 1.re année transitoire du cours du génie civil; *Luciano de Azevedo Monteiro de Barros*, prix au cours d'état-major.

APPENDICE

ÉCOLE DE L'ARMÉE

1899-1900

Tableau indiquant la distribution des heures de travail, depuis l'ouverture des cours jusqu'au 10 mai 1900

Heures	Travaux	Cours
Lundi		
7 à 8	Équitation..........	Génie militaire, 4.e, 3.e et 2.e année. Artillerie, 3.e et 2.e
	Tactique de cavalerie..	Cavalerie, 2.e
	Tactique d'infanterie..	Infanterie, 2.e Administration militaire. Génie civil et de mines, 1.re Génie militaire et artillerie, 1.re Cavalerie et infanterie, 1.re
8 1/2 à 10	3.e chaire...........	Cavalerie, 2.e
	4.e chaire...........	Administration militaire. Génie militaire et artillerie, 1.re Cavalerie et infanterie, 1.re
	14.e chaire..........	Génie militaire, 2.e Génie civil et de mines, 1.re
	17.e chaire..........	Génie militaire, 4.e Génie civil et de mines, 3.e
	18.e chaire..........	État-major, 1.re Génie militaire, 3.e Génie civil et de mines, 2.e
11 à 12 1/2	1.re chaire.........	Génie militaire, 2.e Artillerie, 3.e Cavalerie, 2.e Infanterie, 2.e
	5.e chaire...........	Génie militaire, 3.e Artillerie, 2.e
	1.e chaire..........	État-major, 1.re Génie militaire, 4.e Génie civil et de mines, 1.re Génie militaire et artillerie, 1.re Cavalerie et infanterie, 1.re
	1.e chaire (auxiliaire).	Administration militaire.

Heures	Travaux	Cours
1 à 2 ½	1.re chaire..........	Génie militaire et artillerie, 1.re.
	16.e chaire..........	Génie militaire, 3.e Génie civil et de mines, 2.e
	20.e chaire..........	Génie militaire, 4.e Génie civil et de mines, 3.e
	Salles d'étude...	État-major, 1.re.
	Équitation..........	Cavalerie, 2.e
	Théorie d'artillerie....	Artillerie, 3.e et 2.e
	Théorie d'infanterie..	Infanterie, 2.e
2 ¾ à 4 ¼	2.e chaire..........	Administration militaire. Génie militaire et artillerie, 1.re. Cavalerie et infanterie, 1.re.
	9.e chaire..........	État-major, 1.re.
	Salles d'étude.......	Génie militaire, 4.e, 3.e et 2.e Artillerie, 3.e et 2.e Cavalerie, 2.e Infanterie, 2.e Génie civil et de mines, 3.e, 2.e et 1.re.
	Mardi	
7 à 8	Escrime..........	État-major, 1.re.
	Gymnastique........	Génie militaire, 4.e, 3.e et 2.e Artillerie, 3.e et 2.e Cavalerie, 2.e Infanterie, 2.e Administration militaire. Génie civil et de mines, 3.e, 2.e et 1.re Génie militaire et artillerie, 1.re Cavalerie et infanterie, 1.re
	Équitation..........	Cavalerie et infanterie, 1.re (3.e groupe d'élèves).

Heures	Travaux	Cours
8 1/2 à 10	3.e chaire..........	Génie militaire, 2.e Artillerie, 2.e Cavalerie, 2.e Infanterie, 2.e Administration militaire.
	10.e chaire.	État-major, 1.re
	15.e chaire..........	Génie civil et de mines, 1.re Génie militaire et artillerie, 1.re
	19.e chaire..........	Génie militaire, 3.e Génie civil et de mines, 2.e
11 à 12 1/2	1.re chaire...........	Génie militaire et artillerie, 1.re Cavalerie et infanterie, 1.re
	1.re chaire (auxiliaire).	Administration militaire.
	5.e chaire (auxiliaire).	Cavalerie, 2.e Infanterie, 2.e
	8.e chaire...........	Artillerie, 3.e
	13.e chaire..........	Génie militaire, 4.e Artillerie, 2.e Génie civil et de mines, 3.e
	18.e chaire (auxiliaire).	Génie militaire, 3.e Génie civil et de mines, 2.e
	Équitation..........	État-major, 1.re
1 à 2 1/2	6.e chaire.	Artillerie, 2.e
	7.e chaire.....	Génie militaire, 3.e Artillerie, 3.e Cavalerie, 2.e Infanterie, 2.e
	12.e chaire...........	Génie militaire, 2.e Génie civil et de mines, 1.re Génie militaire et artillerie, 1.re
	Equitation..........	Administration militaire. Cavalerie et infanterie, 1.re (2.e groupe d'élèves).

Heures	Travaux	Cours
2 3/4 à 4 1/4	Salles d'étude........	Génie militaire, 4.e, 3.e et 2.e Artillerie, 3.e et 2.e Cavalerie, 2.e Infanterie, 2.e Administration militaire. Génie civil et de mines, 3.e, 2.e et 1.re Génie militaire et artillerie, 1.re Cavalerie et infanterie, 1.re
	Mercredi	
7 à 8	Escrime..............	Génie militaire, 4.e, 3.e et 2.e Artillerie, 3.e et 2.e Cavalerie, 2.e Infanterie, 2.e Administration militaire. Génie civil et de mines, 3.e 2.e et 1.re Cavalerie et infanterie, 1.re
	Équitation.	Génie militaire et artillerie, 1.re Cavalerie et infanterie, 1.re (1.er groupe d'élèves).
8 1/2 à 10	4.e chaire............	Administration militaire. Génie militaire et artillerie, 1.er Cavalerie et infanterie, 1.re
	14.e chaire...........	Génie militaire, 2.e Génie civil et de mines, 1.er
	17.e chaire...........	Génie militaire, 4.e Génie civil et de mines, 3.e
	18.e chaire.	État-major, 1.er Génie militaire, 3.e Génie civil et de mines, 3.e
	Tactique d'artillerie.	Artillerie, 3.e et 2.e
11 à 12 1/2	2.e chaire............	Infanterie, 2.e
	5.e chaire............	Artillerie, 2.e
	11.e chaire...........	Etat-major, 1.re Génie militaire, 4.e Génie civil et de mines, 1.re Génie militaire et artillerie, 1.re Cavalerie et infanterie, 1.re
	Services du génie.....	Génie militaire, 3.e

Heures	Travaux	Cours
11 à 12 1/2	Équitation............	Cavalerie, 2.e
	Comptabilité et écritures militaires.......	Administration militaire.
1 à 2 1/2	3.e chaire (auxiliaire)..	Génie militaire et artillerie, 1.re Cavalerie et infanterie, 1.re
	7.e chaire (auxiliaire)..	Administration militaire.
	16.e chaire..........	Génie militaire, 3.e Génie civil et de mines, 2.e
	20.e chaire...........	Génie militaire, 4.e Génie civil et de mines, 3.e
	Salles d'étude........	État-major, 1.re
	Laboratoire	Génie militaire, 2.e Artillerie, 3.e
2 3/4 à 4 1/4	9.e chaire............	État-major, 1.re
	Salles d'étude........	Génie militaire, 4.e, 3.e et 2.e Artillerie, 3.e et 2.e Cavalerie, 2.e Infanterie, 2.e Administration militaire. Génie civil et de mines, 3.e, 2.e et 1.re Génie militaire et artillerie, 1.re Cavalerie et infanterie, 1.re
	Jeudi	
7 à 8	Tir..................	Génie militaire, 4.e, 3.e et 2.e Artillerie, 3.e et 2.e Cavalerie, 2.e Infanterie, 2.e Administration militaire. Génie civil et de mines, 3.e et 2.e
	Equitation	Génie militaire et artillerie, 1.re Cavalerie et infanterie 1.re (1.er groupe d'élèves).
8 1/2 à 10	3.e chaire...........	Génie militaire, 2.e Artillerie, 2.e Cavalerie, 2.e Infanterie, 2.e Administration militaire.

Heures	Travaux	Cours
8 1/2 à 10	10.e chaire	État-major, 1.re
	15.e chaire	Génie civil et mines, 1.re Génie militaire et artillerie, 1.re
	19.e chaire	Génie militaire, 3.e Génie civil et de mines, 2.e
11 à 12 1/2	8.e chaire	Génie militaire, 2.e Artillerie, 3.e
	13.e chaire	Génie militaire, 4.e Artillerie, 2.e Génie civil et de mines, 3.e
	18.e chaire (auxiliaire)	Génie militaire, 3.e Génie civil et de mines, 2.e
	Théorie de cavalerie	Cavalerie, 2.e
	Équitation	État-major, 1.re
	Hygiène militaire	Administration militaire. Génie militaire et artillerie, 1.re Cavalerie et infanterie, 1.re
1 à 2 1/2	6.e chaire	Artillerie, 2.e
	7.e chaire	Génie militaire, 3.e Artillerie, 3.e Cavalerie, 2.e Infanterie, 2.e
	12.e chaire	Génie militaire, 2.e Génie civil et de mines, 1.re Génie militaire et artillerie, 1.re
	Équitation	Administration militaire. Cavalerie et infanterie, 1.re (2.e groupe d'élèves).
2 3/4 à 4 1/4	Salles d'étude	Génie militaire, 4.e, 3.e et 2.e Artillerie, 3.e e 2.e Cavalerie, 2.e Infanterie, 2.e Administration militaire. Génie civil et de mines, 3.e, 2.e et 1.re Génie militaire et artillerie, 1.re Cavalerie et infanterie, 1.re

Heures	Travaux	Cours
Vendredi		
7 à 8	Escrime.............	État-major, 1.re
	Services du génie....	Génie militaire, 4.e
	Tactique d'infanterie.	Génie militaire, 3.e et 2.e Infanterie, 2.e Administration militaire. Génie civil et de mines, 1.re Génie militaire et artillerie, 1.re Cavalerie et infanterie, 1.re
	Équitation.....	Artillerie, 3.e et 2.e
	Pratique de télégraphie.	Cavalerie, 2.e
8 1/2 à 10	4.e chaire.....	Administration militaire. Génie militaire et artillerie, 1.re Cavalerie et infanterie, 1.re
	14.e chaire..........	Génie militaire, 2.e Génie civil et de mines, 1.re
	17.e chaire..........	Génie militaire, 4.e Génie civil et de mines, 3.e
	Théorie d'artillerie...	Artillerie, 3.e et 2.e
	Équitation..........	Cavalerie, 2.e
11 à 12 1/2	5.e chaire	Génie militaire, 3.e Artillerie, 2.e
	8.e chaire...........	Génie militaire, 2.e Artillerie, 3.e Cavalerie, 2.e Infanterie, 2.e Administration militaire.
	11.e chaire....... ...	État-major, 1.re Génie militaire, 4.e Génie civil et de mines, 1.re Génie militaire et artillerie, 1.re Cavalerie et infanterie, 1.re
1 à 2 1/2	2.e chaire...........	Administration militaire. Génie militaire et artillerie, 1.re Cavalerie et infanterie, 1.re

Heures	Travaux	Cours
1 à 2 1/2	16.e chaire........	Génie militaire, 3.e Génie civil et de mines, 2.e
	20.e chaire..........	Génie militaire, 4.e Génie civil et de mines, 3.e
	Salles d'étude........	État-major, 1.re
	Théorie de cavalerie..	Cavalerie, 2.e
2 3/4 à 4 1/4	9.e chaire...........	État-major, 1.re
	Salles d'étude........	Génie militaire, 4.e, 3.e et 2.e Artillerie, 3.e et 2.e Cavalerie, 2.e Infanterie, 2.e Administration militaire. Génie civil et de mines, 3.e, 2.e e 1.re Génie militaire et artillerie, 1.re Cavalerie et infanterie, 1.re
Samedi		
7 à 8	Tactique d'artillerie...	Artillerie, 3.e et 2.e
	Tactique de cavalerie.	Cavalerie, 2.e Génie militaire et artillerie, 1.re Cavalerie et infanterie, 1.re
	Théorie d'infanterie..	Infanterie, 2.e
8 1/2 à 10	3.e chaire...........	Génie militaire, 2.e Artillerie, 2.e Cavalerie 2.e Infanterie, 2.e Administration militaire.
	10.e chaire..........	État-major, 1.re
	15.e chaire..........	Génie civil et de mines, 1.re Génie militaire et artillerie, 1.re
	19.e chaire..........	Génie militaire, 3.e Génie civil et de mines, 2.e
11 à 12 1/2	1.re chaire...........	Génie militaire, 2.e Artillerie, 3.e Cavalerie, 2.e Infanterie, 2.e

Heures	Travaux	Cours
11 à 12 $^1/_2$	13.e chaire.	Génie militaire, 4.e Artillerie, 2.e Génie civil et de mines, 3.e
	19.e chaire. (Pratique de laboratoire).	Génie militaire, 3.e Génie civil et de mines, 2.e
	Équitation	État-major, 1.re
	Comptabilité, et écritures militares.	Administration militaire. Génie militaire et artillerie, 1.re Cavalerie et infanterie, 1.re
1 à 2 $^1/_2$	1.re chaire (auxiliaire).	Administration militaire.
	3.e chaire (Hippologie).	État-major, 1.re Génie militaire, 4.e Artillerie, 3.e et 2.e Cavalerie, 2.e
	7.e chaire	Génie militaire, 3.e Artillerie, 3.e Cavalerie, 2.e Infanterie, 2.e
	12.e chaire	Génie militaire, 2.e Génie civil et de mines, 1.re Génie militaire et artillerie, 1.re
	Équitation	Cavalerie et infanterie, 1.re (3.e groupe d'élèves).
2 $^3/_4$ à 4 $^1/_4$	6.e chaire	Génie militaire 2.e Artillerie, 2.e
	Salles d'étude	Génie militaire, 4.e et 3.e Artillerie, 3.e Cavalerie, 2.e Infanterie, 2.e Administration militaire. Génie civil et de mines, 3.e, 2.e et 1.re Génie militaire et artillerie, 1.re Cavalerie et infanterie, 1.re

ÉCOLE DE L'ARMÉE

1899-1900

Tableaux pour l'évaluation des travaux scolaires des différents cours

Groupes d'épreuves et désignation des travaux		Coefficients relatifs — Des chaires et des sous-groupes d'épreuves de l'enseignement pratique	Coefficients relatifs — Des groupes d'épreuves
Cours d'état-major — 1.re année			
A — Leçons, répétitions et mémoires aux chaires		–	5
B — Enseignement pratique	Travaux dans les salles d'étude	4	5
	Travaux sur le terrain	2	
	Visites et missions d'étude	2	
	Reconnaissances militaires, voyages d'état-major, etc.	2	
C — Exercices militaires	Instruction du tir	3	4
	Escrime	2	
	Équitation	5	
D — Examens	9.e chaire — Cours complémentaire de tactique	–	6
	10.e chaire — Stratégie-Géographie et statistique militaire	–	
Matières complémentaires de la 1.re année de ce cours *(Voir page 119)*			
	3.e chaire — Hippologie (*)	–	–
	11.e » — Géodésie	–	–
	18.e » — Chemins de fer (excepté leur construction)	–	–
(*) Seulement pour les élèves-officiers d'infanterie.			
Cours du génie militaire — 4.e année			
A — Leçons, répétitions et mémoires aux chaires		–	5
B — Enseignement pratique	Travaux dans les salles d'étude	5	5
	Travaux sur le terrain, aux cabinets d'étude et laboratoires, etc.	3	
	Visites et missions d'étude	2	
C — Exercices militaires	Instruction tactique et de service de campagne	4	4
	Instruction du tir	2	
	Escrime et gymnastique	1	
	Équitation	3	

		Coefficients relatifs	
D — Examens	3.e chaire — Notions d'hippologie..	1	6
	11.e » — Géodésie	4	
	13.e »	5	
	17.e »	5	
	20.e »	5	
3.e année			
A — Leçons, répétitions et mémoires aux chaires........		–	5
B — Enseignement pratique...	Travaux dans les salles d'étude .,..	5	5
	Travaux sur le terrain, aux cabinets d'étude, laboratoires, etc.	3	
	Visites et missions d'étude.........	2	
C — Exercices militaires	Instruction tactique et de service de campagne......................	4	4
	Instruction du tir	2	
	Escrime et gymnastique	1	
	Équitation ..,.....................	3	
D — Examens	5.e chaire............................	3	6
	7.e » —Matériel d'artillerie (partie descriptive)................	1	
	16.e chaire..........................	2	
	18.e »	2	
	19.e »	2	
2.e année			
A — Leçons, répétitions et mémoires aux chaires........		–	5
B — Enseignement pratique...	Travaux dans les salles d'étude	5	5
	Travaux sur le terrain, aux cabinets d'étude, laboratoires, etc.	3	
	Visites et missions d'étude.	2	
C — Exercices militaires	Instruction tactique et de service de campagne......................	4	4
	Instruction du tir	2	
	Escrime et gymnastique	1	
	Équitation	3	
D — Examens . ..	1.re chaire — Notions de droit international et d'histoire et géographie militaires.................	2	6
	3.e chaire — Tactique appliquée — Campagnes coloniales — Principes de stratégie................	2	
	6.e chaire — Effets des projectiles..	1	
	8.e » — Explosifs	1	
	12.e » — Matériaux et procédés généraux de construction.......	2	
	14.e chaire..........................	2	

		Coefficients relatifs	
Cours d'artillerie — **3.e année**			
A — Leçons, répétitions et mémoires aux chaires........		-	5
B — Enseignement pratique...	Travaux dans les salles d'étude	5	5
	Travaux sur le terrain, aux cabinets d'étude, laboratoires, etc.	3	
	Visites et missions d'étude	2	
C — Exercices militaires....	Instruction tactique et de service de campagne	4	4
	Instruction du tir................	2	
	Escrime et gymnastique...........	1	
	Équitation	3	
D — Examens	1.re chaire — Notions de droit international, et d'histoire et géographie militaires.................	2	6
	3.e chaire — Notions d'hippologie..	1	
	7.e »	3	
	8.e »	3	
	14.e » — Stéréotomie.........	1	
2.e année			
A — Leçons, répétitions et mémoires aux chaires........		-	5
B — Enseignement pratique...	Travaux dans les salles d'étude	5	5
	Travaux sur le terrain, aux cabinets d'étude, laboratoires, etc........	3	
	Visites et missions d'étude	2	
C — Exercices militaires	Instruction tactique et de service de campagne	4	4
	Instruction du tir	2	
	Escrime et gymnastique	1	
	Équitation	3	
D — Examens	3.e chaire — Tactique appliquée — Campagnes coloniales—Principes de stratégie — Notions d'hippologie	2	6
	5.e chaire — Fortification permanente (partie descriptive), son attaque et sa défense	2	
	6.e chaire	4	
	13.e » — Machines hydrauliques.	1	
	16.e » — Résistance appliquée (partie relative aux organes des machines)....................	1	
Cours de cavalerie — **2.e année**			
A — Leçons, répétitions et mémoires aux chaires........		-	5
B — Enseignement pratique...	Travaux dans les salles d'étude	5	5
	Travaux sur le terrain, aux cabinets d'étude, laboratoires, etc........	3	
	Visites et missions d'étude.........	2	

		Coefficients relatifs	
C — Exercices militaires....	Instruction tactique et de service de campagne..................	4	4
	Instruction du tir................	2	
	Escrime et gymnastique...........	1	
	Équitation	3	
D — Examens....	1.re chaire — Notions de droit international, et d'histoire et de géographie militaires	2	6
	3.e chaire — Tactique appliquée — Campagnes coloniales — Tactique et services de cavalerie — Principes de stratégie — Notions d'hippologie	3	
	5.e chaire — Notions de fortification permanente et de son attaque et sa défense..................	2	
	7.e chaire — Notions sur le matériel d'artillerie	1	
	8.e chaire — Notions sur la fabrication du matériel de guerre......	2	

Cours d'infanterie

2.e année

A — Leçons, répétitions et mémoires aux chaires........		—	5
B — Enseignement pratique...	Travaux dans les salles d'étude	5	5
	Travaux sur le terrain, aux cabinets d'étude, laboratoires, etc........	3	
	Visites et missions d'étude.........	2	
C — Exercices militaires....	Instruction tactique, et de service de campagne....................	5	4
	Instruction du tir.................	3	
	Escrime et gymnastique...........	2	
D — Examens....	1.re chaire — Notions de droit international, et d'histoire et de géographie militaires..............	3	6
	2.e chaire — Tactique et services d'infanterie	5	
	3.e chaire — Tactique appliquée — Campagnes coloniales — Principes de stratégie	5	
	5.e chaire — Notions de fortification permanente, et de son attaque et de sa défense	3	
	7.e chaire — Notions sur le matériel d'artillerie	2	
	8.e chaire — Notions sur la fabrication du matériel d'artillerie...	2	

Cours d'administration militaire

A — Leçons, répétitions et mémoires aux chaires........		—	5

		Coefficients relatifs	
B — Enseignement pratique...	Travaux dans les salles d'étude....	3	5
	Travaux sur le terrain, aux cabinets d'étude, laboratoires, etc.	2	
	Visites et missions d'étude	1	
	Administration, comptabilité et écritures militaires	3	
	Hygiène militaire................	1	
C — Exercices militaires	Instruction tactique et de service de campagne.....................	2	4
	Instruction du tir.................	1	
	Escrime et gymnastique..........	1	
	Équitation	1	
D — Examens	1.re chaire — Législation et administration militaires (cours spécial développé) — Notions du droit international — Services militaires dans les colonies	3	6
	2.e chaire — Notions sur les armes portatives.....................	1	
	3.e Notions sur le service en campagne = Campagnes coloniales — Principes de stratégie..........	2	
	4.e chaire — Travaux de bivouac et de campement — Communications militaires................	1	
	7.e chaire — Notions sur les voitures militaires et autre matériel auxiliaire	1	
	8.e chaire — Notions sur la fabrication du matériel de guerre	1	
	11.e chaire — Lecture de cartes	1	

Cours du génie civil et de mines

3.e année

A — Leçons, répétitions et mémoires aux chaires........		—	6
B — Enseignement pratique...	Travaux dans les salles d'étude	5	1
	Travaux sur le terrain, aux cabinets d'étude, laboratoires, etc........	3	
	Visites et missions d'étude.........	2	
C — Exercices militaires	Instruction du tir.................	1	1
	Escrime et gymnastique...........	1	
D — Examens	13.e chaire	—	7
	17.e »	—	
	20.e »	—	

2.e année

A — Leçons, répétitions et mémoires aux chaires........		—	6
B — Enseignement pratique...	Travaux dans les salles d'étude	5	6
	Travaux sur le terrain, aux cabinets d'étude, laboratoires, etc........	3	
	Visites et missions d'étude	2	
C — Exercices militaires	Instruction du tir	1	1
	Escrime et gymnastique......	1	

		Coefficients relatifs	
D — Examens....	16.ᵉ chaire....................	–	7
	18.ᵉ »	–	
	19.ᵉ »	–	
I.ʳᵉ année			
A — Leçons, répétitions et mémoires aux chaires......		–	6
B — Enseignement pratique...	Travaux dans les salles d'étude....	5	6
	Travaux sur le terrain, aux cabinets d'étude, laboratoires, etc......	3	
	Visites et missions d'étude........	2	
C — Exercices militaires....	Escrime et gymnastique..........	1	1
D — Examens....	11.ᵉ chaire....................	–	7
	12.ᵉ »	–	
	14.ᵉ »	–	
	15.ᵉ »	–	
Cours du génie militaire et de l'artillerie			
I.ʳᵉ année (commune)			
A — Leçons, répétitions et mémoires aux chaires.......		–	5
B — Enseignement pratique...	Travaux dans les salles d'étude....	4	5
	Travaux sur le terrain, aux cabinets d'étude, laboratoires, etc......	2	
	Visites et missions d'étude........	2	
	Administration, comptabilité et écritures militaires..............	1	
	Hygiène militaire................	1	
C — Exercices militaires....	Instruction tactique et de service de campagne....................	–	4
	Instruction du tir................	–	
	Escrime et gymnastique..........	–	
	Équitation......................	–	
D — Examens....	1.ʳᵉ chaire — Principes généraux de l'organisation des armées — Législation et administration militaires — Services militaires dans les colonies..................	1	6
	2.ᵉ chaire — Balistique élémentaire et ses applications au tir des armes portatives — Armes portatives..........................	2	
	3.ᵉ chaire — Tactique élémentaire..	1	
	4.ᵉ »	1	
	11.ᵉ » — Topographie........	2	
	12.ᵉ » — Résistance des matériaux....................	1	
	15.ᵉ chaire....................	2	
Cours de cavalerie et d'infanterie			
I.ʳᵉ année (commune)			
A — Leçons, répétitions et mémoires aux chaires.......		–	5

		Coefficients relatifs.	
B — Enseignement pratique...	Travaux dans les salles d'étude....	5	5
	Travaux sur le terrain, aux cabinets d'étude, laboratoires, etc.......	3	
	Administration, comptabilité et écritures militaires	1	
	Hygiène militaire................	1	
C — Exercices militaires	Instruction tactique et de service de campagne....................	3	4
	Instruction du tir	1	
	Escrime et gymnastique..........	1	
	Équitation......................	–	
D — Examens	1.re chaire — Principes généraux de l'organisation des armées — Législation et administration militaires — Services militaires dans les colonies	4	6
	2.e chaire — Balistique élémentaire et ses applications au tir des armes portatives — Armes portatives.........................	5	
	2.e chaire — Tactique élémentaire..	3	
	4.e chaire..	5	
	11.e » — Topographie........	3	

ÉCOLE DE L'ARMÉE

1899-1900

Répartition des travaux devant être exécutés dans les salles d'étude par les élèves des différents cours

Chaires dont les travaux dépendent.	Désignation des travaux	Coefficients relatifs	Nombre de séances de travail
	Cours d'état-major 1.re année		
9.e	Plan de marche, stationnement et comabt d'un bataillon.	2	10
»	Plan de marche, stationnement et combat d'un groupe d'escadrons	1	10
»	Problème sur des détachements composés de troupes de toutes armes	2	10
»	Plan de marche, stationnement et combat d'une brigade mixte	2	13
9.e et 10.e	Choix des zones de concentration pour les opérations offensives et défensives dans une région graphique déterminée. Fixation et distribution des détachements nécessaires pour protéger cette concentration	3	14
9.e	Plan de marche, stationnement et combat d'une division d'infanterie	3	13
	Cours du génie militaire 4.e année		
18.e	Projet et devis d'une route ordinaire	4	30
15.e	Projet d'une installation mécanique	3	20
13.e	Problèmes hydrauliques	3	20
17.e	Projet d'un dock fixe de réparation	3	24
20.e	Projet et devis d'un appareil métallurgique	4	20
17.e	Projet d'une installation électrique pour éclairage et transmission de force	2	10
11.e	Exercice géodésique	1	10
	3.e année		
14.e	Problème de stéréotomie	1	6
»	Projet d'un casernement	2	15
16.e	Projet d'un pont métallique en arche	2	18
»	Projet d'un pont en pierre	3	18
19.e	Etude d'un plan d'exploitation d'une mine	4	25
18.e	Projet d'une station de chemin de fer	2	18
5.e	Avant-projet d'un fort, accompagné du projet et devis d'une partie du même fort	5	34
	2.e année		
14.e	Dessin d'architecture	1	12
4.e	Projet d'un pont militaire	2	15
12.e	Calculs de poutres	2	15
3.e	Problèmes de tactique appliquée	3	25
14.e	Projet et devis d'un bâtiment	4	30
6.e	Problèmes sur des pénétrations et effets des projectiles ..	2	14

Chaires dont les travaux dépendent.	Désignation des travaux	Coefficients relatifs	Nombre de séances de travail
	Cours d'artillerie 3.e année		
5.e	Esquisse d'un projet général d'attaque contre une face d'un camp retranché, y compris le projet d'une batterie de première position	4	30
8.e	Dessin des machines employées à la fabrication du matériel de guerre	1	10
»	Projet d'une étude pour les poudres noires	2	14
7.e	Résistance des bouches à feu	4	24
»	Résistance des affûts	4	28
8.e	Projet d'installation d'un atelier dans une fabrique de poudre sans fumée	3	14
7.e	Tactique d'artillerie	2	14
	2.e année		
4.e	Projet d'une batterie de campagne	2	15
5.e	Projet d'une batterie de première position	3	20
6.e	Problèmes de balistique intérieure	4	30
3.e	Problèmes de tactique appliquée	3	25
6.e	Problèmes de balistique extérieure	5	44
	Cours de cavalerie 2.e annnée		
4.e	Exercices de fortification passagère et de communications militaires	4	20
11.e	Mémoire descriptif du terrain représenté sur une carte	2	18
»	Exercice chorographique	2	15
3.e	Problèmes de tactique appliquée	3	25
5.e	Dessins des profils adoptés dans la fortification permanente	2	18
3.e	Problèmes sur le service de la cavalerie en campagne	5	38
	Cours d'infanterie 3.e année		
4.e	Exercices de fortification passagère et de communications militaires	4	20
11.e	Mémoire descriptif du terrain représenté sur une carte	2	18
»	Exercice chorographique	2	15
3.e	Problèmes de tactique appliquée	3	25
5.e	Dessin des profils adoptés dans la fortification permanente	2	18
2.e	Étude comparative de l'armement	3	18
2.e	Problèmes tactiques de l'infanterie	4	20
	Cours d'administration militaire		
11.e	Signes de convention employés dans la topographie	1	13
»	Exercice topographique colorié	2	16
»	Représentation d'un terrain par des courbes de niveau	3	21
1.re	Questions d'organisation et exécution de services d'administration militaire en temps de paix	4	25
3.e	Problèmes d'administration militaire en campagne	4	25
4.e	Exercice de travaux de bivouac et campement, et de communications militaires	2	14

Chaires dont les travaux dépendent.	Désignation des travaux	Coefficients relatifs	Nombre de séances de travail
	Cours du génie civil et de mines		
	3.e année		
18.e	Projet et devis d'une route ordinaire	4	30
19.e	Étude d'une question d'extraction	3	20
13.e	Problèmes hydrauliques	3	20
17.e	Projet d'un dock fixe de réparation	3	24
20.e	Projet et devis d'un appareil métallurgique	4	20
17.e	Projet d'une installation électrique pour éclairage et transmission de force	2	10
13.e	Calcul des éléments d'un moteur hydraulique	1	10
	2.e année		
14.e	Problème de stéréotomie	1	6
11.e	Exercice géodésique	2	15
16.e	Projet d'un pont métallique en arche	2	18
»	Projet d'un pont en pierre	3	18
12.e et 14.e	Projet d'un quartier pour des ouvriers	5	34
18.e	Projet d'une station de chemin de fer	3	18
19.e	Étude d'un plan d'exploitation d'une mine	4	25
	1.re année		
14.e	Dessin d'architecture	1	14
11.e	Dessin topographique	2	15
12.e	Exercice de grapho-statique	2	15
15.e	Projet de transmission de mouvement	3	20
14.e	Projet et devis d'un bâtiment	5	35
12.e	Applications de résistance de matériaux	3	15
15.e	Projet d'un générateur de vapeur	4	20
	Cours du génie militaire et de l'artillerie		
	1.re année (commune)		
11.e	Dessin topographique	1	13
»	Représentation d'un terrain par des courbes de niveau	3	20
12.e	Exercice de grapho-statique	2	15
15.e	Projet de transmission de mouvement	3	18
4.e	Exercice de fortification passagère	3	15
12.e	Applications de résistance de matériaux	4	15
15.e	Projet d'un générateur de vapeur	4	18
	Cours de cavalerie et d'infanterie		
	1.re année (commune)		
11.e	Signes de convention employés à la topographie	1	13
»	Exercice topographique colorié	2	16
»	Représentation d'un terrain par des courbes de niveau	3	21
2.e	Problèmes balistiques	4	20
4.e	Exercice de fortification improvisée et de campagne	4	24
2.e	Dessin d'armement portugais	2	20

ÉCOLE DE L'ARMÉE

1898-1899

Répartition des travaux sur le terrain, en dedans et au dehors de l'enceinte de l'école, des visites et missions d'étude, des reconnaissances militaires et voyages d'état-major, et des exercices militaires, exécutés par les élèves des différents cours, dans la période comprise entre le 11 mai et le 30 juin 1899.

Cours, et nombre d'élèves de chaque cours	Chaires.	Désignation des travaux	Périodes	Observations
État-major — 2.e année (6 élèves)	9.e..	Résolution de problèmes tactiques sur le terrain, aux environs de Lisbonne.	22 à 30 juin.	
		Levés topographiques, aux environs de Lisbonne..........................	11 à 16 mai.	
		Voyage d'état-major à Alemtejo, entre Castello de Vide, Elvas, Estremoz et Alter..	6 à 17 juin.	
		Reconnaissance militaire de la voie ferrée de Lisbonne jusqu'à Torre das Vargens, et de celle de sud-est jusqu'à Estremoz, dans le but de déterminer le plan de transport d'une division d'infanterie vers Ponte de Soure et Estremoz	27 mai à 5 juin.	
Génie militaire — 4.e année (2 élèves)	11.e..	Travaux de géodésie, sur le terrain.......	12 et 13 mai.	
	18.e.	Instruction sur le tracé des courbes, sur le terrain	6 à 10 juin.	Après-midi.
		Étude de la construction d'une route, à Bellas.	12 à 16 juin.	
	7.e...	Visite d'étude au dépôt du matériel de guerre de l'arsenal de la marine........	16 à 18 mai.	
	13.e.	Visite d'étude aux bâtiments et machines de la compagnie des eaux de Lisbonne..		
		Visite d'étude à l'installation hydraulique de la gare centrale du Rocio....		
		Visites d'étude aux travaux de l'approvisionnement de l'eau à Coïmbre; et à l'école centrale d'agriculture *Moraes Soares*.	22 mai.	
	15.e.	Visites d'étude aux ateliers de la compagnie royale des chemins de fer et du chemin de fer du sud et sud-est, et à l'Entreprise industrielle.....	21 à 23 juin.	
		Visite d'étude à l'Institut industriel et commercial de Lisbonne.......	19 et 20 mai.	
	17.e..	Visite d'étude aux ateliers et usines de l'arsenal de la marine.....................	5 juin.	
	13.e et 17.e.	Mission d'étude dans la Direction des études et travaux du Mondego et barre de Figueira..............................	23 à 28 mai.	
		Visites d'étude au port de Leixões, et à la station centrale des tramways électriques de Porto............................		
		Visite d'étude à l'installation de l'éclairage électrique, à Braga................		

Cours, et nombre d'élèves de chaque cours	Chaires.	Désignation des travaux	Périodes	Observations
Génie militaire — 4.e année (2 élèves)	17.e..	Visite d'étude aux travaux du port de Lisbonne	26 à 28 juin.	
	20.e..	Visites d'étude aux établissements métallurgiques, des mines de plomb de Braçal, d'arsenic de Saõ João da Madeira et d'antimoine de Corgo	29 mai à 4 juin.	
	11.e.	Visite d'étude à l'observatoire astronomique d'Ajuda	19 juin.	
		Visite d'étude à la Direction générale des travaux géodésiques et topographiques	20 juin.	
	2.e..	Instruction du tir	6 à 10 juin.	Avant midi.
Génie militaire — 3.e année (2 élèves)	6.e..	Expériences de pénétration de projectiles	6 à 8 juin.	
	18.e..	Étude de la construction d'une route à Bellas	12 à 18 juin.	
	19.e.	Examen de minéraux, roches, fossiles et plan de mines, au cabinet d'étude de la chaire	12, 13 et 16 à 24 mai.	
		Excursion géologique aux environs de Lisbonne	5 juin.	
	7.e..	Visite d'étude au dépôt du matériel de guerre de l'arsenal de la marine	15 mai.	
	15.e	Visite d'étude aux ateliers de la compagnie royale des chemins de fer du sud et sud-est, et à l'Entreprise industrielle	25 à 27 mai.	
		Visite d'étude à l'Institut industriel et commercial de Lisbonne	19 et 20 juin.	
	16.e et 18.e	Étude du matériel de chemin de fer et des ponts de la compagnie royale des chemins de fer	25 à 30 juin.	
	19.e..	Visites d'étude aux mines, de cuivre d'Aljustrel, de plomb de Braçal et de charbon du Cabo-Mondego	29 mai à 4 juin.	
	2.e..	Exercices d'infanterie		
Génie militaire — 2.e année (2 élèves)	6.e..	Expériences de pénétration de projectiles	25 à 27 mai.	
	12.e..	Études pratiques sur des matériaux de construction, et leur résistance	12 à 15 mai.	
	14.e..	Travaux pratiques de stéréotomie	5 à 8 juin.	
	8.e..	Visite d'étude à la poudrerie de Barcarena	29 à 31 mai.	
		Visite d'étude à la poudrerie de Chellas	3 juin.	
	12.e.	Mission d'étude dans la Direction des études et essais des matériaux de construction	28 juin.	
		Visites d'étude à des établissements manufacturiers	21 à 23 juin.	
	14.e.	Visites d'étude à des bâtiments en construction, à la charge de l'Inspection des travaux publics du district de Lisbonne	16 à 20 mai.	
		Visites d'étude aux monuments d'Alcobaça, Batalha, Castello de Leiria, et aux usines de Marinha Grande	14 à 17 juin.	
Artillerie — 3.e année (6 élèves)	7.e..	Reconnaissances militaires		
		Armement et désarmement de batteries	22 à 24 mai.	
	8.e..	Travaux au laboratoire	16 à 20 mai.	
		Vérification du matériel de guerre	17 juin.	

Cours, et nombre d'élèves de chaque cours	Chaires	Désignation des travaux	Périodes	Observations
Artillerie — 3.e année (6 élèves)	7.e..	Visite d'étude au dépôt du matériel de guerre de l'arsenal de la marine...........	15 mai.	
		Visite d'étude au musée d'artillerie.......	12 mai.	
		Visite d'étude à une batterie de côte....	13 mai.	
	8.e..	Visite d'étude à la poudrerie, à Barcarena.	29 à 31 mai.	
		Visite d'étude à la poudrerie, à Chellas...	3 juin.	
		Visite d'étude aux ateliers de l'arsenal de la marine..........................	14 juin.	
		Visite d'étude à des établissements manufacturiers particuliers..................	15 juin.	
		Visite d'étude à la fonderie de canons.....	22 et 23 juin.	
		Visite d'étude à la manufacture d'armes...	26 et 27 juin.	
	15.e.	Visites d'étude aux ateliers de la compagnie royale des chemins de fer et du chemin de fer du sud et sud-est, et à l'Entreprise industrielle......................	25 à 27 mai.	
		Visite d'étude à l'Institut industriel et commercial de Lisbonne....	19 et 20 juin.	
	7.e...	Exercices d'artillerie......................		
	2.e...	Instruction du tir.........................	6 à 10 juin.	
Artillerie — 2.e année (2 élèves)	5.e...	Construction d'une batterie de siège	12 et 13 mai, et tous les jours disponibles.	
	6.e..	Expériences balistiques et effets des projectiles	2 à 15 juin.	
	5.e..	Mission d'étude dans les fortifications de Lisbonne et son port	24 à 27 mai.	
		Visite d'étude à l'école de torpilles........	29 mai.	
	13.e..	Visite d'étude à l'installation hydraulique de la station centrale du Rocio	18 mai.	
	7.e..	Exercices d'artillerie......................		
Cavalerie — 2.e année (18 élèves)	3.e..	Reconnaissances militaires, et exercices tactiques.....................................		
		Résolution, sur le terrain, d'un problème tactique..................................	11 à 15 mai.	
	5.e..	Travaux de sape..........................	14 à 16 juin.	
		Mission d'étude dans les fortifications de Lisbonne et son port..................	24 à 26 mai.	
	7.e et 8.e	Visite d'étude à la manufacture d'armes, et au dépôt du matériel de guerre de l'arsenal de l'armée..........................	5 juin.	
	3.e...	Exercices de cavalerie....................		
	2.e...	Instruction du tir.........................	6 à 10 juin.	
Infanterie — 2.e année (54 élèves)	2.e...	Reconnaissances militaire, services de campagne, et travaux de topographie à vue.		
	5.e..	Travaux de sape..........................	14 à 16 juin.	
		Missions d'étude dans les fortifications de Lisbonne et son port..................	24 à 26 mai.	
	7.e et 8.e	Visite d'étude à la manufacture d'armes, et au dépôt du matériel de guerre de l'arsenal de l'armée..........................	6, 7 et 8 juin.	En trois groupes d'élèves
	2.e..	Exercices d'infanterie....................		
		Instruction du tir.........................	16 à 19, et 27 à 31 mai.	En deux groupes.

Cours, et nombre d'élèves de chaque cours	Chaires	Désignation des travaux	Périodes	Observations
Administration militaire (7 élèves)	4.e	Travaux de bivouac et de campement. Communications militaires	5 à 12 juin.	
	1.re	Visite d'étude à la manutention militaire	30 mai.	
		Visite d'étude à une fabrique de lainage	31 mai.	
	7.e	Visite d'étude au parc de l'administration militaire	14 juin.	
		Visite d'étude au parc du service sanitaire	15 juin.	
	8.e	Visite d'étude à la poudrerie, à Barcarena	2 juin.	
	11.e	Exercices de lecture de cartes sur le terrain	16 et 17 juin.	
Génie civil et de mines — 3.e année (9 élèves)	18.e	Instruction sur le tracé des courbes, sur le terrain	6 à 10 juin.	
		Étude de la construction d'une route, à Bellas	12 à 18 juin.	
	13.e	Visite d'étude aux bâtiments et machines de la compagnie des eaux, de Lisbonne. Visite d'étude à l'installation hydraulique de la station central de Rocio	16 à 18 mai.	
		Visite d'étude aux travaux de l'approvisionnement de l'eau à Coïmbre, et à l'école centrale d'agriculture «Moraes Soares»	22 mai.	
	15.e	Visite d'étude aux ateliers de la compagnie royale des chemins de fer du sud et sud-est, et à l'Entreprise industrielle	21 à 23 juin.	
		Visite d'étude à l'Institut industriel et commercial de Lisbonne	19 et 20 mai.	
	17.e	Visite d'étude aux ateliers de l'arsenal de la marine	5 juin.	
		Visite d'étude aux travaux du port de Lisbonne	26 à 28 juin.	
	13.e et 17.e	Mission d'étude dans la Direction des études et travaux du Mondego et barre de Figueira. Visites d'étude au port de Leixões, et à la station centrale des tramways électriques de Porto. Visite d'étude à l'installation de l'éclairage électrique, à Braga	23 à 28 mai.	
Génie civil et de mines — 2.e année (2 élèves)	18.e	Instruction sur le tracé des courbes, sur le terrain	6 à 10 juin.	
		Etude de la construction d'une route, à Bellas	12 à 18 juin.	
	19.e	Examens de minéraux, roches, fossiles et plan de mines, au cabinet d'étude de la chaire	12, 13 et 16 à 24 mai.	
		Excursion géologique aux environs de Lisbonne	5 juin.	
	16.e et 18.e	Etude du matériel de chemin de fer, et des ponts de la compagnie royale des chemins de fer	25 à 30 juin.	
	19.e	Visites d'étude aux mines, de cuivre d'Aljustrel, de plomb du Braçal, et de charbon du Cabo-Mondego	29 mai à 4 juin.	

Cours, et nombre d'élèves de chaque cours	Chaires	Désignation des travaux	Périodes	Observations
Génie civil et de mines — 1.re année (5 élèves)	11.e.	Travaux de planimétrie.................. Travaux de nivellement .... Travaux de géodésie, sur le terrain	23 à 29 mai.	
	12.e..	Études pratiques sur des matériaux de construction, et leur résistance	12 à 15 mai.	
	14.e..	Travaux pratiques de stéréotomie	5 à 8 juin.	
	11.e.	Visite d'étude à l'observatoire astronomique d'Ajuda	19 juin.	
		Visite d'étude à la Direction des travaux géodésiques et topographiques	20 juin.	
	12.e.	Visite d'étude à la manufacture d'armes, dans le but de faire des expériences d'essais de métaux.......................... Visite à une usine de constructions métalliques..................................	26 et 27 juin.	
	14.e.	Visites d'étude à des bâtiments en construction, à la charge de l'Inspection des travaux publics du district de Lisbonne....	16 à 20 mai.	
		Visites d'étude aux monuments d'Alcobaça, Batalha, Castello de Leiria, et aux usines de Marinha Grande	14 à 17 juin.	
	15.e.	Visites d'étude aux ateliers de la compagnie royale des chemins de fer, et du chemin de fer du sud et sud-est, et à l'Entreprise industrielle	21 à 23 juin.	
		Visite d'étude à l'Institut industriel et commercial de Lisbonne..................	19 et 20 mai.	
Artillerie et génie militaire — 1.re année, commune (6 élèves)	2.e...	Expériences balistiques..................	23 et 24 mai.	
	4.e..	Travaux de fortification passagère ...... Communications militaires............... Travaux de photographie	6 à 16 juin.	
	11.e.	Travaux de planimétrie.................. Travaux de nivellement .... Travaux de topographie à vue	12 à 22 mai	
	12.e.	Visite d'étude à la manufacture d'armes, dans le but de faire des expériences d'essais de métaux........................ Visite à une usine de constructions métalliques	26 et 27 juin.	
	15.e.	Visites d'étude aux ateliers de la compagnie royale des chemins de fer, et du chemin de fer du sud et sud-est, et à l'Entreprise industrielle................	25 et 27 mai.	
		Visite d'étude à l'Institut industriel et commercial de Lisbonne	19 et 20 juin.	
Infanterie et cavalerie — 1.re année commune (97 élèves)	2.e..	Expériences balistiques.................	23 et 24 mai. 31 mai à 2 juin. 3 à 5 juin.	En trois groupes d'élèves.
	4.e..	Travaux de fortification passagère	30 mai à 6 juin.	Idem.
		Travaux de bivouac et de campement		
		Communications militaires...............	7 à 15 juin.	
		Travaux de photographie................	16 à 21 juin.	
		Travaux de fortification improvisée..	22 à 30 juin.	
	11.e.	Travaux de planimétrie..................	12 à 22 mai.	Idem.
		Travaux de nivellement	23 mai à 2 juin.	
		Travaux de topographie à vue	3 à 15 juin.	

Cours, et nombre d'élèves de chaque cours	Chaires	Désignation des travaux	Périodes	Observations
Libre (6 élèves)	11.e	Travaux pratiques de géodésie	21 et 22 juin.	
		Visite d'étude à l'observatoire astronomique d'Ajuda	19 juin.	
		Visite d'étude à la Direction des travaux géodésiques et topographiques.........	20 juin.	

Nota—Les reconnaissances militaires pour la 3.e année d'artillerie et pour la 2.e année des cours de cavalerie et d'infanterie, ainsi que les exercices d'artillerie, de cavalerie et d'infanterie, ayant rapport à chacune de ces années de cours, et aussi à la 3.e année du génie militaire et à la 2.e année d'artillerie, auront lieu aux jours restés libres dans cette répartition de travaux, et à ceux auxquels les visites fixées pour ces jours pourront permettre d'employer les matinées à ces services. Les jours encore disponibles à la 2.e année du cours d'artillerie seront employés à la construction de la batterie de siège, distribuée à ce cours.

PERSONNEL DE L'ÉCOLE DE L'ARMÉE

(15 NOVEMBRE 1899)

Commandant — *Francisco Maria da Cunha*, du conseil de Sa Majesté le Roi, pair du royaume, aide de camp honoraire de Sa Majesté le Roi, ministre d'État honoraire, général de division.

Commandant en second — *Carlos Ernesto de Arbués Moreira*, colonel d'artillerie.

Professeurs:

1.re chaire — *Chrystovam Ayres de Magalhães Sepulveda*, capitaine de cavalerie.
2.e chaire — *Theophilo Leal de Faria*, capitaine d'infanterie.
3.e » — *Fernando da Costa Maia*, major de cavalerie.
4.e » — *Feliciano Henrique Bordallo Prostes Pinheiro*, lieutenant-colonel d'artillerie.
5.e chaire — *Francisco Felisberto Dias Costa*, du conseil de Sa Majesté le Roi, ministre d'État honoraire, capitaine du génie.
6.e chaire — *José Nunes Gonçalves*, capitaine d'artillerie.
7.e » — *João Segundo Adeodato Rôlla Lobo*, major d'artillerie.
8.e » — *José Maria de Oliveira Simões*, capitaine d'artillerie.
9.e » — *José Joaquim de Castro*, lieutenant-colonel d'état-major.
10.e » — *Antonio José Garcia Guerreiro*, major d'état-major, officier d'ordonnance de Sa Majesté le Roi.
11.e chaire — *Luiz Augusto Ferreira de Castro*. lieutenant-colonel du génie.
12.e chaire — *Antonio Eduardo Villaça*, du conseil de Sa Majesté le Roi, capitaine du génie. (1)
13.e chaire — *Frederico Ressano Garcia*, du conseil de Sa Majesté le Roi, ministre d'État honoraire, ingénieur-chef de 2.e classe du corps d'ingénieurs des travaux publics et de mines.
14.e chaire — *Joaquim Renato Baptista*, capitaine du génie, officier d'ordonnance honoraire de Sa Majesté le Roi.
15.e chaire — *José Gonçalves Pereira dos Santos*, du conseil de Sa Majesté le Roi, capitaine du génie.

---

(1) Il n'exerce pas les fonctions de professeur depuis le 18 août 1898, ayant été nommé à cette date ministre et secrétaire d'État de la marine et des colonies.

16.e chaire — *Luiz Feliciano Marrecas Ferreira,* lieutenant-colonel du génie.
17.e chaire — *José Jeronymo Rodrigues Monteiro,* capitaine du génie.
18.e » — *Antonio Carlos Coelho de Vasconcellos Porto,* major du génie, officier d'ordonnance honoraire de Sa Majesté le Roi.
19.e chaire — *José Maria do Rego Lima,* capitaine d'infanterie, ingénieur subalterne de 1.re classe de la section de mines du corps d'ingénieurs des travaux publics et de mines.
20.e chaire — *Alfredo Augusto Freire d'Andrade,* capitaine du génie, ingénieur subalterne de 1.re classe de la section de mines du corps d'ingénieurs des travaux publics et de mines, officier d'ordonnance honoraire de Sa Majesté le Roi.

Professeurs adjoints:

1.re chaire — *José Joaquim Mendes Leal,* capitaine d'infanterie.
2.e » — (Vacante).
3.e » — *Bento da França Pinto d'Oliveira Salema,* capitaine de cavalerie, officier d'ordonnance honoraire de Sa Majesté le Roi.
4.e et 5.e chaires — *Antonio Rodrigues Nogueira,* lieutenant du génie.
6.e et 8.e » — *José Raphael da Cunha,* capitaine d'artillerie.
7.e chaire — *Alberto Botelho,* lieutenant d'artillerie.
9.e et 10.e chaires — *Victoriano José Cesar,* capitaine d'état-major.
11.e chaire — *Antonio Arthur da Costa Mendes d'Almeida,* capitaine du génie.
12.e, 13.e et 14.e chaires — *Alfredo Vaz Pinto da Veiga,* capitaine du génie.
15.e et 16.e chaires — *Augusto Ferreira,* capitaine du génie.
17.e et 18.e chaires — *Joaquim Basilio de Cerveira Sousa Albuquerque e Castro,* capitaine du génie.
19.e et 20.e chaires — *Vicente de Sousa Brandão* [1], ingénieur subalterne de 1.re classe de la section de mines du corps d'ingénieurs des travaux publics et de mines.

Instructeur d'équitation — *Alberto Mimoso da Costa Ilharco,* major de cavalerie.

Instructeur d'escrime et gymnastique — *Antonio Domingos Pinto Martins.*

Médecin — *João Simões Pedroso de Lima,* major du corps de médecins militaires.

Secrétaire de l'école — *Julio Cesar Garcia de Magalhães,* lieutenant-colonel d'infanterie.

Commandant de la compagnie d'élèves — *Francisco Xavier Libano dos Santos Pereira,* capitaine d'infanterie.

---

[1] Il ne s'est pas encore présenté à l'école pour faire son service, par suite de maladie. Les fonctions de professeur adjoint des 19.e et 20.e chaires sont provisoirement remplies par l'ingénieur subalterne de 2.e classe de la section de mines du corps d'ingénieurs des travaux publics et de mines, *Manuel Corrêa de Mello.*

Subalternes de la compagnie d'élèves:

Diogo de Medeiros Corrêa e Silva, lieutenant d'infanterie.
Alfredo José do Prado, lieutenant d'infanterie.
Antonio Manuel de Mattos Ferreira, lieutenant d'infanterie.
Carlos de Almeida Pessanha, lieutenant de cavalerie. (1)

Trésorier du conseil économique—*José de Freitas Castel-Branco,* capitaine du corps d'officiers de l'administration militaire.

Secrétaire du conseil économique—*André Joaquim de Bastos,* capitaine d'infanterie.

Officier de la bibliothèque—*Francisco Augusto de Magalhães,* capitaine d'infanterie.

Service du bureau:—*Claudio Alberto Nogueira Velho de Chaby,* sergent-major d'infanterie; *Pedro Alexandre da Silva Oliveira,* sergent-major retraité; *José Cypriano d'Aragão Lamy* et *Pedro Vicente Pésca,* sergents d'infanterie.

Service de la lithographie—*Francisco Honorio da Costa Monteiro,* maître lithographe et dessinateur, *Matheus Teixeira Cardoso,* imprimeur lithographe, et *Francisco José da Cruz*, apprenti de lithographie.

Service de la bibliotheque—*Luiz Pinheiro Braga* et *Antonio Corregedor,* sous-lieutenants retraités.

Service des archives des épreuves scolaires—*Joaquim José de Sant'Anna,* sergent retraité.

Conservation et réparation des instruments de précision—*Marcos Luiz Torres,* mécanicien.

Service des écritures de la compagnie d'élèves—*Francisco João de Freitas,* sergent-major d'infanterie, et *Raul Feio,* sergent d'infanterie.

Service du "mess" des eleves—*Manuel Pedro,* sergent-major d'infanterie.

(1) Les lieutenants d'infanterie, *Raul de Almeida Loureiro e Vasconcellos,* et *Antonio Ferreira Quaresma,* sont aussi en service à la compagnie d'élèves.

SALLE DU CONSEIL D'INSTRUCTION

AMPHITHÉÂTRE

CLASSE D'ARCHITECTURE

CLASSE D'HYDRAULIQUE

MUSÉE D'ARMES

MUSÉE DES MATÉRIAUX DE CONSTRUCTION

MUSÉE DES SCIENCES DE CONSTRUCTION

MUSÉE DE FORTIFICATION

STATION CHRONOGRAPHIQUE, GYMNASE ET RÉFECTOIRE

STATION CHRONOGRAPHIQUE

www.ingramcontent.com/pod-product-compliance
Ingram Content Group UK Ltd.
Pitfield, Milton Keynes, MK11 3LW, UK
UKHW022208120726
13694UKWH00002B/457

9 782016 199046